■基礎コース［経済学］―7■

基礎コース

国際経済学

International Economics

澤田 康幸

新世社

国際経済学

はしがき

　本書『基礎コース　国際経済学』は，国をまたがる経済取引に関する様々なテーマについて，習得しておくべき基礎理論と，それに関する実証分析結果のいくつかを，初学者が効率よく理解できるようにまとめたものである。本書の内容は，3部によって構成されており，第Ⅰ部では国際貿易論，第Ⅱ部では国際金融論，第Ⅲ部では，開発経済学が学べるようになっている。とくに本書は，これらの分野をすべて網羅しているという点で，日本語で出版されている類書には見られない多彩な内容となっている。

　本書が想定している読者層は，まず大学1年目での経済学の基礎科目を受講し，ごく初歩のミクロ経済学・マクロ経済学を学んでいる学生である。より具体的には，高校卒業程度の文系数学の知識を持っている，経済学部の大学2・3年生を想定している。とはいうものの，大学生のみならず，国際経済学に興味を持つすべての人々に読んでもらえるように，本書は平易さと具体性とを第1に考えている。そのため，いくぶん専門的と見られる内容や，関連するトピック・エピソードについては，囲み記事に収めることとした。また，より理解を深めたい読者のためのやや高度と思われる参考文献については，注と巻末の文献案内に記載している。

　本テキストを講義で用いる場合の目安としては，通年週1コマ（2時間程度）あるいは，半年週2コマの『国際経済学』講義の場合には，第1章から第16章までを順に講義して頂いて差し支えない。講義速度の目安は，1章（練習問題解説を含む），3章，6章，8章（練習問題解説を含む），10章，16章をそれぞれ2回の講義，15章を3回の講義，残りの章をそれぞれ1回ずつの講義で終えて頂ければ，計24回の講義となる。次に，半年週1コマの『国際貿易論』の講義では（断りのない場合は1回の講義），

はしがき

　1章（2回），2章，3章（2回），4章，5章，6章（2回），7章，11章で講義すれば，計11回の講義となる。また，半年週1コマの『国際金融論』の講義においては，

　8章（2回），9章，10章（2回），7章，11章，12章，13章，16章（2回）の順に講義すれば，計11回の講義となる。最後に，半年週1コマの『国際経済開発論』あるいは『開発経済学』の講義の場合には，

　15章（3回），3章（2回），5章，6章（2回），7章，11章，14章，16章（2回）の順で講義すると，計13回の講義となる。自習の場合にも，以上の順番を参考にして頂きたい。

　本書の内容は，筆者がStanford大学で受講した，Anne Krueger, Paul Krugman, Ronald McKinnon, Assaf Razin, Pan A. Yotopoulos, Marcel Faf-champsらの，国際貿易論・国際金融論・開発経済学に関する講義や，巻末に掲げた様々な既存の教科書・学術研究から強く影響を受けている。また，本書は，東京大学教養学部総合社会科学科の3・4年生を対象として筆者が行ってきた，「国際経済」・「国際金融」，東京大学経済学部で同じく3・4年生を対象に行っている「開発経済」の講義ノートをもとにしながら，初学者向けにより分かりやすく書き直したものである。もし本書が，少しでも読みやすくなっているとすれば，それは積極的にこれらの講義に参加してくれた学生諸君のおかげである。

　本書の執筆をご推薦頂いた，日本銀行の岩田一政副総裁に心よりお礼を申し上げたい。また，本書の発行に当たって，多くの方々のご協力を頂いた。戸堂康之（東京都立大学）・池上宗信（ウィスコンシン大学博士課程）の両氏は，本稿のほぼすべての章について，国際貿易論編については，大橋弘（東京大学）・佐々木勝（関西大学），国際金融論編については，井伊雅子（横浜国立大学），開発経済学編については黒崎卓（一橋大学）の諸氏から様々な貴重なコメントを頂戴した。本書に記載されているいくつかの点については，本間正義氏（東京大学）にご教示頂いた。さらに，図表の作成・資料整理については池上由紀乃さんにお手伝い頂いた。これらの方々に記して感謝した

はしがき

い。しかしながら，あり得べき誤りはすべて筆者の責任であることはいうまでもない。

　また，本書の企画段階から最終的な校正にいたる 3 年もの間，新世社編集部の御園生晴彦氏には，大変お世話になった。厚くお礼を申し上げたい。最後に，筆者の研究生活を支えてくれている妻と子供，そして研究者となるまでの長い間，最大限の支援をしてきてくれた両親，務と悦子に深く感謝したい。

　2003 年 11 月 6 日

澤田　康幸

目　次

はじめに　1

第Ⅰ部　国際貿易論　5

1　国際貿易論へのいざない　7
1–1　貿易の利益 …………………………………………… 8
1–2　機会費用と比較優位 ………………………………… 12
1–3　国際貿易のパターンと国際貿易論 ………………… 15
補論：国際貿易論における2つの基本的モデル ………… 16
キーワード・練習問題　18

2　リカード・モデル　19
2–1　リカード・モデルの設定 …………………………… 20
2–2　国際貿易と国際価格の決定・貿易の利益 ………… 24
2–3　リカード・モデルの現実妥当性 …………………… 27
キーワード・練習問題　28

3　ヘクシャー=オリーン（HO）・モデル　29
3–1　2要素経済のモデル（2財×2要素×2国）………… 30
3–2　HOモデルの4つの定理 …………………………… 33
3–3　国際貿易の最適性 …………………………………… 45
3–4　経済成長と国際貿易 ………………………………… 48
キーワード・練習問題　51

目次

4 新しい国際貿易の理論　53
- 4–1　新しい貿易理論 …………………………………… 54
- 4–2　産業レベルでの規模の経済と財の多様性 ………… 57
- 4–3　双方向ダンピングによる国際貿易 ………………… 65
- キーワード・練習問題　67

5 空間の中での国際貿易　69
- 5–1　空間経済学 ………………………………………… 70
- 5–2　集積がなぜ起こるのか？ ………………………… 72
- 5–3　経済活動がどこに集積するのか？ ………………… 74
- 5–4　空間と国際貿易の姿 ……………………………… 79
- キーワード・練習問題　83

6 貿易政策　85
- 6–1　様々な貿易政策の効果 …………………………… 86
- 6–2　保護貿易のコストとベネフィット ………………… 96
- 6–3　保護貿易の実態と評価 …………………………… 100
- 6–4　貿易政策の政治経済学 …………………………… 102
- 6–5　経済統合 …………………………………………… 104
- キーワード・練習問題　107

7 国際的な生産要素移動と貿易の利益　109
- 7–1　国際要素移動の姿 ………………………………… 110
- 7–2　貿易黒字・貿易赤字有用論 ……………………… 113
- 7–3　異時点間の貿易と国際資本移動 ………………… 114
- 7–4　国際資本移動（マクドゥーガル=ケンプ・モデル）… 117
- キーワード・練習問題　121

第Ⅰ部　国際貿易論編のまとめ　122

v

目 次

第Ⅱ部　国際金融論　123

8　国際金融論へのいざない　125
- 8–1　国際金融論とは何か？ …………………………………… 126
- 8–2　国民経済計算統計と国際収支統計 ……………………… 128
- キーワード・練習問題　138

9　外国為替取引　141
- 9–1　外国為替市場 …………………………………………… 142
- 9–2　外国為替取引と為替レート …………………………… 146
- 9–3　先渡取引とオプション取引によるリスクヘッジ …… 151
- キーワード・練習問題　154

10　為替レート決定の諸理論　155
- 10–1　短期における為替レートの決定Ⅰ …………………… 156
- 10–2　短期における為替レートの決定Ⅱ …………………… 160
- 10–3　長期における為替レートの決定Ⅰ　購買力平価説 … 168
- 10–4　長期における為替レートの決定Ⅱ　マネタリーアプローチ … 176
- 10–5　長期と短期の為替レート決定モデルの比較 ……… 177
- キーワード・練習問題　179

11　経常収支の決定理論　181
- 11–1　経常収支決定への様々なアプローチ ………………… 182
- 11–2　経常収支決定への異時点間アプローチ再論 ……… 186
- キーワード・練習問題　190

12 国際マクロ経済政策　193

- 12–1　マクロ経済政策 …………………………………… 194
- 12–2　マンデル=フレミング・モデル ……………………… 196
- 12–3　マクロ経済政策の国際的な波及 ……………………… 203
- キーワード・練習問題　205

13 国際資本移動・国際資本市場とリスクシェアリング　207

- 13–1　国際資本移動の姿 ……………………………………… 208
- 13–2　ユーロ市場 …………………………………………… 211
- 13–3　国際資本市場の機能 ………………………………… 213
- キーワード・練習問題　217

14 様々な為替相場制度とその選択　219

- 14–1　様々な為替相場制度 ………………………………… 220
- 14–2　望ましい為替制度のあり方 ………………………… 227
- キーワード・練習問題　234

第Ⅱ部　国際金融論編のまとめ　235

目　次

第Ⅲ部　開発経済学　237

15　開発経済学へのいざない　239
- 15-1　経済発展をどう捉えるか　……………………………… 240
- 15-2　開発経済学の歴史　……………………………………… 253
- 15-3　「収斂と発散」のマクロ分析　………………………… 266
- キーワード・練習問題　278

16　債務危機と通貨危機　281
- 16-1　債務危機・通貨危機　…………………………………… 282
- 16-2　1980年代以降の債務危機　……………………………… 291
- 16-3　対外債務問題の解決に向けて　………………………… 293
- 16-4　通貨危機の諸モデル　…………………………………… 297
- 16-5　危機の予防と有効な対処に向けて　…………………… 304
- キーワード・練習問題　306

第Ⅲ部　開発経済学編のまとめ　308

文献案内　311
練習問題略解　317
索　引　324

はじめに

　国際経済学とは，国家を分析の基本単位とし，複数の国家にまたがる財・サービス・資金・労働の移動・取引についての経済学的な分析を行う分野である。国際経済学は，国際貿易論・国際金融論（国際マクロ経済学）と国際経済開発論で構成される。国際経済学がミクロ経済学・マクロ経済学など経済学の他の分野から区別される理由は，複数の国家間の相互関係が明示的に分析されることにある。国際経済学の第1の特徴は，国際的な財・サービスの取引に対して，関税を賦課し，あるいは輸出補助金を出すことにより国家が介入することができるということである。そして第2の特徴は，政府が外国為替レート市場に介入し，自国と外国の通貨の交換比率である為替レートを操作することができるということである。以上のいずれも，独立した国家間の財・サービス・資金の取引を分析対象にするがために生じる新たな視点であるということができる。

　第Ⅰ部の国際貿易論とは，財の国際取引という，国境を越えた「モノ」の取引，すなわち経済取引の「実物的側面」を分析の対象とするものである。国際貿易論においては，家計の効用最大化・企業の利潤最大化・市場における需要と供給の均衡といったミクロ経済学の分析フレームワークが応用される。ここでは，異なる国々の間での財・サービス取引である国際貿易とその利益がなぜ生じるのか，また輸出入のパターンがどのようにして決定されるのか，さらには政府が何をなすべきであるのか，といった議論が行われる。より具体的には，以下のような問いに答えることが国際貿易論の課題である。

はじめに

(1) なぜ国際貿易とその貿易の利益が生じるのか？
(2) 貿易のパターンはどのように決まるのか？
(3) 貿易政策の役割は何か？
(4) 望ましい貿易政策の採用をはばむ政治経済的要因は何か？

　一方，第Ⅱ部の国際金融論（国際マクロ経済学）は国際的な「カネの取引」，すなわち経済取引の「金融的側面」を中心に議論する分野であり，金融資産同士の国際的な取引あるいは金融資産と財・サービスの交換に関わる諸問題を分析対象とする。この分野はマクロ経済学や金融論の分析枠組みを基礎にしているが，基本的なマクロ経済変数である物価・産出水準・失業などに加えて，国際的な貿易取引や資本取引などに伴って生じる為替レートの変動・経常収支不均衡の問題を議論する。さらには，様々なマクロレベルでの問題を解決するための財政・金融政策の役割が議論される。具体的には以下のようなテーマが扱われる。

(1) 国際収支や為替レートはどのように動いているのか？
(2) 為替レートはどのように決定されるのか？
(3) 経常収支はどのように決定されるのか？
(4) マクロ経済政策の役割は何か？
(5) マクロ経済政策は国際的にどのように波及するのか？
(6) 国際資本市場はどのように発展してきたのか，その課題は何か？

　国際貿易論と国際金融論を区別する理由は，基本的に前者が国際的経済取引の「実物的側面」に注目するのに対して，後者が「金融的側面」に注目することにあるが，さらに前者が経済の長期的な均衡状態を分析するのに対し後者が短期的不均衡状態をも分析対象にしている点でも対照的である。国際貿易論は輸出と輸入とが常に等しくなっているという長期的な均衡状態を分析対象としており，カネ（貨幣）の動きはモノ（実物）の取引と表裏一体であるから，貨幣は実物経済をベールのように覆っているに過ぎないという，「古典的二分法」が成立している。したがって，国際貿易論では，モノの取引に分析を集中すれば十分ということになる。一方，国際金融論においては，

はじめに

輸出と輸入が必ずしも一致しない短期を分析対象としているので，国際収支あるいは貿易収支不均衡そのものが分析されるし，そこでカネがどのように動くのかも分析される。さらに，為替レートが必ずしも財市場の需要と供給を一致させる水準には決まっていない短期の不均衡状態をも分析対象として含める点でも国際金融論は対照的であるといえる。

最後に，国際経済開発論は，開発経済学と呼ばれる分野の一部でもあり，発展途上国に特有の国際貿易・国際金融上の諸問題と経済発展のための戦略のあり方を考察する分野である。開発経済学では，経済発展の基礎を形成するための農業政策・産業政策・教育政策などの役割やマクロ的な経済成長を達成するための財政・金融政策の役割，さらにはミクロレベルでの貧困を削減するための政策の役割や国際的な開発援助のあり方などについて議論される。第Ⅲ部では，開発経済学のとくに国際的な課題に焦点を当て，以下のようなテーマを扱う。

(1) 経済発展とは何か？
(2) 世界の国々の所得はどのように分布しているのか？
(3) 国際間の経済格差を生み出す要因は何か？
(4) 債務危機・通貨危機とは何か？ そして国際社会はこれらの問題解決へ向けて何をすべきか？

第Ⅰ部

国際貿易論

第 1 章

国際貿易論へのいざない

　第2次大戦後，世界全体における国際的な貿易は急速な勢いで拡大した。このような国際貿易はなぜ行われ，時間を通じてどのように拡大してきたのであろうか？第Ⅰ部は，このような問いに対する様々な議論の枠組みと解答を与えようとするものである。本章では，まず貿易の利益を見てみることにより，国際貿易論を概観してみよう。

1-1 貿易の利益

　第2次世界大戦後，国際的な財の取引は目覚しい勢いで拡大した（図1-1）。このような国際貿易の拡大は，国際貿易に利益があるからこそ可能となったといえる。国際貿易の利益を一言でいうと，国際的な財の貿易が行われるとそれが行われない場合に比べて，より安く品物を手に入れることができ，より高く製品を売ることができるという利益である。たとえば，現在，巷に溢れている100円ショップには，多くが中国などの発展途上国で生産され，輸入された商品が並んでいる。これらの商品の品質はともかく，低い価格が人々の所得の実質的な購買力を高めてくれることは確かである。

　このような国際貿易の利益の存在は，鎖国状態から急速に経済開放が進められた日本の幕末・明治初期の状況を見てみるとよく分かる。1858年7月29日に結ばれた日米修好通商条約によって日本の経済的鎖国に終止符が打たれた。リチャード・ヒューバー（R. Huber）の研究によると，世界経済との統合によって生糸や茶など日本の輸出品の価格が上昇する一方，安価な輸入財の国内流入によって鉄鋼，綿糸，粗糖などの国内価格が大幅に低下した（表1-1）。そして，輸出価格の上昇が人々の所得を押し上げた一方，生活に関わる財の価格は，安価な輸入財流入によって低下した。その結果，国際貿易を開始することによって，日本の職人の所得が実質的に67％も上昇したということである。すなわち，人々の生活水準は経済的な開国によって実質的に上昇したのである。

　国際貿易の利益を考える際より重要な点は，日本の開国によって日本のみならずその貿易相手国にも利益をもたらしたであろうということである。開国によって日本の輸出と輸入が増加したということは，貿易相手国にとっては輸入と輸出が増加したということである。このような貿易が成立するためには，日本の貿易相手国にとっては少なくとも輸入財価格が一定か低下し

図1-1 世界全体における国際貿易の深化

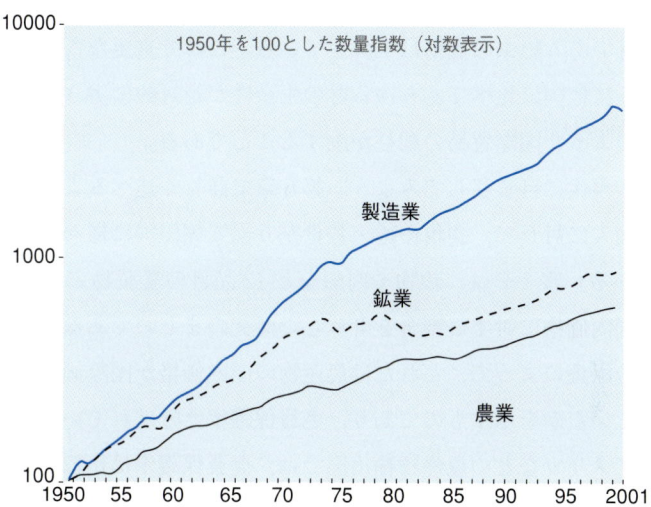

(出所) World Trade Organization, *International Trade Statistics 2002*.

▶表1-1 日本と世界における代表的な財の価格

(US ドル単位)

	1846-55 年の平均	1871-79 年の平均	変化率
日本の輸出財			
生糸価格（ポンド当たり）			
横浜	$3.3	$4.95	+50%
茶（ポンド当たり）			
大阪（高級）	$0.197	$0.282	+43%
大阪（中級）	$0.139	$0.228	+64%
日本の輸入財			
鉄鋼の延べ棒（ポンド当たり）			
大阪・横浜	$0.0965	$0.0381	−62%
綿糸（ポンド当たり）			
大阪・横浜	$0.548	$0.362	−45%
粗糖（ポンド当たり）			
大阪・横浜	$0.0539	$0.0338	−47%

(データ出所) Huber, Richard J. (1971), "Effect on Prices of Japan's Entry into World Commerce after 1858," *Journal of Political Economy* 79 (3), 614-28, Table 1, Table 3.

ており，輸出財価格が少なくとも上昇していなければならないと思われる。事実，アメリカの輸入財である茶の価格はこの時期に低下しており，イギリスの輸出財である綿糸の価格は上昇している。ここで重要なことは，以下に述べるように他国に比べてあらゆる財の生産性が絶対的に劣っている国にとってもこのような国際貿易の利益が生ずることである。

　さらに，現代に目を移してみよう。第6章で詳しく述べるように，世界各国は財の輸入に対して，関税や輸入数量割り当て等，実に様々な方法で規制を課している。表1-2は，穀物や肉類など12品目の農産物について，内外価格差の国内価格に対する割合を計算した研究のまとめである。この指標は，国内農業の保護によって，どれだけ農産物の国内価格が国際価格よりも引き上げられているかを示すものであり，名目保護率と呼ばれている。オーストラリア・アメリカなどの農作物輸出国では，農業保護率は比較的低いものの，日本や韓国・スイスの保護率は極めて高くなっている。これらの保護から生ずる実質所得水準の低下は膨大に上る可能性が高い。

　表1-3は，2005年に世界におけるすべての貿易障壁が取り除かれた場合に生ずる経済的な利益を計算したキム・アンダーソン（K. Anderson）らのシミュレーション結果のまとめである。この表から分かることは，すべての国際的な貿易取引が自由化されると，世界全体で約2,543億ドル（約30兆円）もの経済的な利益が生まれるということである。これらの利益のうち57.5％は先進国へ，残りの42.5％は発展途上国において生ずるが，とくに先進国における農業部門の保護撤廃から大きな便益が得られる。いずれにせよ，このシミュレーション結果は，自由に国際的な財の貿易を行うことの利益が，現代においても膨大であることを示している。

▶表1-2 農業の名目保護率(%)

	本間推計								OECD推計	
	1955	1960	1965	1970	1975	1980	1985	1990	1986-88	1996-98
日 本	18	41	69	74	76	85	108	116	185	169
韓 国	−46	−15	−4	29	30	117	110	151	252	189
EU平均	35	37	45	52	29	38	43	54	86	65
スイス	60	64	73	96	96	126	181	218	281	230
オーストラリア	5	7	5	7	−5	−2	−7	−4	7	7
カナダ	0	4	2	−5	−4	2	0	4	52	18
アメリカ	2	1	9	11	4	0	11	3	35	20

(出所) 速水佑次郎・神門善久『新版 農業経済論』岩波書店,2002年,6-5表。
(元データ出所) 本間正義『農業問題の政治経済学:国際化への対応と処方』日本経済新聞社,1994年。
OECD, *Agricultural Policies in OECD Countries: Monitoring and Evaluation*, Paris: OECD, 1999.

▶表1-3 2005年に貿易障壁がすべて取り除かれた場合に生ずる経済的利益

(10億USドル、括弧内は全体に占めるシェアの%表示)

	障壁が取り除かれた分野				
	農業・食糧	その他一次産品	衣料品	その他製造業	総合的利益
先進国の利益	121.7 (47.9)	0.1 (0.1)	4.8 (1.9)	19.6 (7.7)	146.2 (57.5)
途上国の利益	43.0 (16.9)	2.7 (1.0)	12.6 (4.9)	49.9 (19.6)	108.1 (42.5)
総合的利益	164.7 (64.8)	2.8 (1.1)	17.4 (6.8)	69.5 (27.3)	254.3 (100)

(データ出所) Table 3, Anderson, Kym (1999), "Agriculture, Developing Countries, and the WTO Millennium Round", *CIES Discussion Papers* 99/28, Centre for International Economic Studies, The University of Adelaide. December 1999. (Forthcoming in *Agriculture and the New Trade Agenda From a Development Perspective*, edited by M. D. Ingco and L. A. Winters, Cambridge and New York: Cambridge University Press, 2002.) http://www.adelaide.edu.au/cies/9928.pdf

□ 1-2 機会費用と比較優位 □

　我々の身のまわりでも，以上のような貿易の利益は成立するように思われる。たとえば，2002年1月の東京におけるバナナの平均的な小売価格は1kg当たり230円であった[1]。東京都における1月の月平均気温は約7.3℃であったから，フィリピンバナナを輸入する代わりに日本でバナナを生産したとすれば，ビニールハウスを建設し，暖房や灌漑に膨大なエネルギーを費やす必要がある。さらに，日本の労働者の実質的な平均賃金はフィリピンのそれの約5倍であるから[2]，1月の日本におけるバナナ生産システムの維持・管理のために多大な労働資源を投入しなければならないことになる。その結果，バナナの価格は1kgで2000円ぐらいにはなっているかもしれない。このことは，国際貿易がもたらしてくれる直接的な便益が非常に大きいことを示している。

　以上の論理に対する反論も十分可能である。日本の最先端の農芸技術を用いれば，賃金の高い日本の労働力をあまり用いることなく，フィリピン産バナナと同じぐらいの価格（すなわち230円/kg）あるいはそれよりも安い生産が可能となるような効率的なバナナの生産ができるかもしれない。したがって，以上のような単純な費用の比較だけでは国際貿易が本当に利益をもたらすとは必ずしもいえないことになってしまう。

　ここで重要なのは，労働力を使わずに日本が科学技術を用いて効率的なバナナ生産を行うためには，機械やエネルギーなどの資源が膨大に投入される必要があるということである。しかしながら，少なくとも短期的には日本が

---

[1] 東京都生活文化局消費生活部「価格動向調査」より。
[2] これは，1997年におけるこれら2つの国の労働者1人当たりのGDPを，購買力平価為替レートを用いて比較したものである。購買力平価の概念については，第10章で詳しく解説される。ただし，購買力平価ではなく，名目為替レートを用いた場合には両国の格差は大きくなる。元データは，Penn World Table.（http://pwt.econ.upenn.edu/）を参照のこと。

有するこれらの経済的な資源には限りがあるため，このような高度なバナナ生産によって，他の生産物，たとえば日本の自動車生産を削減する必要が出てくる。このような資源の競合を通じた2つの生産の**トレードオフ（二律背反）**関係から生ずる費用をバナナ生産の**機会費用**と呼ぶ。日本では自動車製造の生産性が世界的に見て極めて高いため，バナナ生産の**機会費用**は高い。すなわち，日本でバナナ生産を行うために犠牲となってしまう自動車の生産台数は膨大となるであろう。一方，フィリピンでは気候が温暖でバナナ生産に適しており，バナナ生産の**機会費用**が低い。逆に，日本では，自動車生産の**機会費用**がバナナ生産に対して低いが，フィリピンでは自動車産業が発展しておらず，自動車生産の**機会費用**がバナナ生産に対して高い。このとき，日本は自動車生産に対して**比較優位**を持ち，フィリピンはバナナ生産に対して**比較優位**を持つという。

　国際間での機会費用の差が，各国の生産を相互利益のある形で交換することを可能にする。日本がバナナ生産をあきらめ資源を自動車生産に投入すれば多くの自動車が追加的に生産されうる。一方，フィリピンが自動車生産をあきらめ資源をバナナ生産に投入すれば極めて多くのバナナ生産が可能となる。このようにして各国がより機会費用が低く**比較優位**を持つ財の生産に**特化**すると，特化する前に比べて世界全体のバナナ生産量・自動車生産量が増加しうることになる。

　この場合，さらに日本が自動車を輸出しバナナを輸入する（すなわち一方においてフィリピンがバナナを輸出し自動車を輸入する）という**国際貿易**を行うと，両国が自国でそれぞれ自給自足を行う場合に比べ，**両国の人々の生活水準を同時に上昇させることが可能となる**。これが，**貿易の利益**である。すなわち，**貿易の利益**が生ずるのは，日本とフィリピンがそれぞれ**機会費用**が低く**比較優位**のある生産に比重を移し，**比較優位**のある財をそれぞれ輸出して国際的に交換するからである。世界全体の限られた資源のもとで，各国が比較優位のある財の生産に特化し，貿易を通じて様々な財を消費することは，世界全体の資源のより効率的な利用を可能にするのである。

1 国際貿易論へのいざない

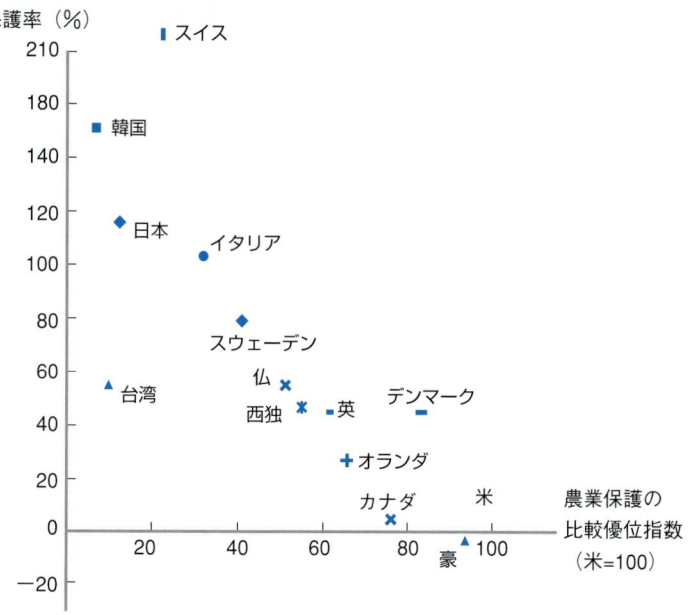

図 1-2　農業の比較優位と名目農業保護率の関係

（注）　農業の比較優位は，労働生産性の農業と他産業の比を，アメリカを100とする指数で表示したもの。1990年のデータ。
（出所）　速水佑次郎・神門善久『新版 農業経済論』岩波書店，2002年，6-1図。

　一方，比較優位のない産業に資源を注ぎ込むことは，経済資源配分の膨大な非効率性を生み出す。逆に，そのような産業が存続するためには，何らかの政治的あるいは制度的な仕組みを通じた保護が必要とされよう。図 1-2 は，1990 年における主要先進国の農業部門における比較優位指標と名目保護率との関係を見たものである。この図においては，両者の間に明らかな負の相関関係が見られる。速水佑次郎・神門善久は，この関係を 2 つの因果関係として解釈している。すなわち，第 1 に比較優位の低さが保護を正当化する政治経済的力関係を生むこと，第 2 に，農業保護が農家のインセンティブを低め，国際競争力，すなわち比較優位をさらに低下させるということである。保護貿易の経済効果は，第 6 章において詳しく議論される重要なテーマである。

☐ 1-3　国際貿易のパターンと国際貿易論 ☐

　さて，現在の日本の貿易パターンはどのようになっているのであろうか？平成14年度の財務省貿易統計によると，日本の輸出相手国は金額が多い順にアメリカ合衆国・中国・韓国となっている。輸入相手国の順位は，中国・アメリカ合衆国・韓国である。ここで，中国と日本との貿易の中身を見てみると，確かに，日本が比較優位を持つと考えられる半導体など高度な機械機器・電子機器類を中国に輸出しており，一方中国が比較優位を持つであろう労働集約的に生産される製造業製品・繊維製品や食料品等を日本が輸入している（表1-4）。一般に，中国を含めた発展途上国と日本のような先進国との貿易は異なる産業の生産物の取引となっており，産業間貿易と呼ばれる国際取引パターンになっている。これは，第2章・第3章で議論される国際貿易のパターンである。

　しかしながら，アメリカ合衆国との貿易には，輸入・輸出いずれも似通った機械機器類が大半を占めている（表1-4）。これはどうしたことだろうか。実のところ，日本とアメリカ合衆国や他の先進国との間における貿易は，同じ産業に分類される財・サービスの貿易が多くを占めており，産業内貿易と

▶表1-4　2002年における日本の主要な貿易相手国

日本の輸出相手国		価額（単位:百万円）	主な商品
第1位	アメリカ	14,445,029	輸送用機器・一般機械・電気機器
第2位	中　　国	5,415,690	電気機器（半導体等電子部品）・一般機械・化学製品

日本の輸入相手国		価額（単位:百万円）	主な商品
第1位	中　　国	7,958,439	機械機器・繊維製品・食料品
第2位	アメリカ	7,068,375	機械機器・食料品・化学製品

（データ出所）　財務省貿易統計（http://www.customs.go.jp/toukei/info/）。

呼ばれる国際貿易のパターンとなっている。このような貿易パターンは，比較優位，あるいは国の違いに基づいた財の生産とそれらの国際的取引では説明されないことになってしまう。このような貿易については，第4章で詳しく議論される。

補論：国際貿易論における2つの基本的モデル

一般的なミクロ経済学の議論と同様，国際貿易論は次の2つの基本図を応用することによって議論される。第1には，需要と供給の関係を示す図1-3であり，第2には，生産可能性フロンティア AB と消費者の選好を示す無差別曲線 CD の図1-4である。

図1-3は，ある経済において他の条件を一定とした場合のある1つの財の価格決定を論ずるものであり，部分均衡モデルと呼ばれる分析道具である。この分析において，ある財に対する需要と供給が均等化する状況での価格（均衡価格）と需要・供給量は，それぞれ P^* と Q^* で与えられる。一方，図1-4は2財が存在する世界において，それぞれの財の国内需要と国内供給が「同時に」均等化する場合の資源配分状況を議論するものであり，一般均衡モデルと呼ばれるものである。一般均衡における均衡点は，生産可能性フロンティア AB と無差別曲線 CD との接点 E で与えられる[3]。

ここで，図1-3にせよ図1-4にせよ，経済に存在する財の種類は一定である。このことは暗黙には経済モデルに時間の概念が含まれていない静学的な考え方となっていることを意味している。しかしながら，現実の世界においては常に新しい財が経済に登場する一方，技術の劣る財が消滅していくとい

---

[3] これらの分析は，基本的なミクロ経済学の分析である。「ミクロ経済学」の入門書を参照されたい。

図1-3 部分均衡モデル

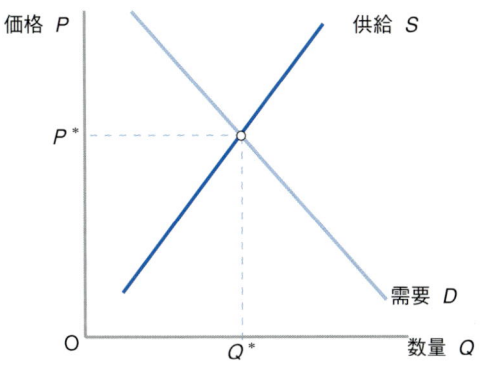

図1-4 一般均衡モデル

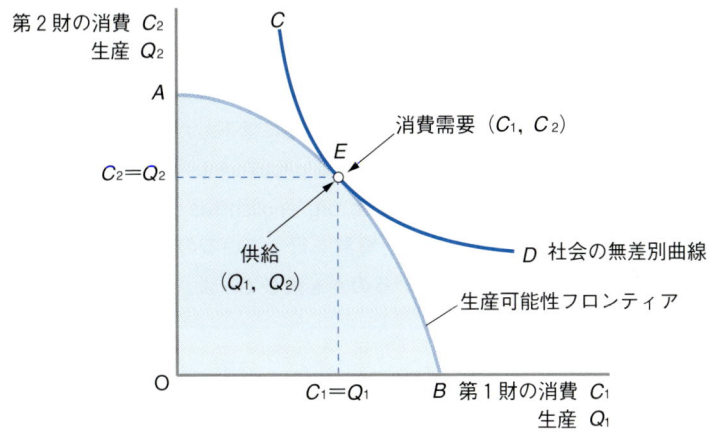

う動学的なプロセスが観察される。たとえば，ロウソクや薪による明り取りは，鯨油ランプに取って代わられ，それがさらにガス灯，そして現代のように白熱灯や蛍光灯に取って代わられていったのである。ポール・ローマー（P. Romer）は財の数が不変であることは，経済学における知的保守性を示すものであると批判すると同時に，財の数が変化しうる状況においては，経済政策の歪みによる社会厚生の損失が，静学的モデルに比べて大きくなるこ

とを示している[4]。このような問題は，経済モデルに時間の概念を組み入れるという動学の重要性を示している。

● キーワード

国際貿易の利益	名目保護率	トレードオフ（二律背反）
機会費用　比較優位　特化	産業間貿易	産業内貿易
部分均衡モデル　一般均衡モデル	静学	動学

● 練習問題

1. スーパー・マーケットに行き，国内産の野菜や食肉と，海外，とくに発展途上国から輸入された野菜・食肉との価格を比べ，貿易の利益が存在するといえるかどうか考えてみよ。
2. 日本において，貿易保護が取り除かれたことにより，価格が低下した財の例を挙げよ。そして，それらの財の価格がどのように低下したのか調べてみよ。
3. 財務省貿易統計（http://www.customs.go.jp/toukei/info/）や WTO の International Trade Statistics（http://www.wto.org/english/res_e/statis_e/statis_e.htm）を調べ，日本がどのような国と貿易を行っているのか，そしてそれら諸外国との貿易の中身がどうなっているのかを論じてみよ。

---

[4] Romer, Paul (1994), "New Goods, Old Theory, and the Welfare Cost of Trade Restrictions," *Journal of Development Economics* 43 (1), 5–38.

第 2 章

リカード・モデル

　各国間の違いがどのようにして貿易を引き起こすのか？　なぜ貿易がお互いの利益になるのか？　貿易の利益は現実の世界でも生じるのか？　これらの問いかけに対する一つの答えは，既に見たように「比較優位」の考え方によって与えられる。ここでは，「比較優位」を国による労働生産性の違い，すなわち技術の異なりによって明らかにした，リカード・モデルを解説する。

2-1 リカード・モデルの設定

19世紀初頭のイギリスにおいて活躍したデービッド・リカード（D. Ricardo）は，自由貿易擁護の立場から経済学を研究し，経済学の発展に多大な貢献をもたらした。ここでは，リカードの着想に基づいて定式化されてきた国際貿易モデルである，リカード・モデルについて学ぶことにしよう。

基本的なリカード・モデルでは，2財・1生産要素（生産に用いられる投入財）・2国の世界において国際貿易を議論する[1]。ここで，2財を半導体とフリースとし，1生産要素を労働力とし，2国を日本と中国としてみよう。日本・中国においてはそれぞれ2つの生産部門があり，労働が自由にそれぞれの国の国内を移動することができ，また失業がなく完全雇用されていると仮定しよう。さらにここでは，労働投入とそれぞれの財の生産との技術的関係を記述する関数である生産関数を用いる必要がある。生産関数とは，労働が半導体やフリースに転化される，いわばブラックボックスのことである。

日本における労働力の配分と生産関数の関係をまとめると図2-1のようになる。そして，中国についても同様に議論することができる。ここで，簡単化のため各国の総労働量や生産関数が以下のような表2-1でまとめられているものとしよう。すなわち，日本においては2人の労働力を使うことによって1つの半導体生産が可能となる一方，1枚のフリースを生産するためには4人の労働力が必要となるということである[2]。いいかえれば，半導体とフリースの労働生産性はそれぞれ $\frac{1}{2}$, $\frac{1}{4}$ である。一方，中国では半導体・フリースの1単位の生産にそれぞれ10人・5人の労働者が必要とされる。

---

[1] 国際貿易論の慣習では，これを（2×1×2）モデルと呼んでいる。
[2] 厳密には，これらの労働者がそれぞれ何時間働くのかということが問題となるが，ここでは単純化のため1人の労働者が働く時間は一定と考えている。また，労働力を人数ではなく労働時間そのものと考えることもできる。

2-1 リカード・モデルの設定

図2-1 日本における労働力の配分と生産関数（1生産要素の場合）

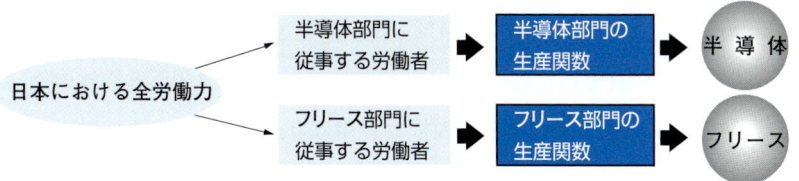

▶表2-1 リカード・モデルの数値例

	国内の総労働量	半導体生産の単位当たり必要労働量	フリース生産の単位当たり必要労働量	半導体生産の機会費用[*1]	フリース生産の機会費用[*2]
日 本	2000人	2人	4人	0.5	2
中 国	5000人	10人	5人	2	0.5

*1 半導体1単位生産のフリース1枚生産に対する相対的必要労働量。
*2 フリース1枚生産の半導体1単位生産に対する相対的必要労働量。

　この図から分かることは，日本は中国に比べて半導体の生産もフリースの生産にも，より少ない労働投入を必要としており，両財の生産に優位性を持っていることが分かる。このような状況を日本の**絶対優位**と呼んでいる。すなわち，必要労働者数が半導体については2＜10，フリースについては4＜5であることを日本の**絶対優位**と呼ぶ。

　しかし，半導体生産では日本と中国の1人当たり必要労働量格差は1：5であるのに対し，フリース生産では4：5のみである。このような場合，日本は半導体生産に**比較優位**を持っており，中国はフリース生産に**比較優位**を持っているという。

　このことをいいかえてみよう。日本において1枚のフリースを生産するためには4人の労働力が必要である。1人の労働力は，$\frac{1}{2}=0.5$単位の半導体生産に使うことができるので，4人の労働力を投入し1枚のフリースを生産するために犠牲となる半導体生産，すなわちフリース生産の**機会費用**は半導

21

体単位で 4×0.5＝2 となる（図 2-2）。同様にして，中国におけるフリース生産の半導体生産で測った機会費用は，$5 \times (\frac{1}{10}) = 0.5$ となる（図 2-3）。したがって，フリース生産の機会費用は中国のほうが低い。この場合，中国はフリース生産に**比較優位**を持つという。同様の計算を半導体の機会費用について行うと，日本では半導体生産の機会費用は 0.5，中国では機会費用は 2 となる（表 2-1）。したがって，日本では半導体生産の機会費用が中国に比べて低く，半導体生産に比較優位を持っているということが分かる（表 2-1）。

ここで，それぞれの国内の唯一の資源である労働量を最大限利用して可能となる半導体生産とフリース生産の組合せの集合の境界を，それぞれの国の**生産可能性フロンティア**と呼んでいる（図 2-2，図 2-3）。

■ 生産の選択

潜在的に達成可能となる日本の「生産可能性フロンティア」のなかから実際にフリース・半導体生産のどの組合せが選ばれるかは，フリース価格と半導体価格の比率に依存する。完全競争経済のもとでは，1 人の労働者が生産できる生産物の価値がすべて賃金として支払われる。したがって日本では，

$$\text{フリース部門の賃金} = \frac{\text{フリース 1 単位の価格}}{4} \qquad (2\text{-}1)$$

$$\text{半導体部門の賃金} = \frac{\text{半導体 1 単位の価格}}{2} \qquad (2\text{-}2)$$

が成り立つ[3]。ここで，フリース部門と半導体部門の生産は，労働者の就労決定に依存することになる。たとえば，フリース部門が提示する賃金が半導体部門より低ければ，すべての労働者は半導体部門に移動し，半導体のみの生産が行われることになる。(2-1) 式と (2-2) 式から，フリース部門賃金が半導体部門賃金より低いということは，

---

[3] それぞれの式の左辺は賃金であり，右辺は労働の価値限界生産力である。したがって，これらの式は利潤最大化の条件を示している。

2-1 リカード・モデルの設定

図 2-2 日本における生産（消費）可能性フロンティア

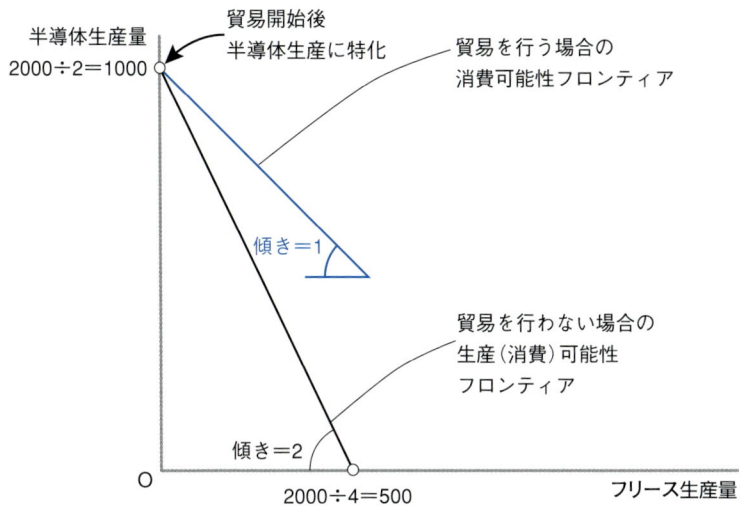

図 2-3 中国における生産（消費）可能性フロンティア

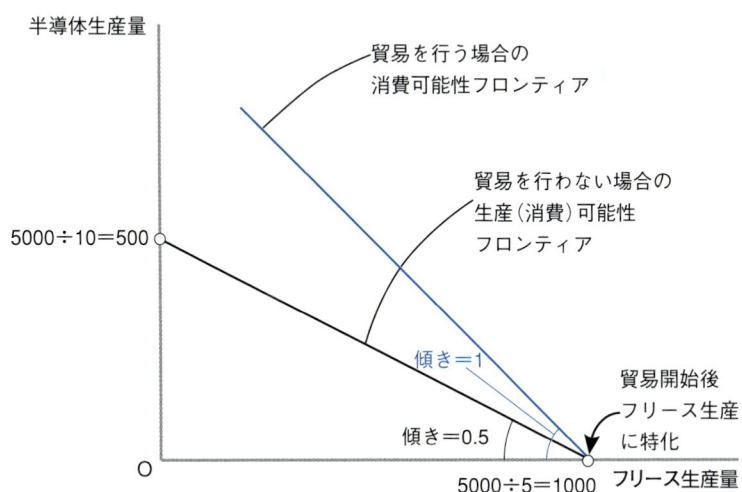

$$\frac{フリース価格}{半導体価格} < 2$$

ということと同じであるから，この場合にはすべての労働者が半導体部門に移動することになろう．これを日本が半導体生産に**特化**すると言う．この論理を一般化すると，以下のようになる．

$$\frac{フリース価格}{半導体価格} < 2 \quad なら，日本は半導体生産に特化 \qquad (2\text{-}3)$$

$$\frac{フリース価格}{半導体価格} > 2 \quad なら，日本はフリース生産に特化 \qquad (2\text{-}4)$$

つまり，フリースの半導体に対する相対価格がフリース生産の機会費用よりも低い場合には，日本はフリースではなく，半導体の生産に特化し，逆にそれが高い場合にはフリース生産に特化する．人々にとっては，フリースと半導体を両方消費することが望ましいと考えられるので，国際貿易が行われない**閉鎖経済**の場合には，両財を生産する必要がある．この場合，日本における $\frac{フリース価格}{半導体価格}$，すなわちフリースの半導体に対する相対価格は 2 でなければならない．たとえば (2-3) 式が成立し，日本において半導体生産のみが行われるとすると，需要面ではフリースへの超過需要が生じ，$\frac{フリース価格}{半導体価格}$ が上昇する．したがって，結局のところこの相対価格は 2 に落ち着くであろう．

同様にして，貿易前の**閉鎖経済**での中国における $\frac{フリース価格}{半導体価格}$，すなわちフリースの半導体に対する相対価格は 0.5 となる．

2-2　国際貿易と国際価格の決定・貿易の利益

「閉鎖経済」におけるフリースの半導体に対する相対価格は，日本では 2，中国では 0.5 である（同時に半導体のフリースに対する相対価格は，日本では 0.5，中国では 2 である）．フリースの半導体に対する相対価格は，図 2-2，

図 2-3 における生産（消費）可能性フロンティアの傾きによって示されている。したがって，貿易前では日本において半導体が相対的に安く，中国ではフリースが相対的に安い。貿易がはじまると，日本は相対的に安い半導体を輸出・相対的に高いフリースを輸入し，中国はフリースを輸出・半導体を輸入することで利益を得ることができる。このような国際貿易のパターンは，両国における相対価格が等しくなるまで続く。

簡単化のため，ここでは最終的な世界価格の決定メカニズムについては詳しくは立ち入らない[4]。しかしながら，貿易前のフリースと半導体の相対価格は日本では 2，中国では 0.5 であるから，貿易後の市場均衡を満たす相対価格は 2 と 0.5 の間に決まるはずである。実際の均衡価格は，半導体やフリースの供給曲線・需要曲線の形状によるが，ここでは国際貿易の結果，均衡相対価格が 1 になるとする。この場合，各国の生産・貿易のパターンはどうなるであろうか。

(2-3) 式，(2-4) 式から明らかなように，相対価格が 1 で与えられるとき，日本は半導体生産に**特化**する。そして半導体を中国に輸出し，フリースを中国から輸入するのである（図 2-2）。一方，同様の論理に従って中国はフリース生産に**特化**し，それを日本に輸出する。その上で半導体を日本から輸入するのである（図 2-3）。すなわち，各国は技術の面で比較優位を持つ財の生産に特化し，輸出する。一方，各国はそれぞれ比較優位のない財を輸入するのである。

■**貿易の利益と相対賃金の決定**

ここで，日本にとっての貿易の利益を考えてみよう。貿易を行わない「閉鎖経済」において，日本では

---

[4] 半導体市場とフリース市場の需要と供給は互いに関係しているので，2 つの市場のつながりを考慮し，価格が同時決定される**一般均衡モデル**が必要となる。ここでは，世界全体の**相対的需要曲線**と**相対的供給曲線**あるいは，**オファーカーブ**という概念を用いることによって一般均衡の中での世界全体の国際的な相対価格決定メカニズムを考えることができる。詳しくは第 3 章を見よ。

> 1人の日本人労働者を用いて
> 　　　　　フリースを $\frac{1}{4}$ 枚生産し，消費する　　　　(A)

ことが可能となる。

一方，国際貿易を行ったとする。この場合，**特化**のパターンに従って日本の労働者1人が $\frac{1}{2}$ 単位の半導体を生産し，それを中国に輸出することになる。国際貿易における均衡相対価格が1であるので，$\frac{1}{2}$ 単位の半導体輸出は $\frac{1}{2}$ 単位のフリース輸入を可能とする。したがって，国際貿易を行っている場合には

> 1人の日本人労働を用いて
> 　　　　　最終的に $\frac{1}{2}$ 単位のフリースを消費する　　　　(B)

ことが可能となる。(A) と (B) の差が**貿易の利益**である。日本のみならず中国においても，同様の論理に従って，輸入品を自分で生産するかわりに輸入で賄うことによって，労働を2倍効率的に用いることができる。つまり，各国が比較優位を持つ財の生産に特化し，国際的に財の貿易を行うと，それを行わない閉鎖経済の場合に比べて利益（貿易の利益）が生み出される。

貿易開始後，日本は半導体生産に特化するが，このとき1単位の半導体生産に日本人労働者が2人かかるので，日本の賃金率は1人当たり半導体 $\frac{1}{2}$ 単位分となる。一方，中国はフリース生産に特化し，1単位のフリース生産に5人の中国人労働者が必要とされるので，中国の賃金率は1人当たりフリース $\frac{1}{5}$ 枚となる。ここで，国際的な財の取引の結果，両財の相対価格が1となり半導体1単位とフリース1単位が等価で交換されるので，結局中国の賃金率は日本の $\frac{2}{5}$ ということになる。

ただし，これらの数値例は，説明の便のために実際の賃金格差を簡略化したものである。1997年における日中の労働者1人当たりのGDPを賃金の代理変数とみなし，購買力平価為替レート（第10章参照）を用いて比較すると，日本の賃金は中国のそれの約6.2倍となる。

2-3　リカード・モデルの現実妥当性

　さて，リカード・モデルはどの程度うまく実際の国際貿易を説明できるのであろうか。

　リカード・モデルの現実妥当性は，貿易を行う2国の間での，産業レベルの生産性の違いと輸出入のパターンとを比べることによって，検証することができる。アメリカとイギリスの国際貿易の財構成を詳しく調べ，リカード・モデルの検証を行った古典的研究として，ベラ・バラッサ（B. Balassa）の研究がある。彼は，アメリカとイギリスの相対的な輸出比率（EX_k）と相対的な労働生産性比率（P_k）の財別データを用い，単純回帰分析と呼ばれる統計分析の手法[5]を用いることで両者の間に以下のような線形の関係が観測されることを見出した。ここで，k は財の種類を示す添え字である。

$$EX_k = -53.3 + 0.721 P_k$$

この関係は，各産業においてアメリカのイギリスに対する相対的な生産性（P_k）が高いと，すなわちアメリカの産業に比較優位があると，アメリカからイギリスへより多くの輸出（EX_k）が行われるということを示しており，リカード・モデルの現実妥当性が高いことを示唆している。

　しかしながら，リカード・モデルにはそれに特有の問題点もある。たとえば，図2-1，図2-2で既に見たように，現実的でない，極端な特化が生じることがある。実際には日本でもフリースの生産は行われているし，中国でも半導体は生産されているのである。さらに，国内の所得分配に与える貿易の効果が考慮されないという問題点も挙げられる。とくに，後者の点について

---

[5]　回帰分析については，統計学や計量経済学の教科書，たとえば，田中勝人『基礎コース統計学』新世社 第10章を参照のこと。

2 リカード・モデル

は貿易政策の変更がしばしば政治問題化するという現実に照らした場合，現実妥当性に乏しいということになってしまう。この点については，第7章において詳しく述べる予定である。

●キーワード

リカード・モデル	生産要素	労働力	技術	生産関数
ブラックボックス	労働生産性	絶対優位	比較優位	機会費用
生産可能性フロンティア	閉鎖経済	特化	貿易の利益	

●練習問題

1. 表2-1において明らかなように，日本は半導体の生産においてもフリースの生産においても中国に比べて労働生産性が低く，日本の方が絶対優位（中国は絶対劣位）に立っている。それにも関わらず，国際貿易は日本のみならず中国にとっても利益をもたらすのはなぜか考えてみよ。
2. 「中国の輸出は不当な低賃金に基づいており，中国との貿易は日本を破滅させる。したがって，中国からの輸入品に対して関税をかけるべきである。」という見解の妥当性を，リカード・モデルを用い検討してみよ。

第 3 章

ヘクシャー=オリーン（HO）・モデル

　リカード・モデルにおいては，生産技術の差が貿易の源泉となり，国際貿易の結果すべての国々のみならずすべての個人（労働者）が利益を受けることが示された。では，貿易の利益を明らかにしつつ，現実に行われている各国国内における利益の「分配」が国際貿易によって受ける影響をどのように理論化すればよいのであろうか？　ここでは，このような問いに答えるために，国際貿易の代表的なモデルである，ヘクシャー=オリーン（HO）・モデルを解説する。HOモデルでは，生産技術が同一の場合においても生産要素賦存の差が貿易の源泉となりうることが示される。

3 ヘクシャー=オリーン（HO）・モデル

□ 3-1　2要素経済のモデル（2財×2要素×2国）□

　リカード・モデルにおいては，国際貿易の結果すべての国々のみならずすべての個人（労働者）が利益を受けることが示された。しかしながら，実際問題として日本における繊維産業は日本の半導体生産へのシフトと中国からの繊維製品の輸入によって壊滅的な打撃を受けるであろうし，中国における先進部門である半導体産業は日本からの輸入の結果，消滅してしまうことになるかもしれない。このような産業の構造変化に対する反対は，しばしば新聞を賑わすニュースとなっている。たとえば，米の輸入自由化は，日本全体に利益を与えるものの，米作農家が何らかの被害を受けるということは幅広く理解されているといっていい。では，貿易の利益を明らかにしつつ，このような各国国内における利益の分配が国際貿易によって受ける影響をどのように理論化すればよいのであろうか？　ここでは，このような問いに答えるために，国際貿易の代表的なモデルである，ヘクシャー=オリーン（HO）・モデルを解説する。

　リカード・モデルの設定を拡張し，2財（半導体とフリース）×2生産要素（労働力と資本）×2国（日本と中国）のモデル（2財×2要素×2国のモデル）を考えよう。たとえば，半導体生産には労働に加えて資本と呼ばれる機械が投入されるという生産関数を考えるモデルである（図 3-1）。

　各国の労働者数と企業資本の総量，すなわち生産要素の賦存量には限りがあるため，各国における各産業の生産技術は，たとえば以下の図 3-2 のように表すことができる。すなわち，日本における全資本と全労働力は，それぞれ半導体生産とフリース生産に振り分けられる。そして，各部門はそれぞれ2種類の生産要素を用いて財の生産を行うのである。

　ここで，もっとも単純なケースとして日本と中国における各産業の投入財と生産財との技術的な関係，すなわち生産関数が国によらず同一であると仮

3-1 2要素経済のモデル（2財×2要素×2国）

図3-1 日本の半導体産業における生産関数

半導体部門に配分される資本 → 半導体部門の生産関数 → 半導体
半導体部門に従事する労働者 ↗

図3-2 日本における労働力・資本の配分と生産関数（2生産要素の場合）

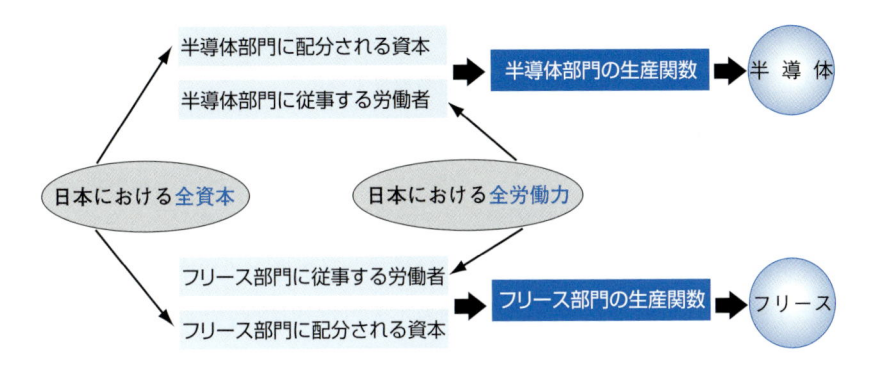

日本における**全資本** → 半導体部門に配分される資本／半導体部門に従事する労働者 → 半導体部門の生産関数 → 半導体
日本における**全労働力** → フリース部門に従事する労働者／フリース部門に配分される資本 → フリース部門の生産関数 → フリース

定しよう。すなわち，リカード・モデルが前提とするような技術の異なりを仮定しないのである。興味深いことに，このような状況においても，**生産要素の賦存量が異なっていることが国際的な財の取引の原因となり，両国にとって利益を生む国際貿易が可能となる**。このような理論は**ヘクシャー＝オリーン（HO）の貿易理論**と呼ばれている（以下，HOモデルと書く）。

HOモデルには，4つの重要な定理がある。**リプチンスキーの定理，ストルパー＝サミュエルソンの定理，要素価格均等化定理，ヘクシャー＝オリーン定理**である。以下においては，これらの定理を順番に見てみることにしよう。その上で，自由貿易がもたらす資源配分が社会にとってもっとも望ましいものであることを確認しよう。

ここで，表2-1の生産関数を拡張し，表3-1のような生産関数の数値例を考えよう。財は今まで通り2種類あるが，リカード・モデルとは異なり，基

3 ヘクシャー=オリーン（HO）・モデル

▶表 3-1　HO モデルの数値例

	国内の総生産要素量 （資源賦存量）	半導体生産の単位当たり 必要投入量	フリース生産の単位当たり 必要投入量
日　本	労働者　3,000 人 機械（資本）　10,000 台	労働者　2 人 機械（資本）　10 台	労働者　10 人 機械（資本）　2 台
中　国	労働者　5,000 人 機械（資本）　1,000 台	労働者　2 人 機械（資本）　10 台	労働者　10 人 機械（資本）　2 台

本的な HO モデルにおいては，各財の生産関数，すなわち生産要素の必要投入量は国によらず一定であると仮定されている。ここで，生産に必要な労働と機械投入の比率を見てみると，半導体生産については $\frac{2}{10}=0.2$ でありフリース生産については $\frac{10}{2}=5$ であるので，半導体生産は資本集約的であり，フリース生産は労働集約的であると仮定されている。さらに，各国の生産要素賦存状況を見てみると，日本では機械と労働者との比率は労働者 1 人当たり約 3.3 台であり，中国では労働者 1 人当たり 0.2 台である。したがって，日本では中国に比べて労働力が希少で資本が豊富であり，中国では日本に比べて労働力が豊富で資本が希少であると仮定されている。

■日本における生産可能性フロンティア

ここで，日本における半導体の生産量を Q_C，フリースの生産量を Q_F とおくことにしよう。日本では労働者の総数が 3,000 人であり半導体 1 単位とフリース 1 単位の生産にはそれぞれ 2 人・10 人の労働者が必要となるため，日本における労働力の制約は以下のように表される。

　　　日本における労働力の制約： $Q_C \times 2 + Q_F \times 10 \leq 3{,}000$

同様に，機械の総数が 10,000 台であり，半導体 1 単位とフリース 1 単位の生産にはそれぞれ 10 台・2 台の機械が必要となるため，資本（＝機械）の制約は以下のようになる。

　　　日本における資本の制約： $Q_C \times 10 + Q_F \times 2 \leq 10{,}000$

日本国内の生産活動は労働力・資本双方の制約を同時に受けるため実現可能

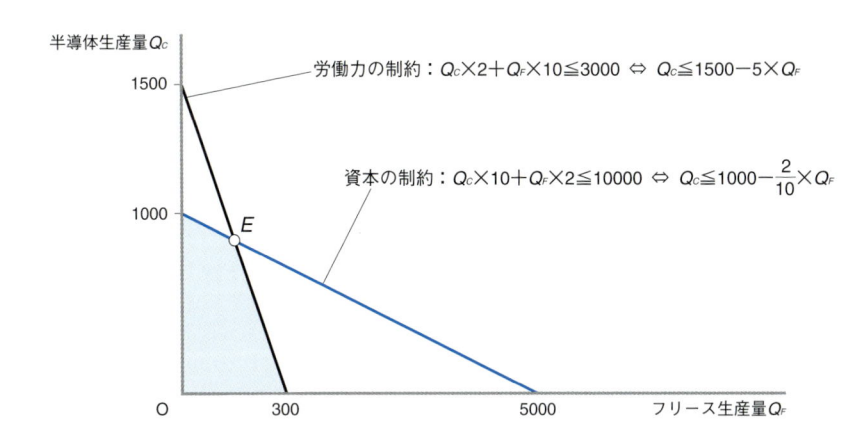

図3-3　日本の生産可能性集合と生産可能性フロンティア

労働力の制約：$Q_C \times 2 + Q_F \times 10 \leqq 3000 \Leftrightarrow Q_C \leqq 1500 - 5 \times Q_F$

資本の制約：$Q_C \times 10 + Q_F \times 2 \leqq 10000 \Leftrightarrow Q_C \leqq 1000 - \frac{2}{10} \times Q_F$

となる半導体とフリース生産の組合せは以下の図3-3のこの2つの直線と原点を囲む面積の共有部分のように表すことができる。これを**生産可能性集合**と呼ぶ。そして，その境界部分である屈折した直線が**生産可能性フロンティア**となる。

3-2　HOモデルの4つの定理

■リプチンスキー定理

　新古典派生産可能性フロンティアを用いて後述するが，財の相対価格が与えられると，図3-3の生産可能性フロンティアにおいて選択される生産の組合せは，両直線の交点となる。ここで，何らかの理由により，日本の要素賦存量が増加した場合にこの交点で示されるいわば生産の「均衡点」において，何が起こるかを見てみよう。

　たとえば，国内における資本の蓄積，海外からの投資や経済援助によって生ずる資本の増加は半導体生産に偏った生産可能性フロンティアの拡大をも

3 ヘクシャー=オリーン（HO）・モデル

図3-4 リプチンスキー定理（資本が増加する場合）

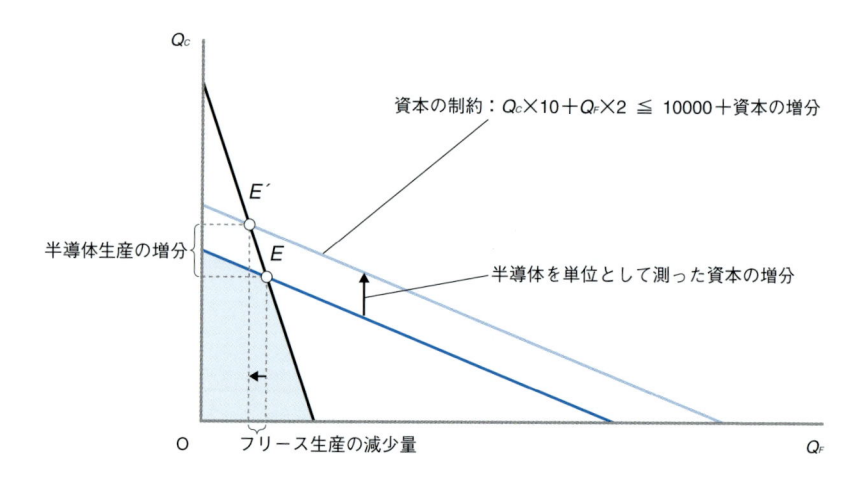

資本の制約：$Q_C \times 10 + Q_F \times 2 \leq 10000 +$ 資本の増分

半導体生産の増分

半導体を単位として測った資本の増分

フリース生産の減少量

たらす（図3-4）。一方，移民や人口の自然増加などにより労働力が増加した場合，フリース生産に偏った生産可能性フロンティアの拡大が起こる（図3-5）。

以上をまとめていうと，生産要素賦存量の増加はその生産要素を集約的に用いる産業の生産に対して偏った生産可能性フロンティアをもたらすことになる。このことをリプチンスキー定理と呼んでいる。さらに，生産の均衡点 E での動きをより注意してみると，ある生産要素賦存量の拡大は，それ以上の率で生産可能性フロンティアの拡大をもたらすことが分かる。

たとえば，図3-4は，労働者数が一定で資本が増加した場合を示しているが，この場合，

半導体生産の増加率＞資本の増加率
　　　　　　＞労働者の増加率＝0＞フリース生産の増加率

となっていることが確認できる。これは拡大効果と呼ばれるものである。

■ストルパー=サミュエルソン定理

次に日本における生産物価格と要素価格の関係を見てみるために，完全競

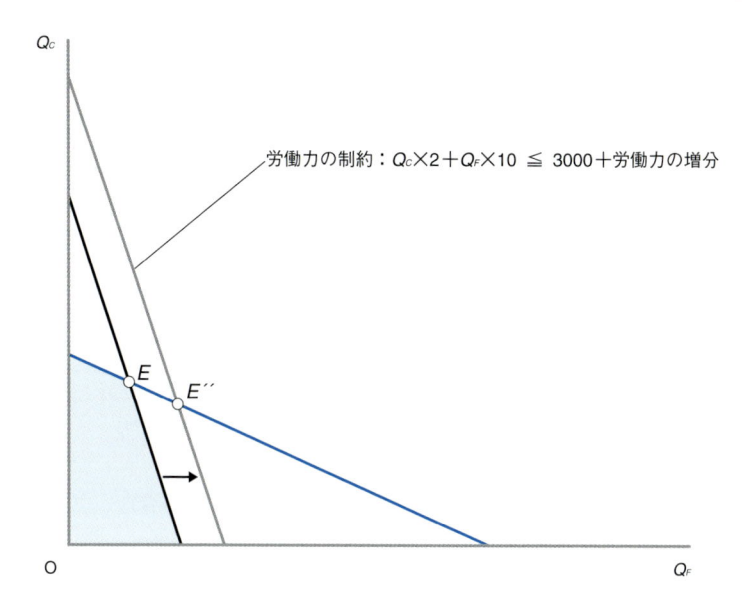

図3-5 リプチンスキー定理（労働が増加する場合）

労働力の制約：$Q_C \times 2 + Q_F \times 10 \leq 3000 +$ 労働力の増分

争を仮定しよう。完全競争を仮定すると，生産物の単位価格は，1単位の生産に必要な平均的費用，すなわち<u>単位生産費用</u>と等しくなる。なぜなら，単位生産費用を上回る生産物価格が設定されていると，生産物価格と単位生産費用の差で表される企業の<u>超過利潤</u>が存在し，その産業への企業の参入が誘発されるからである。したがって，長期的には企業の参入によって超過利潤は消滅する。

ここで，労働者1人当たりの賃金をw，機械の1台当たりレンタル料金をrとすると，完全競争の仮定より，日本においては

半導体1単位の価格 $(P_C) = 2 \times w + 10 \times r$ (3-1)

フリース1単位の価格 $(P_F) = 10 \times w + 2 \times r$ (3-2)

が得られる。両式ともに右辺は単位生産費用を示している。労働者と機械は国際的には移動できないが，日本国内では自由に移動できると仮定しているので，これら（3-1）（3-2）の2式をwとrに関する連立方程式とみなすことができる。この連立方程式の解が，日本国内の労働市場と資本市場におけ

3 ヘクシャー=オリーン（HO）・モデル

図 3-6　要素価格の決定

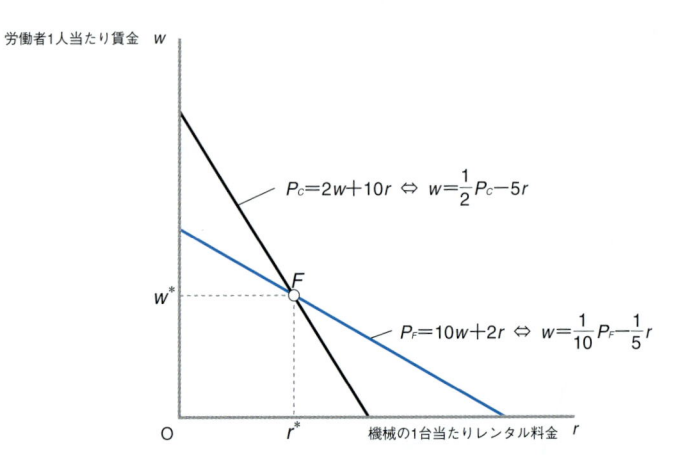

$P_C = 2w + 10r \Leftrightarrow w = \frac{1}{2}P_C - 5r$

$P_F = 10w + 2r \Leftrightarrow w = \frac{1}{10}P_F - \frac{1}{5}r$

図 3-7　ストルパー=サミュエルソンの定理（P_C が増加する場合）

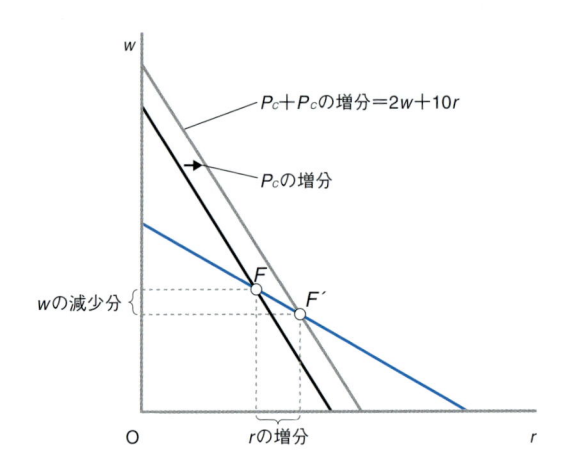

$P_C + P_C$ の増分 $= 2w + 10r$

P_C の増分

w の減少分

r の増分

る均衡の賃金 w^* と均衡のレンタル料 r^* を表しているのである。これら生産要素の均衡価格は，図 3-6 の点 F によって図形的に表されている。

ここで，労働集約的な財であるフリースの価格が一定で，資本集約的な財である半導体の価格 P_C が上昇したとしよう。そうすると，均衡点は F から F' へと移動し，均衡の資本レンタル料 r は価格 P_C 以上の伸び率を示すこ

とが分かる（図3-7）。さらに，ここにおいて

> 資本レンタル料の上昇率＞半導体の価格増加率
> 　　　　　　　＞フリースの価格上昇率＝0＞賃金の上昇率

が成立する。すなわち，財の価格上昇はその財の生産に集約的に用いられる生産要素の価格を財価格の上昇率以上に増加させ，集約的には用いられない生産要素の価格を低下させるのである。ここにおいても，拡大効果があることが分かる。以上のような財価格の変化が生産要素価格の変化に与える効果のことをストルパー＝サミュエルソン定理と呼んでいる。

■要素価格均等化定理

ここで，(3-1) と (3-2) 式あるいは図3-6 に示されているように，生産要素価格は財価格を含む連立方程式として表されるため，「財の相対価格と要素価格比との間に1対1の対応関係」がある[1]。ここで，2国で生産技術が同じであるとする。すなわち，表3-1 で表されているように各財生産の技術係数が2国で同一であるとする。そうすれば，図3-6 で表される「財の相対価格と要素価格比との間の1対1の対応関係」も両国において完全に同一となる。このような設定において，日本と中国における財の相対価格，それぞれ $\frac{P_F}{P_C}$ と $\frac{P_F{}^C}{P_C{}^C}$ が，国際貿易を通じて2国間で完全に均等化するとすれば，その結果，要素価格比 $\frac{w}{r}$ も2国間で完全に均等化することになる。このような国際貿易を通じた要素価格の完全な均等化のことを要素価格均等化定理と呼んでいる。

■新古典派的生産可能性フロンティア

表3-1 の数値例においては，資本を一定にした上で労働者を増やした場合，生産量は労働者数に対して比例的に増えると仮定してきた。これを固定技術係数のケースと呼んでいる。たとえば，図3-9 における G 点において半導

---

[1] 厳密にいえば，このような1対1の対応関係が成立しないケースとして，「要素価格の逆転」と呼ばれるケースがある。

3 ヘクシャー=オリーン（HO）・モデル

図 3-8　新古典派的生産関数

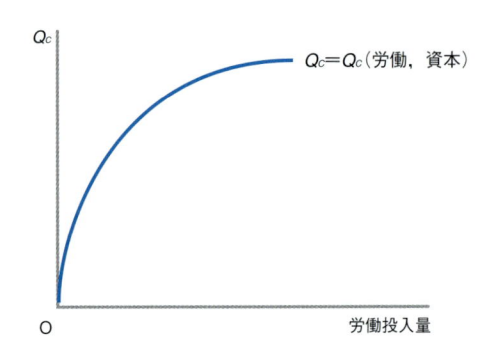

図 3-9　新古典派的生産可能性フロンティアの導出

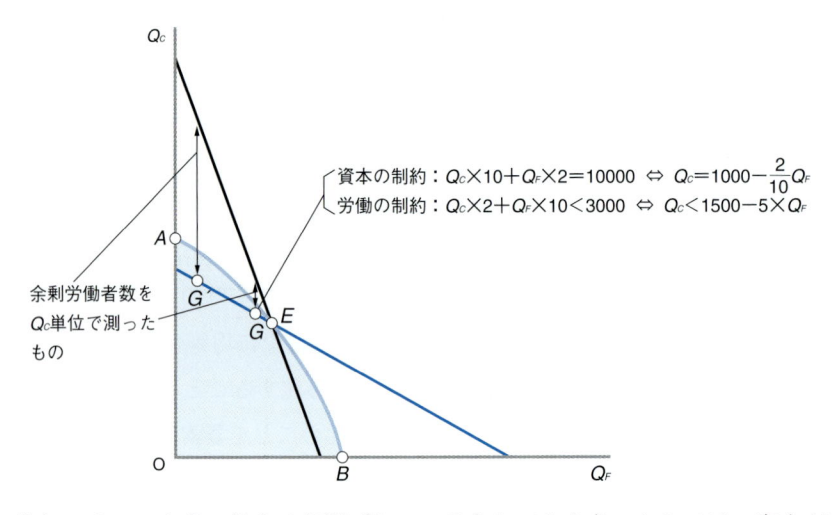

資本の制約：$Q_C \times 10 + Q_F \times 2 = 10000 \Leftrightarrow Q_C = 1000 - \frac{2}{10} Q_F$

労働の制約：$Q_C \times 2 + Q_F \times 10 < 3000 \Leftrightarrow Q_C < 1500 - 5 \times Q_F$

余剰労働者数を Q_C 単位で測ったもの

体とフリース生産の組合せが選ばれているとしてみよう。ここでは，資本が制約となっている一方，G 点は労働制約の境界よりも内側にあるため，余剰労働力が存在する状態になっている。G' 点ではさらに余剰労働力が大きくなっている。表 3-1 のように技術係数が固定である場合には，このような状況においても，余剰労働力を用いて半導体生産を増加させることはできない。いいかえれば，ここでは労働と資本には代替性がないと仮定していることになる。

3-2　HOモデルの4つの定理

　一方，労働力と資本が代替的であるケースを考えてみよう。すなわち，余剰労働力（余剰資本）が，不足する資本（労働力）の代わりになりうるという可変技術係数のケースである。このとき，G点やG'点において資本投入を増加させることはできないが，余剰労働力をさらに半導体生産に用いることが可能となる。その結果，生産可能性フロンティアはQ_cを増加させる方向に拡大することになる。

　しかしながら，現実には機械の数が限られていれば，労働力投入の増加によって増える生産増は次第に減少（＝逓減）してゆくと考えられる。これを，限界生産力逓減の法則と呼び，そのような性質を持つ生産関数を新古典派的生産関数と呼ぶ。図 3-8 は，資本が一定である場合の労働投入量と半導体生産量 Q_C との関係についての新古典派的生産関数を図示したものである。このような場合，図 3-9 の G 点と G' 点を比較すると余剰労働者数に比べた生産可能性フロンティア拡大の大きさが鈍ることになる。そうすると，結局のところ生産可能性フロンティアは図 3-9 の曲線 AEB のような形になる。

■生産点の決定

　日本における国内生産者の行動を考えてみよう。ミクロ経済学で学んだように，生産者である企業は利潤最大化をその行動原理としている。このような利潤最大化行動の結果，図 3-9 で表される生産可能性フロンティアのうち，どの生産点が選ばれるのであろうか？

　ここで，仮に図 3-9 の点 E が生産点として選ばれているとしてみよう。点 E での生産可能性フロンティアの接線の傾き（の絶対値）が，たとえば 0.8 になっているものとする。この場合，1 単位のフリース生産を行うことで 0.8 単位の半導体生産が犠牲となる。したがって，この接線の傾き（の絶対値）は半導体の生産で測ったフリース生産の「機会費用」を示していることになる。ここでさらに，世界市場で決まっているフリースと半導体の相対価格（世界の相対価格と呼ぶ）が 0.5 であるとしてみよう。この場合，点 E は利潤最大化を達成する点であるといえるであろうか？

3 ヘクシャー=オリーン（HO）・モデル

図 3-10　利潤最大化点の導出

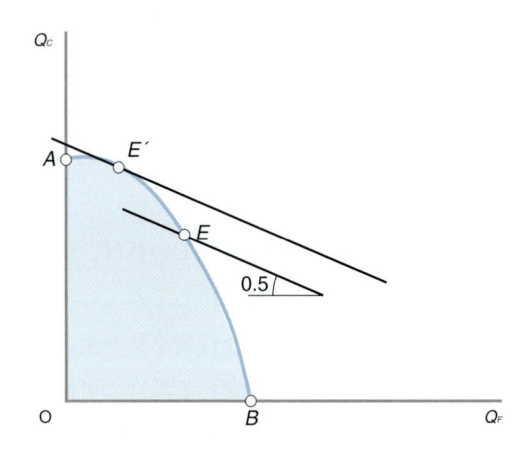

　答えは **NO** である。このことは以下のように示される。まず，点 E において，「1 単位のフリース生産をあきらめた」としよう。既に見たように，フリース 1 単位生産の機会費用は半導体 0.8 単位であるから，この場合 0.8 単位の半導体生産増が可能となる。ところで，世界におけるフリースの半導体に対する相対価格は 0.5 であるから，増加した半導体生産 0.8 単位は，世界市場において「0.8÷0.5＝1.6 単位のフリース」と交換することができる。結局のところ，以上の取引を通じて国内で使用可能な半導体の水準を変えずにフリースを追加的に 1.6−1＝0.6 単位得ることができる。したがって，経済全体として利潤を増加させる余地が残っていることになる。いいかえれば，点 E では，利潤は最大化されていない。では，最終的にどの点において利潤最大化が達成されるのであろうか？　以上の論理を繰り返せば明らかなように，利潤を拡大させる余地がもはや存在しない最終的な生産点は，世界の相対価格線と生産可能性フロンティアが接する点 E' となるはずである（図3-10）。

■ヘクシャー=オリーン定理と所得分配

　表 3-1 から分かるように，日本の資本・労働比率は 3.3 で，中国のそれは

3-2 HOモデルの4つの定理

図3-11 生産可能性フロンティア

〈日本〉

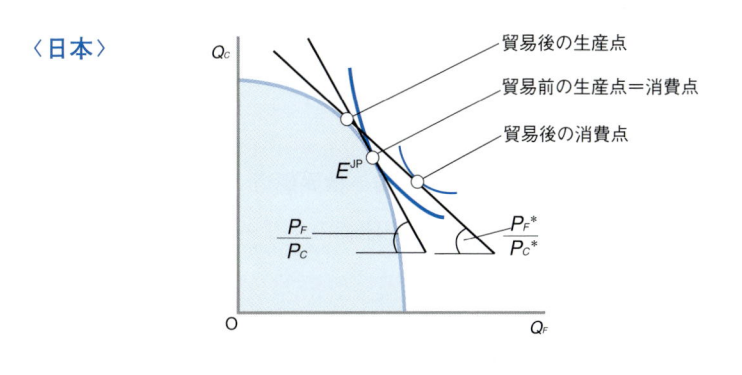

貿易後の生産点
貿易前の生産点＝消費点
貿易後の消費点

E^{JP}

$\dfrac{P_F}{P_C}$ $\dfrac{P_F^*}{P_C^*}$

〈中国〉

貿易後の消費点
貿易前の生産点＝消費点
貿易後の生産点

$\dfrac{P_F^*}{P_C^*}$ E^{CH}

$\dfrac{P_F^C}{P_C^C}$

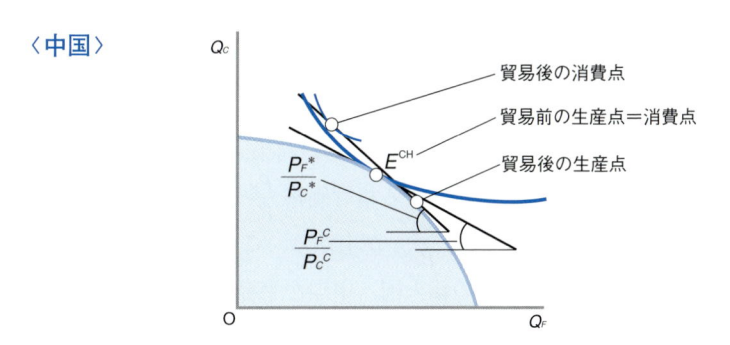

0.2である。したがって，日本は資本豊富国であり，中国は労働豊富国であるということになる。ここで図3-3，図3-9を応用すると図3-11で示されているように，日本の新古典派的生産可能性フロンティアは半導体に偏っており，中国のそれはフリースに偏っていることになる。さらに，両国の無差別曲線の形状が同一であり，ホモセティック[2]であるとすれば，貿易前（閉鎖経済）のそれぞれの国における需要と供給の均衡点において，日本ではフリース生産に対する半導体の生産比率が高くなり，中国ではそれが低くなる。したがって，貿易前の閉鎖経済における日本のフリースと半導体の相対価格は高く，たとえば図3-11の$\dfrac{P_F}{P_C}$であり，中国のそれは低くなり，たとえば

---

[2] ホモセティック（相似拡大）型効用関数とは，所得消費曲線（拡張経路）が原点を通る直線となるような効用関数のことである。

図3-11の$\frac{P_F{}^C}{P_C{}^C}$となる。

　ここで，国際貿易が開始されたとしよう。そうすると，世界全体における半導体とフリースの相対価格は$\frac{P_F}{P_C}$と$\frac{P_F{}^C}{P_C{}^C}$の間に決定されるであろう。これが世界価格$\frac{P_F{}^*}{P_C{}^*}$である。このとき，

$$\frac{P_F}{P_C}=日本でのフリース生産の機会費用>世界価格\frac{P_F{}^*}{P_C{}^*}$$
$$>\frac{P_F{}^C}{P_C{}^C}=中国でのフリース生産の機会費用$$

逆に書くと，

$$\frac{P_C}{P_F}=日本での半導体生産の機会費用<世界価格\frac{P_C{}^*}{P_F{}^*}$$
$$<\frac{P_C{}^C}{P_F{}^C}=中国での半導体生産の機会費用$$

となっている。したがって，日本は半導体，中国はフリースの生産にそれぞれ比較優位を持っていることになる。国際貿易の結果，図3-11から分かるように日本ではフリースの半導体に対する相対価格$\frac{P_F}{P_C}$が下がり，中国ではフリースの半導体に対する相対価格$\frac{P_F{}^C}{P_C{}^C}$が上がる。このような価格変化は，日本が半導体の輸出国・フリースの輸入国，中国が半導体の輸入国・フリースの輸出国となることで達成される。つまり，各国は，「より豊富な生産要素を集約的に用いて生産される財に比較優位を持ち，それを輸出する傾向がある」のである。これを**ヘクシャー=オリーン定理**(HO定理)と呼んでいる。

　貿易の結果，日本においては，比較優位を持つ半導体が輸出財となりその価格が上昇し，輸入財であるフリースの価格が下落する。一方，中国においては，比較優位を持つフリースが輸出財となり，その価格が上昇する一方，輸入財である半導体の価格が下落する。

　さて，HOモデルにおける，貿易と所得分配の関係はどのようになるのであろうか。日本では，半導体の相対価格が上昇する。したがって，図3-7で見たストルパー=サミュエルソン定理により，資本家はレンタル価格の上昇から利益を得る一方，労働者は賃金の下落によって損失をこうむる。一方，中国では，フリースの相対価格が上昇する。そのため，資本家は損失をこう

図 3-12　製造業部門の賃金と人口，1989 年

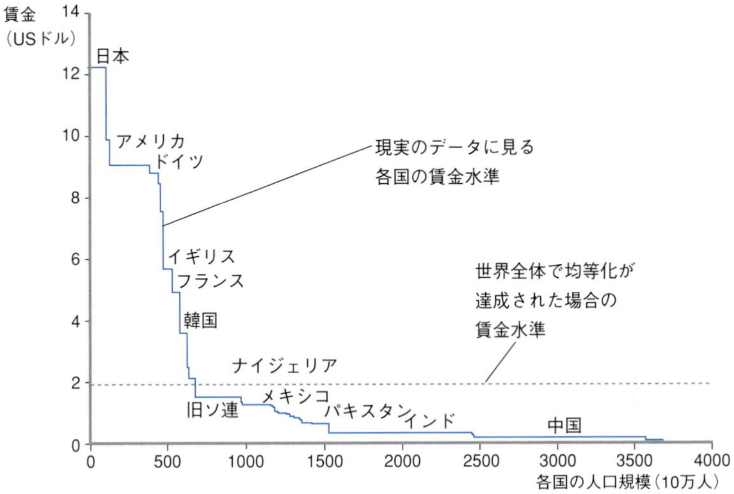
賃金
（US ドル）
14
12
10
8
6
4
2
0
日本
アメリカ
ドイツ
現実のデータに見る
各国の賃金水準
イギリス
フランス
韓国
世界全体で均等化が
達成された場合の
賃金水準
ナイジェリア
メキシコ
旧ソ連
パキスタン
インド
中国
0
500
1000
1500
2000
2500
3000
3500
4000
各国の人口規模（10万人）

（出所）　Leamer, Edward E,（1993）Wage effects of a U.S.–Mexican free trade agrement. in *P.M. Gafer, ed., The Mexico–U.S. free trade agrement*, MIT Press, 57–125.

むり，労働者は利益を得ることになる。つまり，「その国において，豊富な要素の所有者は国際貿易によって利益をこうむるが，希少な要素の所有者は損失をこうむる」ことになる。

■HO モデルの現実妥当性

ここでは，4 つの定理のうち，要素均等化命題と HO 定理について，それらの現実妥当性を見てみることにしよう。まず，要素価格均等化命題の現実妥当性については，第 1 章で見たように，世界の国際貿易において，急速な自由化が進行している。このことは，財価格が国際的に均等化しつつあることを示している。一方，生産要素価格，たとえば賃金についてはどうであろうか？ 日本やアメリカにおいてますます深刻となっている不法就労者・不法移民の問題は，賃金が未だ国際的に均等化していないことの現れである。確かに，世界主要国における賃金の分布は，図 3-12 に示されているように

極めて不均等になっていることが分かる。したがって，現実の世界において，要素価格均等化命題は成立していないように見られる。さらに，第Ⅲ部で詳しく見るように，世界各国の1人当たり所得水準が均等化していないという観察事実も，この命題が成立していないことの証しとなるであろう。

一方，HO定理とは，「各国は，より豊富な生産要素を集約的に用いて生産される財を輸出する傾向がある」ことを示すものである。先進国と発展途上国の間での貿易については，労働集約的な財（たとえばフリース）を労働豊富な途上国が輸出し，資本が豊富な先進国が資本集約的な財（たとえば半導体）を輸出するというパターンが見られ，HOモデルは現実妥当性が高いように思われる。しかしながら，ワシリー・レオンチェフ（W. Leontief）が分析したアメリカ合衆国のデータによると「資本がより豊富に存在すると考えられるアメリカの輸出は輸入ほど資本集約的ではない」という逆の実証結果が得られた。これをレオンチェフの逆説と呼んでいる。国際経済学においては，この「レオンチェフの逆説」を説明するために，現在でも様々な試みがなされている[3]。

以上，2つのタイプの実証研究結果のみをみてみると，HOモデルを学んだり，研究したりする意味がないのではないかという印象を受けるかもしれない。しかしながら，第1章で見たように，比較優位の考え方は，とりわけ先進国と途上国の間での貿易パターンを非常にうまく説明するものである。さらに，安価な労働力が相対的に豊富な中国が労働力集約的製品を，安価な労働力が相対的に不足している日本に対して輸出していることは疑いようのない事実であろう。高度に抽象化されたHOモデルは，そのままでは現実にぴったりと当てはまらないかもしれないが，複雑な現実の国際貿易の背後に存在するメカニズムを理解するためのベンチマークとしては有益であるといえるだろう。

---

[3] たとえば，Helpman, Elhanan (1998), "Explaining the Structure of Foreign Trade: Where Do We Stand？" *Weltwirtschaftliches Archiv* 134 (4), 573-89 に整理されている。

3-3　国際貿易の最適性

　ここで，世界経済が日本と中国のみで成り立っている場合，国際貿易を通じて達成される世界全体の財の需給均衡と相対価格の決定が，社会全体にとって望ましいものであるのかどうかを見てみることにしよう。図 3-10 で見たように，最適な生産点は，与えられた相対価格線が**生産可能性フロンティア**と接する点で行われる。一方，生産点が決まると，国全体の予算制約線が決定され，その予算制約線と無差別曲線との接点において最適な消費点が決まる。以上のような均衡を日本について示したのが，図 3-13 である。ここで，EX は生産点 P と消費点 C の垂直方向の距離であるから，日本の半導体輸出を示し，IM は P 点と C 点の水平方向の距離であり，日本のフリース輸入を示している。そして，PTC を**貿易の三角形**と呼んでいる。図 3-13 からわかるように，$\frac{EX}{IM} = \frac{P_F}{P_C}$ である。すなわち $P_F \times IM = P_C \times EX$ であるから，輸入額が輸出額と同じになるという貿易収支の均衡を「貿易の三角形」は示している。

　日本の輸出・輸入をそれぞれ横軸・縦軸にとって貿易の三角形を図示すると，図 3-13 のようになる。ここで $\frac{P_C}{P_F}$ は日本にとっての輸出財と輸入財の相対価格となっている。これを**交易条件**と呼ぶ。この「交易条件」を変化させると，それぞれの相対価格に対応する最適消費点 C の軌跡が図 3-14 の右上がりの曲線として描ける。この曲線のことを**オファー曲線**と呼んでいる。さらに，中国についても同様のオファー曲線が描けることになる（図 3-15）。

　オファー曲線は貿易の三角形の軌跡であるから，それぞれの交易条件 $\frac{P_C}{P_F}$ とオファー曲線との交点では常に，生産可能性フロンティアと無差別曲線とが接している。したがって，交易条件変化が厚生に与える影響について考えてみると，**オファー曲線に沿った交易条件の上昇（低下）は，その国の経済厚生を高める（低める）**ことがわかる（図 3-14）。

3 ヘクシャー=オリーン（HO）・モデル

図 3-13　貿易の三角形

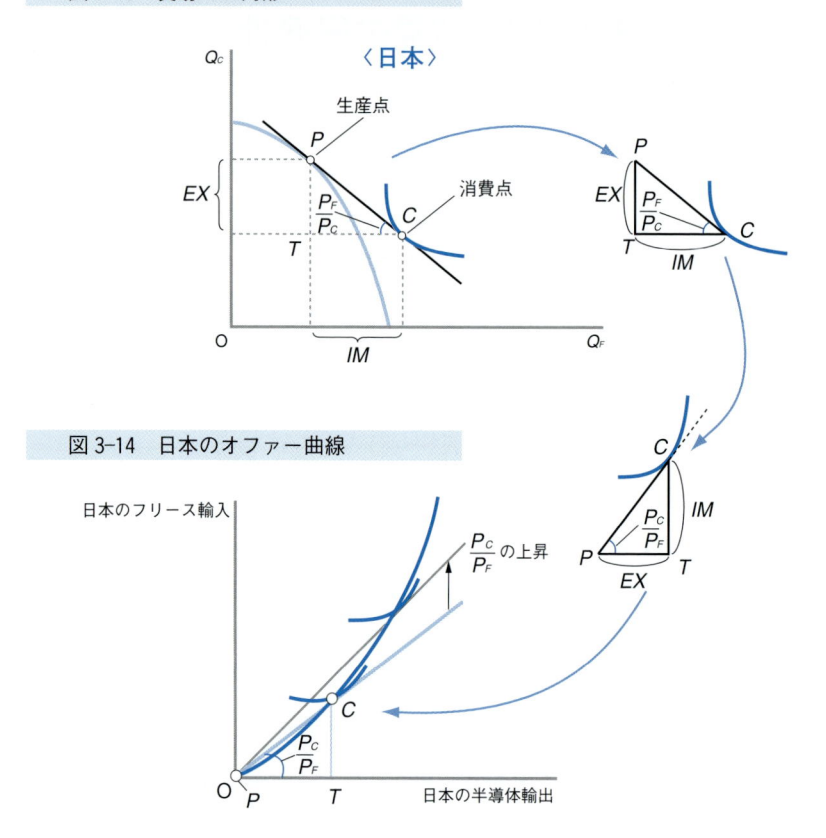

〈日本〉

図 3-14　日本のオファー曲線

　世界全体の半導体市場とフリース市場の需給均衡は，日本の半導体輸出と中国の半導体輸入，日本のフリース輸入と中国のフリース輸出が一致することで示される。したがって，図 3-16 に示された両国のオファー曲線の交点 E^* が世界市場の均衡状態となっており，その交点 E^* に対応する相対価格 $\dfrac{P_C^*}{P_F^*}$ が均衡の世界価格となる。

　さらに重要な点は，オファー曲線が無差別曲線と相対価格の接点の軌跡を描いたものであるという性質から，国際貿易を通じて達成される市場均衡点 E^* では両国の無差別曲線が接しており，パレート最適性[次頁4)]が満たされてい

3-3 国際貿易の最適性

図3-15 中国のオファー曲線

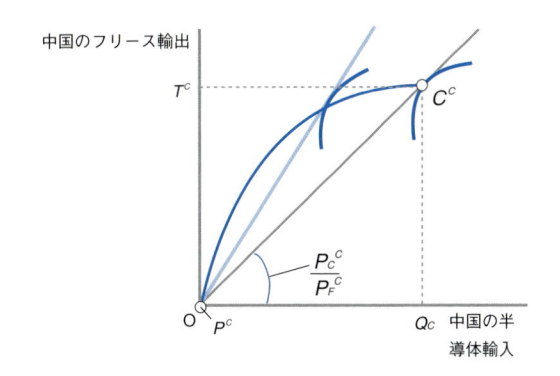

図3-16 世界価格の決定と国際貿易の均衡

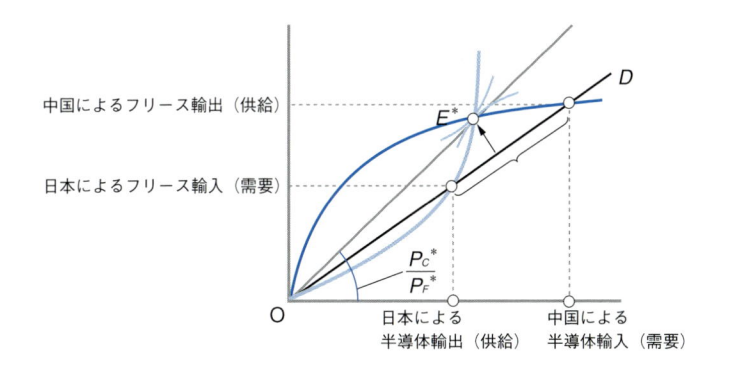

ることである。ここで，たとえば，現在の世界市場における相対価格が図3-16のODで表されているとしよう。そうすると，財価格は均衡点E^*で示される価格の方向へ調整されることになる。なぜなら，ODの相対価格においては，半導体市場では超過需要が生じている一方，フリース市場においては超過供給が生じているからである。このとき，半導体財のフリース財に対する相対価格$\frac{P_C}{P_F}$は上昇する。したがって，結局のところ，市場における価

---

4)「パレート最適性」とは，資源の配分が効率的になされており，ある経済主体の効用を増やすためには，もはや他の経済主体の効用を減らさざるを得ない状況のこと。詳しくは，ミクロ経済学の入門書を見よ。

47

格調整メカニズムは最終的に均衡点 E^* を達成し，均衡相対価格は直線 OE^* の傾き $\dfrac{P_C^*}{P_F^*}$ となる。そして，その均衡点 E^* ではオファー曲線の定義により両国の無差別曲線が接しているのであるから，パレート最適という世界全体にとって最も望ましい資源配分が達成されている。つまり，「自由貿易はパレート最適な資源配分を達成する」のである。この結論は極めて重要なメッセージを持っている。以上のモデルにおいては，自由貿易は世界にとってもっとも望ましい状態を生み出すことになるのである。

3-4　経済成長と国際貿易

　リプチンスキー定理から既に明らかなように，生産要素が蓄積され，経済が成長すると，生産可能性フロンティアは外側にシフトする。たとえば，日本の資本要素の賦存量増加（これを資本蓄積と呼んでいる）によって，資本を集約的に用いる財である半導体に偏った生産可能性フロンティアの拡大が起こった場合を考えてみよう。日本における半導体に偏った成長により，世界における半導体供給が増大し，半導体の相対価格は低下するであろう。したがって日本の交易条件は悪化する。一般に，ある国家が輸出に偏った成長を遂げると，成長国の交易条件を悪化させ，他の国々に利益をもたらす傾向がある。一方，同様の論理に従って，輸入に偏った成長は他国の犠牲のもとに成長国の交易条件を改善させる傾向があるのである。

　極端な場合には，輸出に偏った成長は交易条件を大幅に悪化させ，かえって輸出国の厚生水準を下げてしまうことがありうる。このような豊作貧乏の理論的可能性は，ジャディッシュ・バグワティ（J. Bhagwati）によって窮乏化成長として定式化された。このようなケースは図 3-17 で示されている。日本の輸出に偏った成長により，生産点は P から P' へと移動する。その一方，輸出財の相対価格（交易条件）が大幅に低下するため消費点は C から

図 3-17 窮乏化成長のモデル

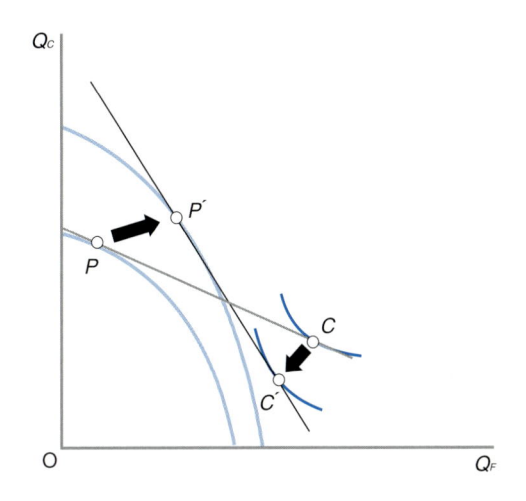

C' へと移る。ここで，明らかなようにこの国家の厚生水準は経済成長によってかえって低下してしまうのである！　この理論は，プレビッシュ=シンガー命題を理論的に裏付けるものであった。プレビッシュ=シンガー命題とは，途上国の成長は，所得弾力性が低く，さらに先進国による代替品開発によって特徴付けられた一次産品輸出に依存している。したがって，一次産品交易条件は長期的に悪化するというものである。

その後，ハリー・ジョンソン（H. Johnson）によって，輸入財産業が厚く保護されている場合には，交易条件が一定（小国の仮定）のもとですらも輸入財に偏った経済成長が窮乏化をもたらしうることが明らかにされた。バグワティとT. N.スリニバサン（T. N. Srinivasan）はこれら2つの理論を一般化し，成長によって経済の歪みが増幅されるコストが，経済成長そのものの便益を上回るときに窮乏化成長が起こることを理論的に示した。しかしながら，現在の多くの研究者は，窮乏化成長が現実的な現象であるとはみなしていない。たとえば，表3-2によれば，中米において窮乏化成長が起こったケースがいくつか見られるが，戦後の世界経済すべてを見てみるとそのようなエピソードはごくわずかである。

3 ヘクシャー=オリーン（HO）・モデル

▶表 3-2　中米諸国における窮乏化成長のケース

	70–75 年	75–80 年	80–85 年	85–88 年
バルバドス		− (.17)	＋ (.15)	
コスタリカ	＋ (.14)	＋ (.15)	− (−.10)	
ドミニカ	＋ (.26)		− (−.08)	− (.05)
エルサルバドル	＋ (.11)	− (.00)	− (−.06)	− (−.04)
グァテマラ	＋ (.11)	＋ (.15)	− (−.18)	− (.01)
ハイチ		＋ (.23)	− (−.13)	
ホンジュラス		＋ (.21)	− (−.13)	
ジャマイカ		− (.08)	− (−.25)	
メキシコ	＋ (.16)	＋ (.19)	− (−.08)	− (−.07)
ニカラグア	＋ (.09)	− (−.23)	− (−.18)	− (−.07)
パナマ	＋ (.12)	＋ (.17)	＋ (.06)	− (−.02)
トリニダード・トバゴ		＋ (.38)	− (−.41)	− (.55)

（注）＋と−は、それぞれは効用が上昇、低下したケースである。カッコ内の数字は各期間における1人当たり実質 GDP 成長率を示している。太い枠で囲まれたものが窮乏化成長のケースである。
（出所）Sawada, Yasuyuki (2009), "Immiserizing Growth: An Empirical Evaluation," *Applied Economics* 41 (13), 1613–1620.

●キーワード

分配　　ヘクシャー=オリーン（HO）・モデル　　労働　　資本
生産要素の賦存量　　リプチンスキーの定理
ストルパー=サミュエルソンの定理　　要素価格均等化定理
固定技術係数　　可変技術係数　　ヘクシャー=オリーン定理
資本集約的　　労働集約的　　拡大効果　　完全競争
単位生産費用　　超過利潤　　新古典派的生産可能性フロンティア
限界生産力逓減の法則　　新古典派的生産関数　　利潤最大化　　所得分配
無差別曲線　　ホモセティック　　レオンチェフの逆説　　貿易の三角形
交易条件　　オファー曲線　　均衡の世界価格　　パレート最適性
資本蓄積　　豊作貧乏　　窮乏化成長　　プレビッシュ=シンガー命題

●練習問題

1. なぜ要素価格均等化命題が現実の世界では成立していないのか，その理由を考えてみよ。
2. 中国の生産可能性フロンティアを出発点として，中国のオファー曲線を導き出しなさい。
3. 各国の交易条件に影響を与えるものとして，国際的な所得のトランスファー，たとえば戦後賠償金，経済援助，移民の送金などがある。日本から中国へのODAは，日本の交易条件に対してどのような影響を与えるであろうか。
4. 本章の議論に基づき，自由貿易は望ましいかどうかを論じてみよ。

第 4 章

新しい国際貿易の理論

　これまで国際貿易が行われる理由として，技術や生産要素賦存の違いに基づいた理論を見てきた。しかしながら，世界経済で大きなシェアを占める先進国間における貿易のほとんどは，技術や生産要素賦存の似通った国同士の間で起こる似たような財同士の貿易，すなわち産業内貿易である。産業内貿易は，生産技術の異なりに注目したリカード・モデルや資源の異なりを出発点としたヘクシャー=オリーン・モデルによっては説明が困難である。ここでは，このような現実の貿易パターンを説明しうる，規模の経済性や不完全競争に基づいた「新しい貿易理論」について概観することにしよう。

4-1 新しい貿易理論

　世界における国際貿易，とりわけ先進国の間における貿易の多くは，技術や生産要素賦存の似通った国同士の間で起こっている。さらに，そのような貿易は似たような財同士の貿易，すなわち産業内貿易となっている。たとえば，2001年における西ヨーロッパ全体の輸出に占める域内貿易の割合は67.5％に上っている。また，図4-1に見られるように，EU・アメリカ・日本の貿易に占めるこれら先進国グループ同士の割合は，輸出・輸入いずれのケースにおいても約半分を占めている。

　さらに，図4-2は，「産業機器」項目における各国の$\frac{輸出}{GDP}$比率・$\frac{輸入}{GDP}$比率と$\frac{産業機器生産量}{GDP}$比率との関係を国別データを用いてプロットしたものである。この図から分かることは，産業機器輸入と輸出との間には非常に強い正の相関関係があるということである。すなわち，多くの国は同じ産業分類に属する同様の製品を輸出すると同時に輸入もしているのである。このことは，産業内貿易が非常に幅広く見られることを示している。

　似たような経済構造を持っている先進国間での，同様の技術に基づく産業内貿易は，生産技術の異なりに注目したリカード・モデルや，資源の異なりを出発点としたヘクシャー=オリーン・モデルによっては説明が困難である。1970年代後半から，ポール・クルーグマン（P. Krugman・2009年ノーベル経済学賞受賞）やエルハナン・ヘルプマン（E. Helpman）らによって，既存理論のこのような問題を克服する経済理論の構築が試みられてきた。これらの議論では，技術や資源賦存の異なり以外に，国際貿易が行われる理由として，規模の経済性（規模に関する収穫逓増）の存在に注目している。規模の経済性とは，生産規模の拡大が生産の効率性を高めるという性質のことである。図4-3で示されているように，すべての生産要素の投入規模が大きくなるに従って生産性が向上する性質のことを規模の経済性と呼んでいる。こ

4-1 新しい貿易理論

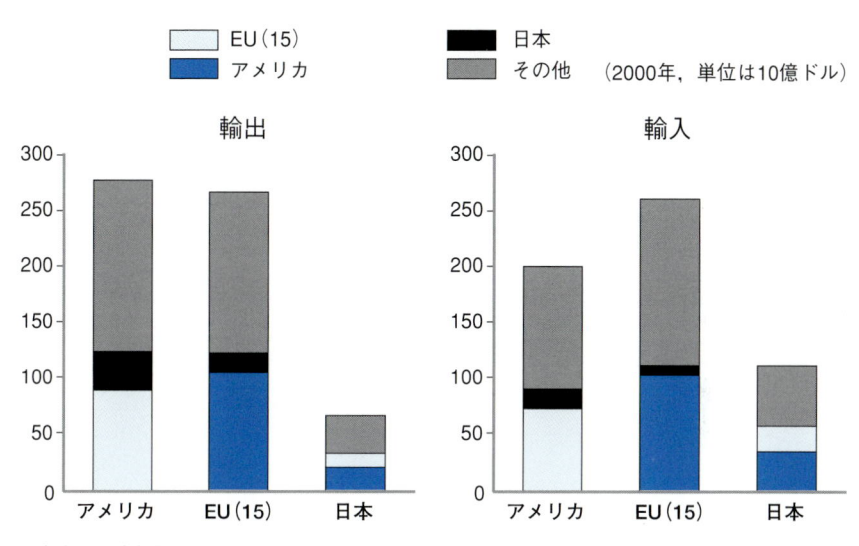

図4-1 主要国（地域）における主要貿易相手のシェア

凡例：EU(15)／アメリカ／日本／その他　（2000年，単位は10億ドル）

輸出／輸入の積み上げ棒グラフ（アメリカ，EU(15)，日本）

（注）　EU内貿易を除く。
（出所）　World Trade Organization (2002), *International Trade Statistics*.

図4-2 産業機器の貿易（1992年）

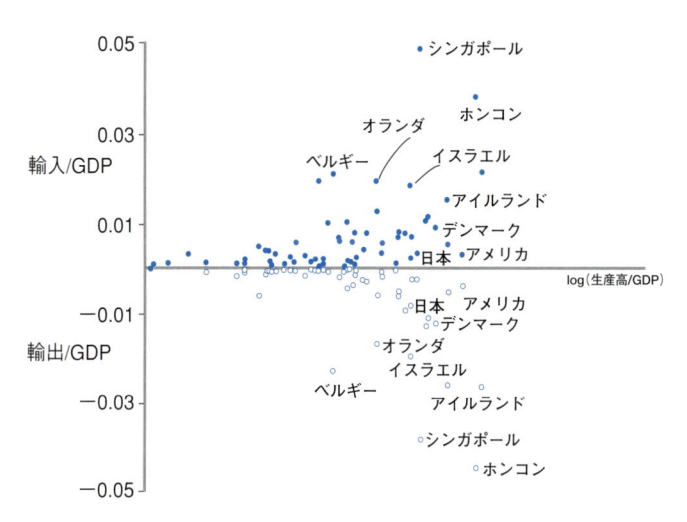

縦軸：輸入/GDP（上），輸出/GDP（下）　横軸：log（生産高/GDP）

主なラベル：シンガポール，ホンコン，オランダ，ベルギー，イスラエル，アイルランド，デンマーク，日本，アメリカ

（出所）　Antweiler, Wernen and Daniel Trefler (2002), "Increasing Returns and All That: A view from Trade." *American Economic Review* 92 (1), 93–119.

55

4 新しい国際貿易の理論

図4-3 規模に関する収穫

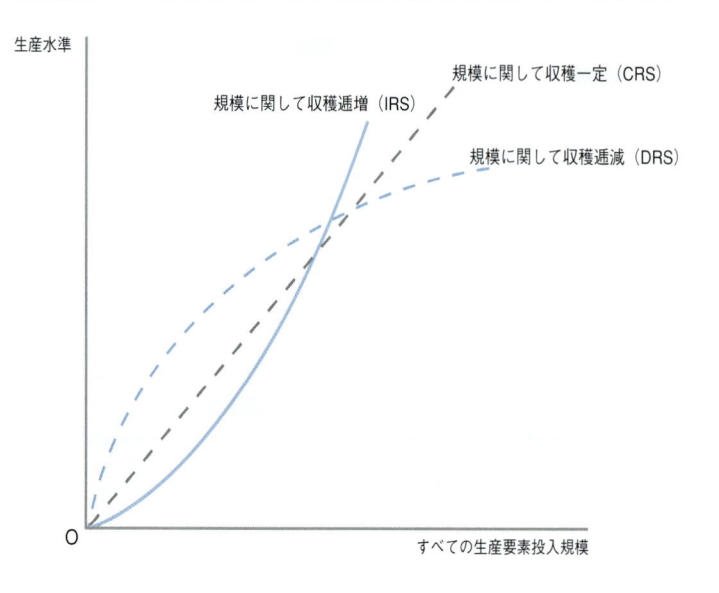

縦軸：生産水準、横軸：すべての生産要素投入規模

- 規模に関して収穫一定（CRS）
- 規模に関して収穫逓増（IRS）
- 規模に関して収穫逓減（DRS）

の規模の経済性とは，いいかえれば，ある産業あるいは企業レベルでの生産量増加が平均費用を低下させるということでもある。

ミクロ経済学で議論されるように，企業レベルでの生産技術が収穫逓増で特徴付けられる場合，財市場の構造は完全競争とならず，不完全競争となる。なぜなら，生産規模の拡大が生産の効率性を高めるという性質のため，市場においてある企業が一人勝ちしてしまうという可能性が生ずるからである。

ここでは，産業全体での規模の経済性や企業の価格支配力が貿易の源泉となることを説明しよう。このようなケースにおいては，技術や要素賦存が同じ国同士においても，異なる生産への特化と財の国際的取引が行われ，国際貿易が各国にとって望ましいことが示される。これらの考え方に基づく貿易理論を新しい貿易理論と呼んでいる。

最初に議論されるモデルは，産業レベルでの規模の経済性の存在が1国レベルで特化の利益を生み出し，さらに貿易を行うことが世界全体に便益をもたらすことを示す。第2のモデルは，寡占，すなわち少数の企業が市場を支

配するという状況のモデルであり，企業間の戦略的取引を通じて需要を少数の企業が分け合うという形で市場が形成されることになる。このような場合でも，他国の市場を侵食することが，自国市場での利益を損なうことなく利潤を拡大させるため，貿易の利益が生じることになる。

■規模の経済と市場構造

規模の経済性を厳密に議論する枠組みとしては，次の2つのものがある。第1は，外部的規模の経済と呼ばれる枠組みである。このアプローチはマーシャル的アプローチとも呼ばれるが，企業の単位当たり費用が産業全体の規模に依存するものの，個々の企業の規模には必ずしも依存しないと仮定する。したがって，この場合には，個々の企業の行動は完全競争の市場構造と整合的となる。

第2は，内部的規模の経済と呼ばれるものである。内部的規模の経済とは，単位当たり費用の低下が個々の企業の生産規模に依存する一方，産業全体の規模には必ずしも依存しないというものである。したがって，個々の企業レベルでの規模の経済性があるということになり，完全競争の市場構造とは整合的にはならず，市場は独占で特徴付けられることになる。このような枠組みとしては，独占的競争のモデルとして，不完全競争の市場構造の枠組みが用いられることになる[1]。以下では前者の産業全体としての規模の経済性が貿易の源泉となることを見てみよう。

4-2　産業レベルでの規模の経済と財の多様性

日本とアメリカで構成される2国のモデルを考えてみよう。簡単化のため，

---

[1] 「独占的競争」については，詳しくはミクロ経済学の教科書を参照せよ。

各国ともにDVDプレーヤー（D）と液晶テレビ（T）を生産する部門のみを持っているものとする。$D \cdot T$ の2財の生産技術は，同一であり，唯一の生産要素である労働 L を用いて以下のような2次の生産関数によって生産されるものとしよう。

$$Q_D = \frac{1}{20} L_D^2$$

$$Q_T = \frac{1}{20} L_T^2$$

L_D，L_T はそれぞれDVD部門，液晶テレビ部門に投入される労働量を示している。すると，これらの生産関数は図4-4のように記述される。

このような関数は，両財ともに産業レベルでの規模の経済性が存在することを仮定している。さらに，両国ともに労働の賦存量が40であったと仮定し，

$$L_D + L_T = 40$$

であるとしよう。

ここで，両国が2財をそれぞれの国内で両方生産し消費するという閉鎖経済の場合と，日本が D 財に特化し，アメリカが T 財生産に特化し，両国が生産物を貿易しあうという開放経済の場合を比較してみよう。まず，生産技術は既に述べたように図4-4のように記述される。閉鎖経済の場合，両国ともに D 財・T 財を生産する。消費者がDVDと液晶テレビから同様の効用を得るとすれば，それぞれの財の生産に同じだけの労働投入，すなわち20ずつの労働投入を行う必要があろう。この場合，両国は同じ量だけ両財を生産するので，世界全体の生産パターンは表4-1のようになる。

一方，両国が完全に貿易を自由にし，何らかの理由によって日本が D 財の生産に特化し（すべての労働力40を D 財の生産に投入し），アメリカが T 財の生産に特化（すべての労働力40を T 財の生産に投入）したものとしよう。そうすると，世界全体の生産構造は表4-2のようになる。

表4-1と表4-2を比較すると，経済を開放化し，生産の特化が起こること

4-2 産業レベルでの規模の経済と財の多様性

図 4-4　規模に関する収穫逓増の生産関数

左図: $Q_D = \frac{1}{20}L_D^2$

右図: $Q_T = \frac{1}{20}L_T^2$

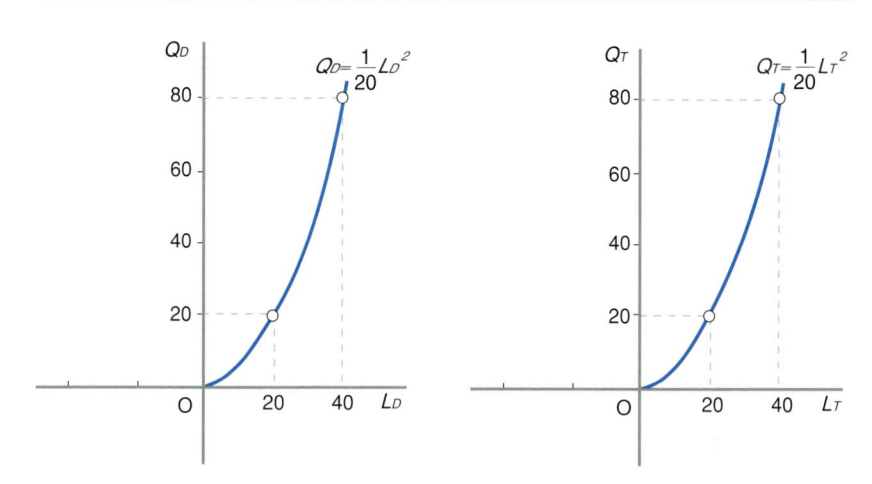

▶表 4-1　閉鎖経済の下での世界全体の生産量

	D 財	T 財
日　　本	20	20
アメリカ	20	20
世界全体	40	40

▶表 4-2　開放経済の下での世界全体の生産量

	D 財	T 財
日　　本	80	0
アメリカ	0	80
世界全体	80	80

で世界全体の生産の効率性が2倍になることが分かる。このことは、国際貿易を通じて各国の消費可能性も拡大しうることを示している。規模の経済性が存在するために、世界全体でも両国国内それぞれにおいても、消費可能となる D 財と T 財の量は開放経済の方が大きくなるのである。

　以上を一般化してまとめれば、規模の経済性のもとでは、各国がそれぞれ

4 新しい国際貿易の理論

特定の財の生産に特化することにより，閉鎖経済のもとで各国がそれぞれすべての財を生産するよりも，世界全体としてより効率的に財の生産を行うことができる。その上で，各国が貿易を行えば，消費者はすべての財をより多く消費することができるため，貿易の利益が存在することになる。

■生産可能性フロンティア

以上の設定において，生産可能性フロンティアはどのように描けるのであろうか？ 生産可能性フロンティアとは，ある国において利用可能な資源（この場合には労働）を最大限用いることによって可能となる財の生産量の組合せを示すものである。いいかえれば，

$$Q_D = \frac{1}{20}L_D{}^2$$

$$Q_T = \frac{1}{20}L_T{}^2$$

$$L_D + L_T = 40$$

の連立方程式を満たす (Q_D, Q_T) の組合せである。この生産可能性フロンティアの形状は，図4-5 によって示すことができる。第2象限は，DVDの生産関数 $Q_D = \frac{1}{20}L_D{}^2$，第4象限は液晶テレビの生産関数 $Q_T = \frac{1}{20}L_T{}^2$，第3象限は，労働資源の制約式 $L_D + L_T = 40$ を示している。これら3つの条件を満たす (Q_D, Q_T) の組合せが第1象限に描かれているが，これが収穫逓増の技術のもとでの生産可能性フロンティアとなる。この生産可能性フロンティアを数式で表せば，

$$\sqrt{20Q_D} + \sqrt{20Q_T} = 40$$

である。

■多数財のケース

一方，財の数が2つではなく，潜在的に多数であるケースを考えよう。ただし，人々の効用は各財を均等に消費することから得られるものとし，各財

4-2 産業レベルでの規模の経済と財の多様性

図 4-5 生産可能性フロンティア

$Q_D = \dfrac{1}{20}L_D^2$

$L_D + L_T = 40$

$Q_T = \dfrac{1}{20}L_T^2$

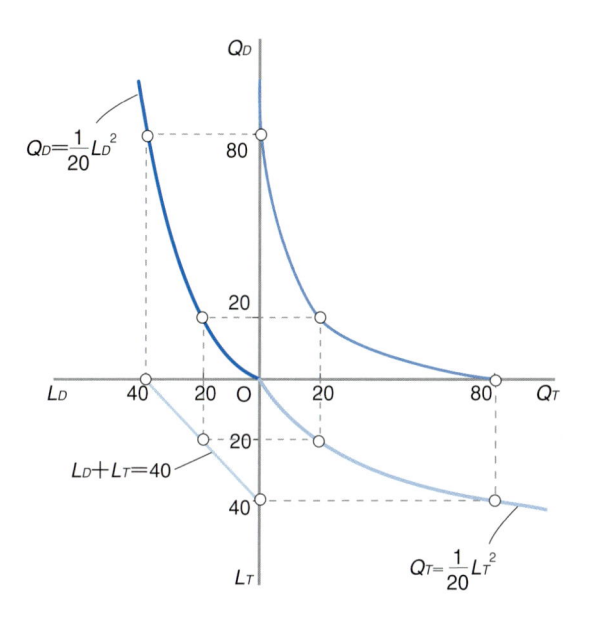

の消費量のみならず，財の数も人々の厚生水準を決めるものとする。それぞれの財の生産に規模の経済性があるとすれば，開放経済のもとで日本とアメリカは，それぞれ限られた範囲の異なる財の生産に特化することで，すべての財を国内で生産する場合よりも効率的な生産を行うことができる[2]。

その上で，それぞれの生産に特化した両国が相互に貿易を行えば，消費者は閉鎖経済の場合に比べてより多くの財を消費することができることになる。やはり，生産技術や要素賦存が同一の国の間においても，規模の経済が存在することが国際貿易を行うインセンティブを与えるのである。いいかえれば，国際貿易はより大きな市場を生み出し，それによって消費者の選択の幅が拡

---

[2] このようなモデルを構築するために独占的競争の枠組みが用いられている。独占的競争のモデルでは，各財を特定の企業が生産し，それぞれの企業がライバル企業の生産物から自身の製品を差別化できるという独占者である一方，各企業はライバルによって設定された価格を所与とみなし，潜在的な競争に直面していることを仮定している。

大する。しかも世界全体の供給量増加によって，財の価格が低下する。価格の低下はより大きな需要を喚起するのであるから，一種の好循環が生まれることになる。

■貿易のパターン

さて，規模の経済性が存在するもとでの貿易のパターンはどのようになるのであろうか。リカード・モデルやHOモデルにおける，完全競争の世界では比較優位に従った特化が起こり，比較優位を反映した**産業間貿易**が行われる。一方，規模の経済性がある世界においては，各国が同一の産業に属する差別化された製品を生産し，それらの財を国際的に取引することになる。その結果，**産業内貿易**が行われる。

産業内貿易は比較優位を反映したものではない。しかしながら，産業内貿易によって市場が拡大する一方，各国はそれぞれが生産する財の数を減らすことができ，かつ各国の消費者は消費可能な財の種類を増やすことができる。したがって，似たような技術や生産資源を持つ国の間でさえ比較優位によらない貿易の利益がある。このようなメカニズムは，生産可能性フロンティアを用いることで示される。図4-6において，A国とB国の貿易前の均衡点はそれぞれE_AとE_Bで示されている。一方，貿易が開始されるとA国はDVDの生産に特化する生産点P_Aを選び，B国は液晶テレビの生産に特化する生産点P_Bを選択する。さらに，それぞれが生産した財を国際的に取引し，その結果それぞれが，E_A'とE_B'という消費均衡点を選択する。したがって，両国において貿易前に比べて貿易後の厚生水準は改善しており，国際貿易に利益があることが分かる。

しかしながら，日本とアメリカの2国において，日本がA国のようなパターンになるのか，あるいはB国のようになるのかは明確ではない。実のところ産業内貿易のパターンがどうなるのかは**歴史的偶然**で決まり，予測することができないのである。

産業間貿易と産業内貿易の相対的重要性は，貿易に携わる国家群がどのく

図 4-6　貿易の利益

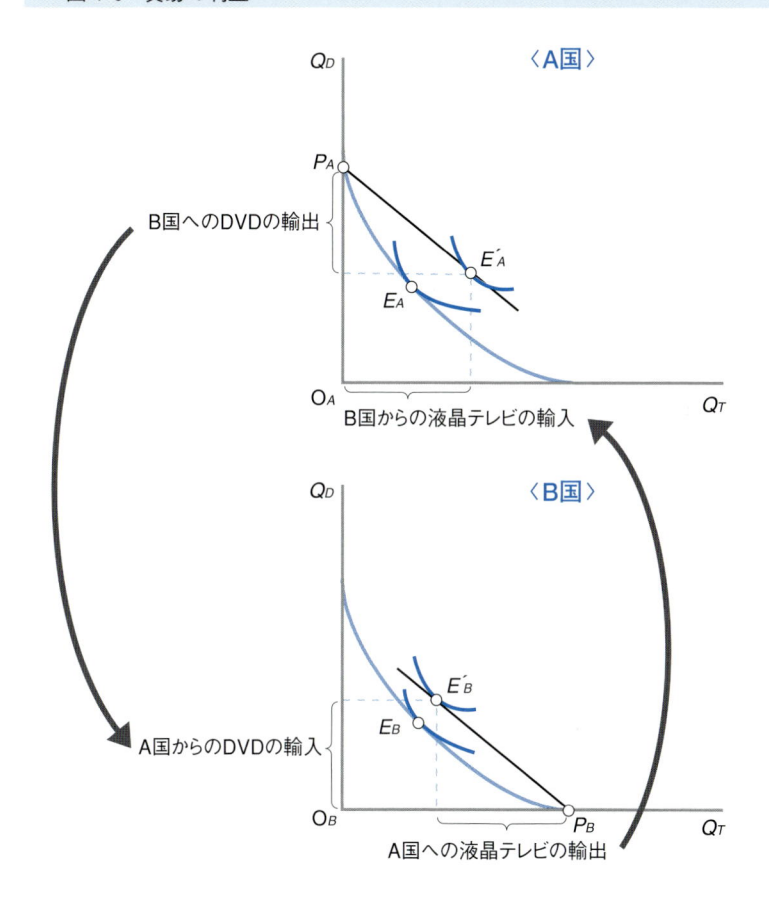

〈A国〉

B国へのDVDの輸出
B国からの液晶テレビの輸入

〈B国〉

A国からのDVDの輸入
A国への液晶テレビの輸出

らい似た国であるのかに依存する。産業間貿易が重要となるのは，各国が技術や資源の面において異なる国の場合である。一方，産業内貿易が起きるのは，各国の技術や生産要素賦存が似ているものの，規模の経済と製品差別化が重要な場合である。

■戦略的貿易政策

　日本がA国のようにDVD生産に特化するのか，あるいはB国のように液晶テレビ生産に特化するのかは，歴史的偶然によって決まることを見てきた。

4 新しい国際貿易の理論

■ 図 4-7　戦略的貿易政策

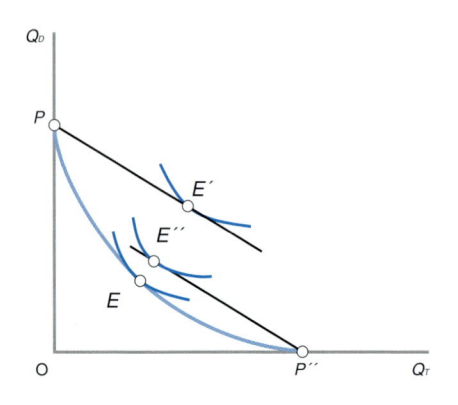

しかしながら，図 4-7 に表されているように，日本がいずれの財に特化するかによって，厚生水準は異なる。日本が DVD に特化し，P 点を生産点として選択すると，消費点は E' となる。一方，液晶テレビに特化した P'' を選ぶと消費点は E'' となる。したがって，DVD 生産に特化した方が，液晶テレビに特化するケースよりも厚生水準が高くなる。この場合，市場の力や歴史的偶然にすべてを任せるという自由放任主義は，P'' への特化をもたらす可能性があり，したがって日本にとって必ずしも最善の状態をもたらすとは限らなくなる。

　もし，政府がこのことを知っているとすれば，自由放任主義を離れて，日本が DVD に特化できるように政策介入を行う誘因があるであろう。いいかえれば，政府は積極的な政策介入によって歴史を変えるインセンティブを持つ。このような考え方は，戦略的貿易政策として知られているものである。つまり，新しい貿易理論の考え方を用いることで，政府が積極的に産業を援助するという政策の正当化がなされ得ることになる。しかしながら，戦略的貿易政策の考え方は，必ずしも望ましくない政策を正当化するために政治的に悪用される恐れがあることに留意しなければならない。この戦略的貿易政策については，第 6 章で再び議論する。

4-3　双方向ダンピングによる国際貿易

さらに，規模の経済性が重要でなくとも，不完全競争のもとでは，生産技術や生産要素賦存の類似した国家間で貿易が生ずる可能性が存在することをジェームズ・ブランダー（J. Brander），そしてブランダー＝クルーグマンが明らかにした[3]。これは双方向ダンピングの考え方に基づいたモデルであり，比較優位・規模の経済性に続き，国際貿易を説明する第3のモデルであると考えることができる。

再び，日本，アメリカの2国を考えよう。両国は全く同じ技術や生産資源を持っていると仮定する。ここで，日本市場における独占企業J，アメリカ市場における独占企業Uの行動を考える。企業Jは日本国で独占的な価格付け P^J を行う。一方，アメリカでは企業Uが独占的価格付け P^U を行っている。ここで，留意すべき点は，P^J と P^U はそれぞれの企業が利潤を最大にするように自由に決定している独占価格であるから，価格を下げるインセンティブはない。なぜなら，価格を下げると確かに需要量は増えるものの，売り上げ，すなわち価格×需要量が生産費用に対して相対的に減ってしまうからである。

さらに議論の骨子を明確にするため，企業の費用構造や各国市場における需要構造も同一であるとする。そうすると，貿易が起こる前における各国それぞれの財価格は全く同じになる。すなわち，$P^J = P^U$ が成立する。ここで，各独占企業が設定する価格は独占価格であるが，それは，限界収入と限界費用が等しくなるような価格である。基本的なミクロ経済学の議論によれば，

---

[3] Brander, J. A. (1981), "Intra–Industry Trade in Identical Commodities," *Journal of International Economics* 11, 1–14; Brander, J. A. and P. R. Krugman (1983), "A 'Reciprocal Dumping' Model of International Trade," *Journal of International Economics* 15, 313–23.

そのような価格は，

$$P^J = P^U = (1+マークアップ率) \times (限界費用)$$

となることが分かる[4]。

このとき，日本とアメリカの市場が完全に分断されているとすると，アメリカの企業 U は，P^J（すなわち P^U）よりも低いが，生産のコスト，すなわち限界費用と輸送費用を足し合わせた水準よりも高い価格 P^{U*} を，日本の市場において設定することが合理的になる。すなわち，$P^J > P^{U*}$ を満たす価格付けを「日本で」設定するために，輸出によって日本市場を侵略するインセンティブを持つ。なぜなら，P^{U*} から単位当たりの生産・輸送費用を引いた部分が，このアメリカ企業が日本市場において得ることのできる単位当たりの利潤となるからであり，日本市場を侵略することによって，利潤をさらに高める余地が存在するからである。

日米両国の対称性から企業 U の日本に対する輸出前においては $P^J = P^U$ であるから，$P^U > P^{U*}$ となるはずである。したがって，このような市場侵略は，アメリカ企業 U が自国価格よりも低い輸出価格を設定するという意味において，ダンピングに基づくものであると言える。

一方，日本の企業 J も全く同じようにして，ダンピングを通じアメリカ市場を侵略するインセンティブを持つことになる。この場合，非常に興味深いことに，両国の企業がそれぞれの外国において同時にダンピングを行い，全く同じ財を貿易するという「双方向ダンピング」が行われる。結局のところ，以上のような双方向ダンピングを通じ，技術・要素賦存需要構造の格差や規模の経済性が存在しない状況においてさえも国際貿易が生じうるのである。

---

4) マークアップ率とは，企業が費用にかける一定の利潤率を示す。詳しくは，ミクロ経済学の入門書を見よ。

●キーワード

産業内貿易　　規模の経済性（規模に関する収穫逓増）　　不完全競争
新しい貿易理論　　寡占　　企業間の戦略的取引　　外部的規模の経済
内部的規模の経済　　独占的競争　　産業間貿易　　歴史的偶然
自由放任主義　　戦略的貿易政策　　双方向ダンピング　　独占価格
限界収入　　限界費用

●練習問題

1. 費用関数が1次関数であるとしよう。すなわち，固定費用と限界費用を定数として，総費用＝固定費用＋限界費用×生産量，である。このとき，なぜ規模の経済性が生じるのかを説明しなさい。
2. 規模の経済性があると，なぜ貿易の利益が生じるのかを説明しなさい。また，このモデルは産業内貿易・産業間貿易のどちらをうまく説明するのか述べなさい。さらに，特化のパターンはどのように決定されるのかを述べなさい。
3. 内部的規模の経済性があると，市場構造はどのようになるのかを説明しなさい。
4. 本章の議論に基づき，貿易自由化は望ましいかどうか論ぜよ。

第 5 章

空間の中での国際貿易

　現実の世界における財の取引は，空間上の異なる地点の間における財の取引とみなすことができる。そのような取引を分析対象とする分野として，クルーグマン（2009年ノーベル経済学賞受賞）や藤田昌久らを中心に，近年「空間経済学」あるいは「新しい経済地理学（New Economic Geography）」と呼ばれる分野が発展してきた。本章では，国際貿易を空間のなかでの財の取引とみなす考え方について概観する。

5 空間の中での国際貿易

□ 5-1　空間経済学 □

　現実の世界における財の取引は，空間上の異なる地点同士における財の取引とみなすことができる。空間上の財取引において中心的な役割を果たすのが輸送費用の存在である。空間的な財の取引のうち，取引が人為的な国境を越えるという特殊ケースが国際貿易である。したがって，国際貿易は空間経済学の一部として議論が可能となる（囲み記事参照）。

　とくに国境の存在が経済的に意味するところとは何なのであろうか？　国境が経済活動に与える障壁には，(1)政府による貿易障壁，(2)国内の規制や規格の差を含む非関税障壁，(3)為替レートに関わる諸コスト，(4)国際労働移動の制限，などがある。チャールズ・エンゲル(C. Engel)とジョン・ロジャース(J. Rogers)は，これらの国境の障壁が他の国境に比べて小さいと考えられるアメリカとカナダの間の貿易においてさえ，国境の存在そのものが自由な経済取引からの物価の乖離をもたらしていることを明らかにしている[1]。

　とはいうものの，グローバリゼーションという言葉で表されるように，財市場や資本市場は国際的に統合されたものになりつつあり，国境の重要性は低下している。たとえば，経済統合によってヨーロッパ各国の間における貿易パターンがどのように変化し，各国の経済がどのように発展あるいは衰退するのかは，興味深い問題である。空間経済学はこのような問題に対して答えを与えようとする分野である。

　経済活動を空間上の財の取引と考えると，一見不思議に見える現象が多く存在することが分かる。東京の秋葉原や大阪の日本橋に家電販売店が集積するのはなぜなのだろうか？　なぜ，同じような店舗が集積していながら共倒れしないのであろうか？　アメリカのシリコンバレーや台湾の新竹にハイテ

---

1) Engel, C. and J. Rogers (1996), "How Wide is the Border?" *American Economic Review* Dec, pp. 1112–1125.

空間経済学と国際貿易論

　国際貿易論は，なぜ貿易が起こるのか，貿易の利益は何か，そして貿易パターンはどのようにして決まるのかということを問題にしてきた。一方，空間を論ずる伝統的な分野である「都市経済学」は，なぜ都市が生ずるのかということを問題にし，「地域科学」は，都市がどこに生まれるのかという立地理論を展開した。空間経済学はこれらの要素を発展的に統合したものである。空間経済学は，新しい国際貿易論や80年代後半から進展してきた新しい経済成長理論を背景として，とくに独占的競争の一般均衡モデルを用いて空間的な経済取引の市場構造を定式化していることが従来の都市経済学・地域研究と異なっている。さらに国際貿易論と異なる点は，「空間上の取引」を明示的に分析するために，「輸送コスト」が導入されている点である。

　空間経済学の既存研究では，非常に単純なモデルの設定から，かなり複雑な経済構造が生み出されたり，あるいはある臨界点を境にして極めて大きな構造変化が起こりうることなどが明らかにされている。これらの分析結果は，「複雑系」や「自己組織化」と呼ばれる理論に通ずるものである。

[参考文献] ポール・クルーグマン（北村行伸・妹尾美起訳）『自己組織化の経済学』東洋経済新報社，1997年。

ク関連企業が集積しているのはなぜなのか？　世界という空間の中で，なぜ日本に製造業の生産部門が集積し，そしてなぜ日本は工業製品を輸出する代わりに，アメリカ合衆国・中国・オーストラリアなど他の土地で作られた農作物を輸入するのであろうか？　さらに，産業空洞化という言葉で表されるように日本に立地していた製造業が国境を超えて東南アジアや中国などにその立地を移しているのはなぜなのだろうか？

　国内における空間的な経済活動に目を向けてみると，生産要素移動が比較的容易である点が重要である。このような場合，すべての産業において生産性が高い地域に生産要素が移動し，他地域の産業は衰退してゆくことになる。事実，国内における長期的な地域の特化パターンは**絶対優位**によって決まり，**不均等発展**によって特徴付けられることが多い[次頁2)]。絶対優位に立つ地域が一人勝ち（winner-take-all）するのである。たとえば，発展途上国においては，とくに首位都市へ経済活動が極度に集中する傾向がある。1960年には

世界で 2 つしか存在しなかった人口 1000 万人以上のメガシティは，2015 年までに 26 都市に達し，そのうちの 22 都市が発展途上国に存在するであろうと考えられている。また，東京首都圏への一極集中と地方の過疎化も，一人勝ちのパターンを顕著に示している。歴史的に開始された集積のパターンに従って，周辺地域から中心地域へ産業や雇用がひたすらひきつけられて行くプロセスのことを累積的因果関係（cumulative circular causation）と呼んでいる。

以上のような観察事実を踏まえ，空間経済学とは「経済活動の集積がどこに，なぜ起こるのか」を一般均衡理論の枠組みで説明しようとする分野である。そこでは，人口や経済活動の集中，たとえば，工業地帯と農業部門の格差，都市の存在，産業の集積などを説明することが課題となる。

ここでは空間経済学の中心的課題を，「経済活動の集積がなぜ起こるのか」という問題と「経済活動がどこに集積するのか」という問題に分解して整理してみることにしよう。

5-2 集積がなぜ起こるのか？

まず，「経済活動の集積がなぜ起こるのか」という問題であるが，その答えを一般化していえば，地理的な人口や経済活動の集中は，集中することそれ自体がさらなる利益を生むという集積の自己増強的な性質，すなわち集積の利益に依存する。また，見方を変えると，「集積の利益」は，空間的な遠心力を上回る求心力の存在によって生み出されるものである。

---

2) 都市規模については冪指数が 1 の指数法則に従うというジップの法則（ないし順位・規模法則）が知られている。詳しくは，藤田昌久，ポール・クルーグマン，アンソニー・ベナブルズ（小出博之訳）『空間経済学――都市・地域・国際貿易の新しい分析』東洋経済新報社，2000 年を参照。

■求心力と遠心力

　ある特定の地域の視点から考えよう。その地域への経済活動の集中をもたらす**求心力**には，大きな市場の規模，他の地域から財を輸送してくるに際しての高い輸送費用の存在，厚い労働市場の存在，マーシャル的外部性あるいは，技術的外部性と呼ばれる，生産効率に直接影響を及ぼす（正の）外部性の存在を挙げることができる。これらの求心力は，経済活動が集積するほど企業や産業レベルでの平均費用が低下するという形で生じる集積の利益に基づいている。

　一方の**遠心力**には，経済活動が集中し，混雑が起こることで経済活動の効率が下がってしまうという，混雑効果，高い地価，地理的に分散した形で分布している自然資源やインフラストラクチャー（社会的共通資本）の整備による低い輸送費用などがある。

　ウォール街やロンドンの金融セクター，ハリウッドの映画産業，ラスベガスのカジノ産業，デトロイトや豊田市の自動車産業，スイスの精密機械産業など，産業の空間的集積は世界中いたるところで見られる。いずれの集積のケースも基本的には遠心力を勝る求心力の存在があると考えることができる。

集積の利益

　19世紀の偉大な経済学者，アルフレッド・マーシャル（A. Marshall）は，集積の利益を生む要因として以下の3つを挙げた。集積の利益の第1要因は，連関効果の存在である。既に生産者の集中した場所は，生産者や労働者の需要が大規模に存在するために大市場となりやすく（前方連関効果），また既存の生産者による原材料や消費財の優れた供給地点となりやすい（後方連関効果）。このような空間的な連関効果の例として，豊田市における自動車生産下請けネットワークの強い前方・後方連関効果を挙げることができる。

　集積の利益の第2は，労働市場のプーリングである。すなわち，企業の集積した場所では，熟練労働者が厚くプールされた労働市場を生み出す。労働市場のプーリングがあれば，生産者にとっては，労働者不足に陥るリスクが少なく，労働者にとっては失業に陥るリスクが少ない。したがって，両者にとって有利となる。

集積の利益の第3は，知識のスピルオーバーである。企業が集積した場所では，個人レベルでのインフォーマルな知識の交換が行われやすい。このようなスピルオーバーによって各個人の生産性は向上する。このような「技術的外部性」があると，ある個人や企業の社会的限界生産力は私的な投資の限界生産力よりも大きくなる。そのため，政府による投資促進が正当化されることになる。

[参考文献]　ポール・クルーグマン（北村行伸・高橋亘・妹尾美起訳）『脱「国境」の経済学』東洋経済新報社，1994年．

5-3　経済活動がどこに集積するのか？

　さて，次の問題として，「経済活動がどこに集積するのか」ということを考える必要がある。すなわち，潜在的には経済活動の中心になり得るさまざまな地点のなかからある特定の地点がどのように選択されるのか，という問題である[3]。現在のところ，潜在的に到達し得る複数の均衡状態のなかから1つの均衡点が選択される理由として，歴史の役割と期待の役割とが挙げられている。次にそれぞれの役割について見てみることにしよう。

■歴史による集積の決定

　まず，西と東の2つの地域（あるいは国家）で構成されるモデルを考えてみよう。クルーグマンは，企業レベルでの規模の経済性をもたらす，生産における固定費用の存在が求心力となり，輸送費用の存在が遠心力になるモデルを構築している。このクルーグマン・モデルを見るために，以下のような

---

3) この問題は，複数均衡のモデルにおける均衡の選択問題と呼ばれるものである。第3章で見たように新古典派ミクロ経済モデルの市場構造は単一の最適な均衡で特徴付けられており，均衡の選択という問題は出てこない。一方，収穫逓増の技術のもとでの一般均衡モデルは，「良い均衡」と「悪い均衡」というパレートの意味でランク付けされた「複数均衡」によって特徴付けられる。ゲームの理論における「調整ゲーム」や産業組織論における「戦略的補完性」が複数均衡を生み出す例である。詳しくは，ゲーム理論の入門書を参照のこと。

図 5-1　クルーグマン・モデル

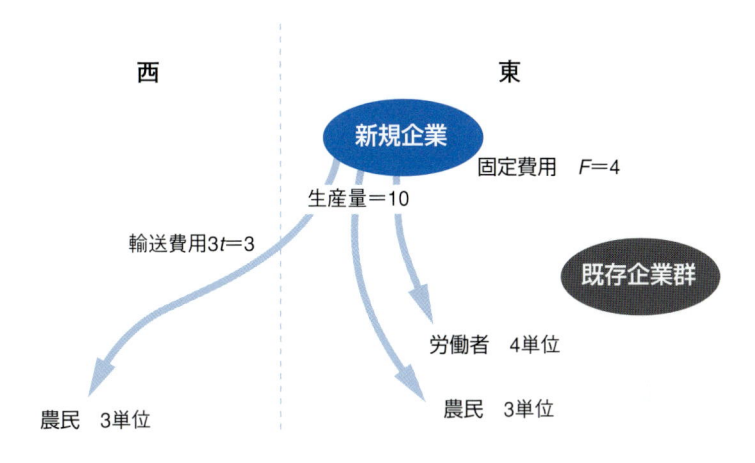

[図：西と東に分かれたクルーグマン・モデル。新規企業（生産量＝10、固定費用 $F=4$）、既存企業群、輸送費用 $3t=3$、農民 3単位（西）、労働者 4単位（東）、農民 3単位（東）]

▶表 5-1　ある新規企業の費用マトリックス（$F=4$, $t=1$）

既存企業の立地選択	ある新規企業の立地選択		
	西	両方	東
西	$F+3t=7$	$2F=8$	$F+7t=11$
両方	$F+5t=9$	$2F=8$	$F+5t=9$
東	$F+7t=11$	$2F=8$	$F+3t=7$

仮定をおくことにしよう[4]。全人口の 60％ が農民であり国土に均等に分布している。すなわち人口 30％ ずつの農民が西と東に存在する。一方，人口の 40％ が工業労働者であるとする。各企業は 10 単位の生産を行い，生産のうち 6 単位が農民（東西の農民にそれぞれ 3 単位ずつ），4 単位が労働者に売られる。このとき，各企業が負担する費用には，固定費用 F と地域を跨いで輸送が行われる場合の財 1 単位当たりの輸送費用 t とがある。固定費用 F は，収穫逓増の強さを示す定数でもある。西と東がそれぞれ独立した国家であるとすれば，t は輸送費用に加えて関税率を示すことになる（図 5-1）。

まず，$F=4$, $t=1$ の場合，ある新規参入企業の費用マトリックスは

---
[4]　ポール・クルーグマン（北村行伸・高橋亘・妹尾美起訳）『脱「国境」の経済学』東洋経済新報社，1994 年を参照のこと。

表 5-1 のようになっている。他の既存企業が「東に立地する場合」には，新規企業にとって東に立地する費用は 7 となる。なぜなら，この企業が行う 10 単位の生産のうち，東の労働者に 4 単位，東の農民に 3 単位が売られるため，西への輸送が必要となるのは 3 単位であり輸送費用は 3 となる（図 5-1）。したがって，総費用は，固定費用 $F=4$ と輸送費用 3 の合計の 7 である（図 5-1，表 5-1）。同様の論理を「両方に立地」する場合，「西」に立地する場合にそれぞれ用いると，他の既存企業が東に立地している場合に新規企業の費用が最小となる最適な立地選択は東となる（表 5-1）。

一方，表 5-1 を用いると他の企業が西に立地する場合には，この企業にとっての最適な立地選択は西である。さらに，既存企業が両方に立地する場合にはこの企業も両方に立地することで費用を最小にすることができる。この場合，ある企業にとって最適な立地選択は，そのほか大多数の既存企業の立地選択に追随することにある。したがって，初期時点において何らかの偶然や歴史的理由に従って既にある程度の産業集積が見られた地域において，集積の利益が生じ，集積のパターンが固定化することが分かる。すなわち，歴史が東への集積を選んでいたとすれば，実際に東に産業の集積が起こり，西への集積があったとすれば実際に西への集積，両方であれば両方への立地が起こるのである。

ここで，輸送費用あるいは関税率が低下し，$t=\frac{1}{2}$ となったとする。この場合，費用マトリックスは表 5-2 のよう変化する。したがって，他の企業が両方に立地する場合でもこの新規企業は東か西かどちらかのみに立地する方が費用が小さい。このような環境では，初期に東と西の双方が同様の集積を有していたとしても，長期的には東西の立地バランスが崩れ，立地の集中化と中心・周辺パターンの進化がもたらされるはずである。

同様の集中化は，規模の経済性の上昇によっても起こりうる。ここで，固定費用が 4 から 8 に増加したものとしてみよう。一方，輸送費用は，表 5-1 と同様の 1 であるとする。そうすると，新規企業の費用マトリックスは表 5-3 のようになる。再びこのような環境では，初期に両地域に分散した集

▶表5-2 ある新規企業の費用マトリックス
(輸送費用が低下した場合：$F=4$, $t=\frac{1}{2}$)

		ある新規企業の立地選択		
		西	両方	東
既存企業の立地選択	西	$F+3t=5.5$	$2F=8$	$F+7t=7.5$
	両方	$F+5t=6.5$	$2F=8$	$F+5t=6.5$
	東	$F+7t=7.5$	$2F=8$	$F+3t=5.5$

▶表5-3 ある新規企業の費用マトリックス
(収穫逓増が強くなった場合：$F=8$, $t=1$)

		ある新規企業の立地選択		
		西	両方	東
既存企業の立地選択	西	$F+3t=11$	$2F=16$	$F+7t=15$
	両方	$F+5t=13$	$2F=16$	$F+5t=13$
	東	$F+7t=15$	$2F=16$	$F+3t=11$

積が見られたとしても，東西の立地バランスは長期的に崩れ，どちらかの地域が中心となり，他方が周辺地域となってしまうであろう。

■期待による集積の決定

　しかし，歴史だけが均衡を選択するのではない。歴史的に不利な初期条件に置かれていた地域が発展するというケースもありうる。たとえば，荒涼たる乾燥地であったカリフォルニアにシリコンバレーやロサンゼルスの大都市が発展したこと，そして，砂漠の地ラスベガスに巨大な歓楽都市が形成されたことなどはそのようなケースに相当する。これらの場合，歴史的な偶然によってではなく，期待によって，ある地点への集積がもたらされたのである。

　ここで，労働のみが生産要素であり，収穫逓増の技術が存在する経済での均衡を考える。収穫逓増の技術があるので，労働者が十分にたくさん集まった土地は規模の経済性を享受することができ，発展する。このような場合，人々が「将来の賃金」を考慮して移動し，初期には荒涼たる地が「発展するという期待」に基づいて移住すれば，実際にその移住そのものによって収穫

5 空間の中での国際貿易

▶表 5-4 立地選択のゲーム

		ある新規企業の立地選択	
		西	東
既存企業の立地選択	西	3, 3	1, 1
	東	1, 1	3, 3

逓増のメカニズムが生じ，その地域が発展する。すなわち，期待の自己成就（self-fulfilling expectation/prophecy）に基づいて産業の立地が決まる可能性がある。

表 5-1 の東西間での立地選択のモデルを応用し，固定費用については $F=4$，輸送費用については $t=1$ と仮定する。そして，1 つの既存企業と 1 つの新規企業が「同時に」東か西かどちらか一方のみの立地選択を行うという戦略的関係の 2 プレーヤー・2 戦略のゲーム[5]を考えてみよう。ここで，両企業の売上は常に 10 であり，費用行列は表 5-1 で表されており，かつ両企業において同一であるとすると，このゲームの利得行列は表 5-4 で示されているような対称行列となる[6]。

表 5-4 のゲームの純粋戦略でのナッシュ均衡[7]は，（東，東）と（西，西）の立地の選択である。このようなゲームは，調整ゲームと呼ばれるものであり，立地パターンの決定は，この調整ゲームにおける複数ナッシュ均衡の均衡選択の問題となる。複数均衡を持つ調整ゲームでの均衡選択は，しばしばプレーヤーの期待の問題とされている。表 5-4 のゲームにおいてどちらの地域に集積が起こるかは，集積についての企業の期待に依存すると見ることができる。すなわち，初期状態に関わらず，「期待の自己成就」が起こりうることを示しているのである。

---

[5] 戦略形のゲームについては，ミクロ経済学の入門書を見よ。
[6] たとえば，両企業が東を選んだ場合の新規企業の利得は，売上 − 費用 = 10 − 7 = 3 となる。一方，片方が東，他方が西を選ぶと労働者は東西に半分ずつ位置するので，利得は，売上 − 費用 = 10 − $(F+5t)$ = 10 − 9 = 1 となる。
[7] ナッシュ均衡とは，すべての個人にとって，それぞれが一方的に行動を変える誘因がないという状況である。詳しくは，ミクロ経済学の入門書を見よ。

5-4　空間と国際貿易の姿

　ここで，現実のデータを用いて空間的な経済活動の分布とその変化について見てみることにしよう。図5-2は，1人当たりGDPの空間的分布を見たものである。熱帯地方のアフリカや南アジアに貧困国が集中している一方，温帯に属する西ヨーロッパ・北米・日本が先進国となっている。さらに，成長率についても，大きなばらつきが見られる。アフリカ諸国は成長率が極めて低い一方，東・東南アジア諸国は相対的に速い速度で成長している。このようなパターンは経済発展のパフォーマンスが空間的に不均一に分布していることを示している。

　図5-3は，クルーグマン・モデルにおける広い意味での輸送費用の逆数をいくつかの国のペアーについて数量化したものである。この国から，とりわ

図5-2　1人当たりGDPによる国の分布

1990年，1人当たりGDPによる分類
　　最富裕国
　　最　貧　国

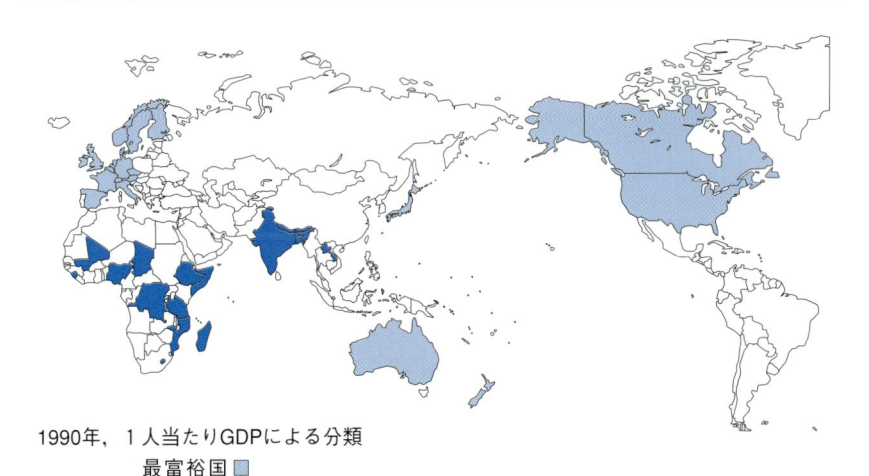

（出所）　Hanink, Dean K.（1994）, *The International Economy : A Geographical Perspective*, John Wiley & Sons, INC., Figure 2.3.

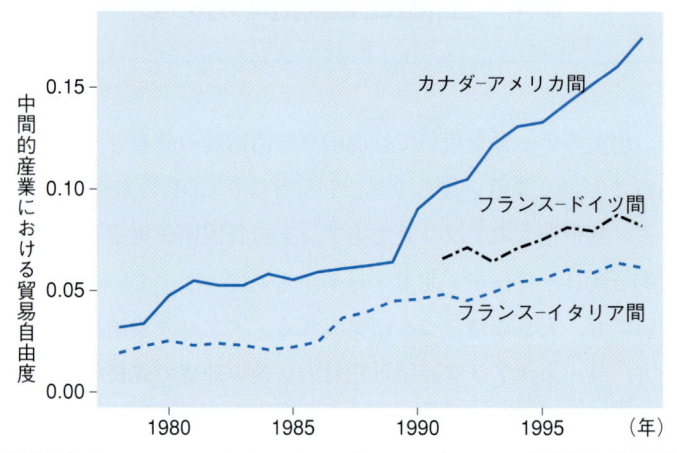

図 5-3　中間的産業における貿易自由度の進展

(注)　貿易自由度 (free-ness of trade) とは，クルーグマン・モデルにおける輸送費用の逆数を数量化したものである。
(出所)　Head, Keith and Thierry Mayer (2004), "The Empirics of Aggromeration and Trade," in *Handbook of Regional and Urban Economics*, vol. 4, Elsevier, Figure 1.

けカナダとアメリカの間で急速に輸送費用が低下し，貿易の自由度が高まっていることが分かる。ここで，これまで見てきた空間的発展のモデルを用いることによって，異なる工業国の間で貿易障壁が低下し経済統合が進むと企業の立地パターンがどのように変化しうるのかを議論することができる。すなわち，表5-1と表5-2を比較すると，貿易障壁が低下し経済統合が進行すると，両方に企業が立地するというパターンが消滅し，どちらかの国に工業が集中するという中心・周辺パターンが生じるであろうことが予想される。

確かに，貿易障壁が急速に低下しつつある世界経済において，第7章で詳しく見るような企業の海外直接投資 (FDI) は，北米，西ヨーロッパ，東・東南アジアなど，経済が発展している，ごく一部の地域に空間的に偏っていることが分かる (図5-4)。このような動きは，北米，西ヨーロッパ，東アジアの諸地域における既存の工業集積のさらなる集積を促進するものであると考えられる。そしてこれら製造業の集積した地域から他の地域に向けて工

5-4 空間と国際貿易の姿

図5-4 1990年における海外直接投資（FDI）受け入れの分布

1990年における活発なFDI
　　受け入れ国 ■

（出所） Hanink, Dean K.（1994）, *The International Economy : A Geographical Perspective*, John Wiley & Sons, INC., Figure 8.1.

図5-5 1990年における製造業製品輸出の分布

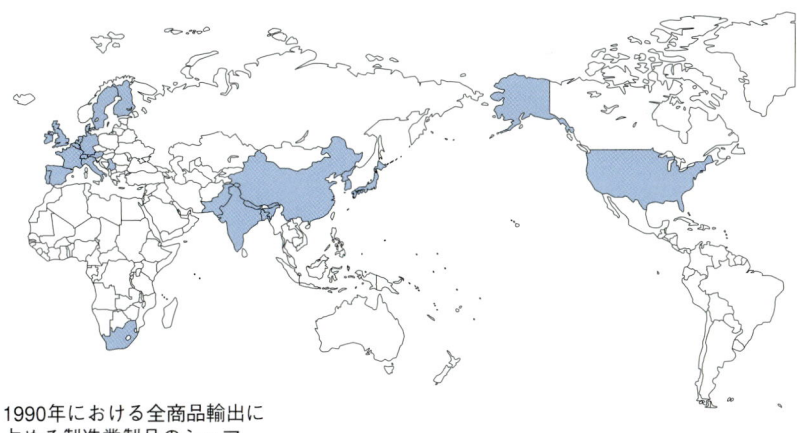

1990年における全商品輸出に
占める製造業製品のシェア
　　70％以上 ■

（出所） Hanink, Dean K.（1994）, *The International Economy : A Geographical Perspective*, John Wiley & Sons, INC., Figure 11.2.

図 5-6　日本における人口集中指数の推移

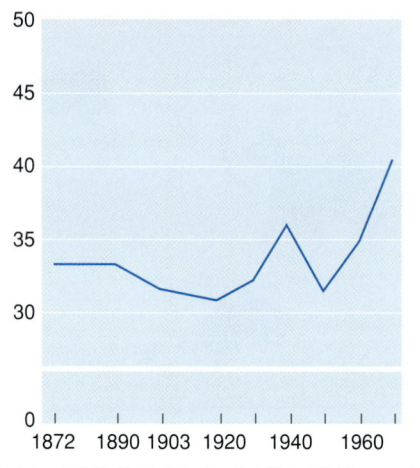

（出所）　大友篤『日本都市人口分布論』大明堂，1979 年。

業製品の輸出が行われるのである（図 5-5）。以上のプロセスは，経済活動の空間的分布のさらなる不均一化をもたらすものであるといえるだろう。

　さらに，図 5-6 に示されているように，1920 年代以降 1930 年代末まで，そして戦後高度成長期の日本において，人口分布の集中が急速な勢いで進行した。この時期は，日本における鉄道網や道路網などの**インフラストラクチャー**が急速に整備されていった時期であり，かつ工業化が急速に進展していった時期でもある。表 5-1 のモデルにおいては，前者の側面は，輸送費用の低下につながるものであり（表 5-2），後者の側面は，都市部における工業化に伴って都市経済全体の収穫逓増性が強化されたものと考えることができる（表 5-3）。いずれにしてもこれらの場合には**中心・周辺パターン**が生まれるはずであるから，本章のモデルは，日本における長期的な空間発展のパターンとも整合的であるといえるだろう。

●キーワード

輸送コスト　空間経済学　グローバリゼーション　産業空洞化
絶対優位　不均等発展　一人勝ち　累積的因果関係（cumulative circular causation）　集積の利益　遠心力　求心力　マーシャル的外部性
技術的外部性　平均費用　混雑効果　インフラストラクチャー
（社会的共通資本）　歴史の役割　期待の役割　関税率　立地選択
期待の自己成就（self-fulfilling expectation/prophecy）
中心・周辺パターン　調整ゲーム　複数ナッシュ均衡
海外直接投資（FDI）

●練習問題

1. 表5-1のモデルにおいて、輸送コストが3に増加した場合、企業の立地パターンはどうなるか考えてみよ（$F=4$, $t=3$）。
2. 表5-1のモデルにおいて、固定費用がゼロになった場合、企業の立地パターンはどうなるか考えてみよ（$F=0$, $t=1$）。
3. ある都市を選び、その都市への人口や産業の長期的な集積に関するデータを集め、グラフにしてみよ。そのようなデータの推移は、表5-1・表5-2・表5-3・表5-4のどのパターンに相当するか議論してみよ。

第 6 章

貿易政策

　今までの議論では,「なぜ国々が貿易をするのか」という考察を行ってきた。以上の議論をふまえ, ここでは関税政策や輸入数量割当に代表されるような, 様々な貿易政策の経済効果について見てみる。その上で,「どのような貿易政策が望ましいのか」という規範的な課題や,「なぜ理論的に望ましいとされる政策を政府が採用しない」のか, といったような政治経済学的な問題を議論する。

6 貿易政策

6-1 様々な貿易政策の効果

　貿易政策には，様々なものがあるが，最も代表的な貿易政策は輸入関税である[1]。輸入関税は，輸入と競合する財を生産する国内産業の保護のためにしばしば行われるものである。図6-1 は，日本における関税率の長期的な趨勢を示している。明治維新以降の日本における関税率は，関税自主権が回復される 19 世紀末まで 5% を下回る極めて低い水準にとどまっていた。その後，1930 年代にかけて関税率は趨勢的に上昇し，戦後高度成長期において再び上昇した。しかしながら，1967 年に開始された GATT（関税および貿易に関する一般協定）のケネディ・ラウンド以後，関税は大幅に低下し，現在では全商品の平均的関税率は，5% を下回る水準となっている。

図 6-1　関税率の長期変動

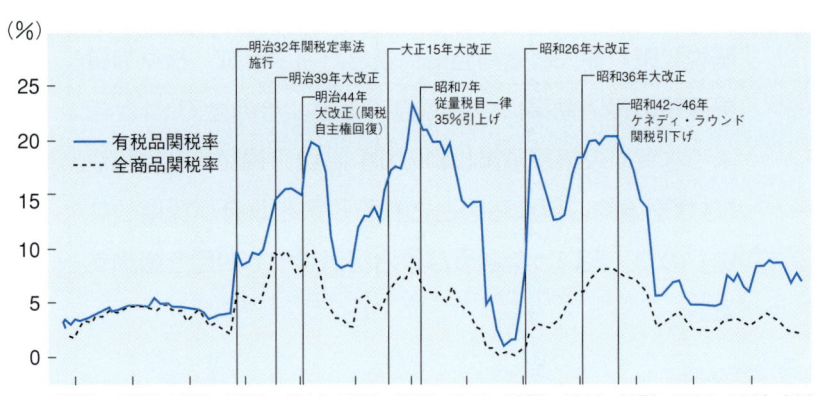

(注)　移動平均しない係数による。
(出所)　南亮進，牧野文夫『日本の経済発展 第 3 版』東洋経済新報社，2002 年。

---

[1] 厳密には，輸入関税には従価税と従量税がある。従価税は財の価格に対して一定割合を課税するものであり，従量税は容積や重量などの数量に対して一定割合の課税を行うものである。日本で一般的に用いられているのは，前者の従価税である。

図6-2 貿易均衡

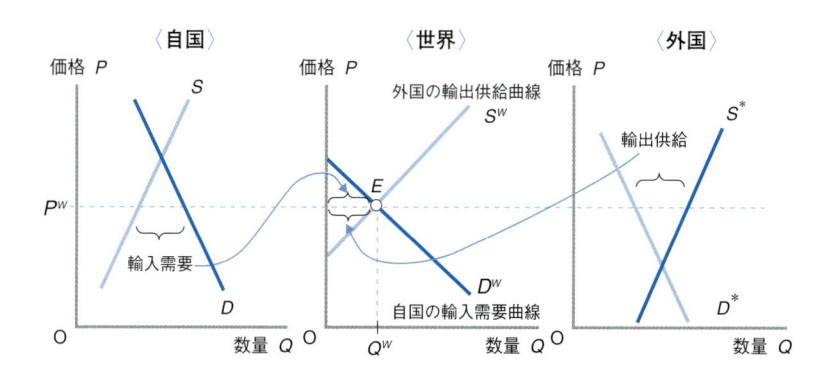

〈自国〉　　　　〈世界〉　　　　〈外国〉

本節においては，関税を初めとした様々な貿易政策の効果を見てみることにする。まず，これらを分析する基本的な枠組みとして1財・2国モデルを考えよう。このモデルは，財の需要曲線と供給曲線に基づく部分均衡分析である。このモデルを用いると，ある産業における供給・需要・貿易パターンは，自国と外国それぞれにおける需要曲線・供給曲線（図6-2の右と左の図），そしてそこから導かれる自国の輸入需要曲線 D と外国の輸出供給曲線 S によって決定される。世界市場における財需要（＝自国の輸入需要）D^W と財供給（＝外国の輸出供給）S^W が均等となる状態は，図6-2真中の図において，均衡点 E によって表されている。ここでは，世界全体の需要量と供給量とが Q^W において一致しており，均衡世界価格は P^W となる。

■輸入関税の経済効果

図6-2のモデルを用いると，輸入関税の効果は，図6-3のように示される。世界における市場の均衡において自国の価格 P_T は，外国の価格 $P_T{}^*$ に関税率 t を上乗せする形で決定される。したがって，関税の賦課によって，自国価格は P_T に上昇し，外国価格は $P_T{}^*$ に低下し，貿易量は Q^W から Q_T へと減少するのである。ただし，世界市場においては，関税後の自国の輸入量と外国の輸出量がともに Q_T で均等になるように均衡点が決まる（図6-3）。

6 貿易政策

図6-3 関税の効果

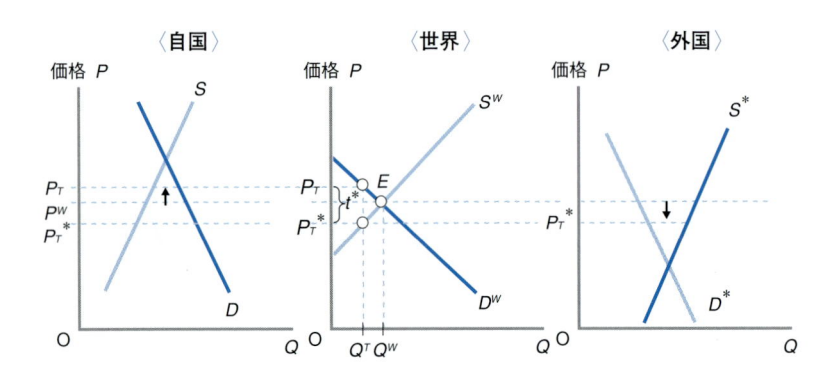

〈自国〉　〈世界〉　〈外国〉

図6-4 消費者余剰と生産者余剰

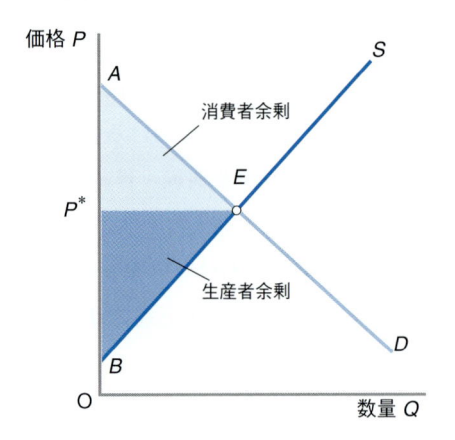

　ここで，政策としての関税賦課の費用と便益を比較するために，経済厚生に与える影響を生産者余剰と消費者余剰という概念を通じて議論することができる。消費者余剰とは，消費者が払っても良いと考える価格（需要曲線に対応する）と実際の価格との差からくる利益を集計したものであり，図6-4の三角形 AEP^* で示される。一方，生産者余剰とは，生産者が売っても良いと考える価格（供給曲線に対応する）と実際の価格との差から生じる利益を集計したものであり，図6-4の三角形 P^*EB で表されている。関税政策の経済効果，すなわち費用と便益とは，関税賦課によってこれらの消費者余

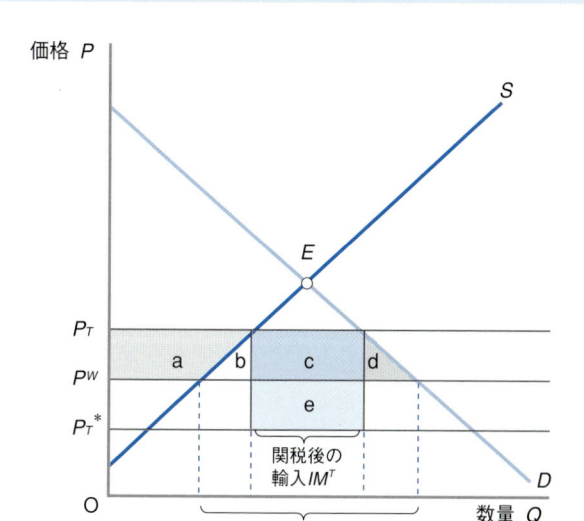

図6-5 自国における関税が経済厚生に与える効果

剰や生産者余剰がどのように変化するかを見ることで判別することができる。

図6-5は関税賦課による経済厚生の変化を示したものである。この図から明らかなように，関税賦課による自国の価格の P^W から P_T への上昇を通じた消費者余剰の減少はa+b+c+dである。一方，新たに生ずる，政府の関税収入はc+e，価格上昇による生産者余剰の増加はaである。したがって，関税賦課によって生ずる自国経済全体への純費用は，(a+b+c+d)−(c+e)−a=b+d−eであり，b+dとeとの大小関係によって正の値にも負の値にもなり得る。すなわち，関税が経済全体の厚生水準に与える影響はマイナスにもプラスにもなり得る。

■ 輸入数量割当

次に，輸入割当，すなわち輸入品の数量に対する直接的制限を考えてみよう。輸入割当の経済効果は，関税と同様に図6-5を用いることによって示すことができる。政府が，IM^T に等しい量の輸入許可書（ライセンス）を発

行し,そのライセンスを得た業者のみが輸入することができるという輸入数量割当政策を行ったとしよう。この場合,輸入量が制限されるため,国内価格が P_T まで上昇することになる。このような政策が行われると,関税と同様にして,社会的厚生は,b+d−eだけ減少することになる。

ここで,関税と割当の同値があることを簡単に示すことができる。すなわち図6-5の P_T と P_{T^*} との距離で示される,ある関税水準に対し,同等の社会的厚生変化b+d−eをもたらす輸入割当の水準 IM^T を見つけることができる。また,逆にある輸入割当の水準に対して,同等の厚生水準変化をひき起こす関税の水準を見つけることもできるのである。

ただし,関税と輸入割当には相違点もある。まず,関税政策は政府にとって関税収入をもたらすが,輸入割当は,輸入許可書を獲得した業者が獲得する追加的利潤,すなわち割当レントと呼ばれるものをもたらす。割当レントは図6-5の $c+e$ の四角形で示されている。したがって,数量制限のケースにおいてはそのような利潤を獲得するための利潤追求(レントシーキング)活動,すなわち汚職が生じやすく,実際に社会に与える損失もそれ故に大きいといえよう。

また,ヘルプマンやクルーグマンらの独占的競争のモデルに基づいても,両者の相違点が指摘されうる。まず,関税政策においては,潜在的な外国との競争に国内企業は常に直面するが,輸入数量割当においては量的規制の範囲内において,競争が完全にシャットアウトされる。したがって,輸入割当のケースにおいては相対的に国内企業の独占力が強くなり,国内価格も相対的に高くなる。故に,独占価格に消費者が直面することを通じた社会的ロスも,輸入割当の場合ではより大きくなるのである。

■その他の貿易政策

関税や輸入割当の他にしばしば用いられる貿易政策をいくつか見てみることにしよう。まず第1に,輸出自主規制(Voluntary Export Restraints; VER)がある。VERは,輸出国において実施される数量割当であるが,国

図6-6　外国の輸出補助金が与える効果

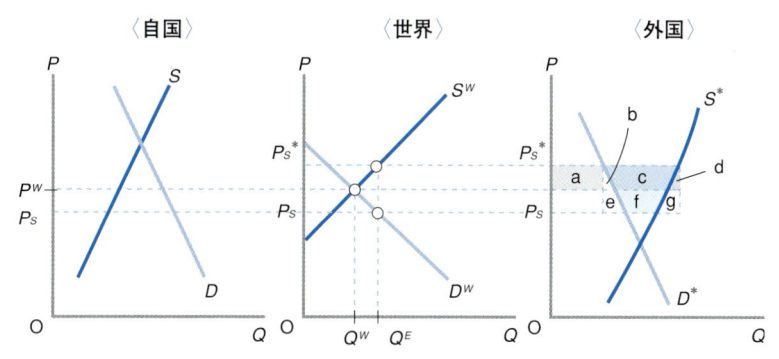

〈自国〉　〈世界〉　〈外国〉

(注)　生産者利益＝a+b+c，消費者損失＝a+b，政府補助金コスト＝b+c+d+e+f+g，
　　　総費用＝b+d+e+f+g
　　　　　　歪み　交易条件悪化

際的な貿易量に与える影響は輸入割当と同様であり，したがって関税賦課とも同様になる。しかしながら，VERを輸入割当として考えてみると，図6-5のIM^Tに相当する輸入ライセンスが輸出国政府に供与されるタイプの輸入割当ということになり，図6-5のc+eに相当する「割当レント」が外国に渡ってしまうため，輸入国にとっては大きな損失となる。

　第2に，輸出補助金もしばしば見られる貿易政策の一つである。図6-6は，外国が輸出に対して輸出補助金を出す場合の経済効果を図示したものである。まず，輸出補助金が出されることによって，輸出国である外国の価格は$P_S{}^*$に上昇し，輸入国である自国の価格はP_Sに低下する。自国価格P_Sと外国価格$P_S{}^*$の差が輸出1単位当たりの補助金となるのである。この場合，外国の厚生はどのような影響を受けるのであろうか？　まず，価格上昇により生産者の利益はa+b+cだけ増加する。一方，この価格上昇によって消費者はa+bの損失をこうむる。最後に，政府が拠出する輸出補助金の総費用は，b+c+d+e+f+gの四角形で示されることになる。以上の費用と便益を総合すると，外国にとって，輸出補助金による純費用は，(b+c+d+e+f+g)−(a+b+c)+(a+b)=b+d+e+f+gとなる。これは，歪みによるコストb+dと，世界における輸出財価格が低下するという交易条件悪化によるコスト

e+f+g の和である。いずれにしても，輸出補助金は国全体としては必ず負の影響をもたらす。

その他の貿易政策手段として，ローカルコンテント規制がある。「ローカルコンテント規制」とは，完成品のある一定割合が国内で生産されなければならないという規制である。さらに，言語や商習慣・法制度などに関わる制度的障壁も広い意味での貿易政策となりうる。この問題は，経済統合に伴う制度の国際的調整が現在の大きな課題となっていることに現れているといえよう。

「ラーナーの対称性定理」と誘因中立的貿易政策

「ラーナーの対称性定理」とは，同率の輸入関税と輸出税による相対価格変化は同じとなるので，資源配分に対する効果も同じとなる，というものである。自国の輸入財（1財）価格・輸出財（2財）価格をそれぞれ P_1, P_2 とし，外国の輸入財（2財）価格・輸出財（1財）価格をそれぞれ P_2^*, P_1^* とする。ここで，輸入関税率 t が賦課された場合，輸入財価格・輸出財価格それぞれについて $P_1=P_1^*(1+t)$, $P_2=P_2^*$ が成り立つため，国内相対価格は，$P_2/P_1=P_2^*/[P_1^*(1+t)]$ となる。一方，輸出税率 t のみが賦課された場合には，$P_1=P_1^*$, $(1+t)P_2=P_2^*$ が成立するため，国内相対価格は $P_2/P_1=P_2^*/[P_1^*(1+t)]$ となる。したがって，ラーナー（A. Lerner）の対称性定理が成立することがわかる。

1970年代には，イワン・リトル（I. Little），ティボー・シトフスキー（T. Scitovsky），モーリス・スコット（M. Scott）らの研究，そして，マックス・コーデン（M. Corden），ベラ・バラッサ，ジャディシュ・バグワティ，アン・クルーガー（A. Krueger）らの研究を通じて，貿易の歪を計測する指標である実効保護率（Effective Rate of Protection; ERP）や国内資源費用（Domestic Resource Cost; DRC）の概念を用いて計測された分析のほとんどが，「歪み」の少ない自由主義的な貿易政策をとった国家，とりわけ東アジアの新興工業国家群の方が，経済成長のパフォーマンスが良いことを示している。「ラーナーの対称性定理」によれば，輸入部門の保護を通じた工業化（輸入代替工業化政策）は，輸出部門の抑圧を意味する。1970年代以降における，輸入代替工業化の否定はさらに輸入に対してバイアスのかかった保護政策を中立的にしようとする政策，すなわち輸出部門と輸入部門に対する実効保護率を同等にしようとする「誘因中立的政策（Neutral Incentive Policy）」としての輸出指向型工業化政策の提示に帰着した。東アジアの新興工業国家群はラーナーの対称性定理で示されるような誘因中立的政策を採用することで経済成長を遂げたのである。

■小国と大国における関税賦課の効果

既に見たように，関税賦課によって生ずる純費用は，図6-5のb+d−eで示されるものである。まず，b+dの費用は，関税によって価格体系が歪められることから生ずる厚生の損失であり，死荷重と呼ばれるものである。一方，eは，関税によって関税賦課前の輸入価格が低下することによる便益であり，交易条件の改善から生まれる便益であると考えられる。

非常に興味深いことに，極端なケースでは，関税賦課により自国の交易条件が大幅に改善し，関税を賦課した後でも輸入財の輸出財に対する相対価格が低下する状態が生じうる。関税は輸入財の需要を低下させることによって自国の交易条件を改善する可能性がある。このようなケースをメツラーの逆説と呼んでいる。

当然のことながら，世界市場に比べて経済規模が小さく，世界価格に影響を与えない価格受容者（プライス・テイカー）となる小国においては，関税を通じた交易条件の改善効果は生じない。すなわち，e＝0であるので小国において関税賦課による純費用はb+dであり，関税は必ずその国の厚生水準を下げることになる。

一方，関税賦課によって交易条件を改善することのできる大国では，関税政策を用いることで自国の厚生を高めるインセンティブがある。他の条件を一定として，自由貿易に比べてごく微小な関税を賦課する場合を考えよう。この場合，必ずb+d＜eとなるため，関税収入の便益が歪みによるコストを上回ることになる。この場合の関税率の変化に対する厚生水準の変化は図6-7における点Aから点Bへの移行として示される。一方，関税が極めて高くなった場合を考えると，貿易が完全に遮断される関税の水準t^Pが存在する。このような関税率のことを禁止的関税率と呼んでいる。禁止的関税率の元では，貿易が行われないのであるから厚生水準は自由貿易のそれよりも低い点Cで示されるような水準になってしまう。したがって，ゼロの関税率と禁止的関税率t^Pとの間に，この大国の厚生水準を最大にする関税率t^*が存在することになる。このような関税のことを最適関税と呼んでいる[次頁2)]。

図6-7　大国における関税率と厚生水準の関係

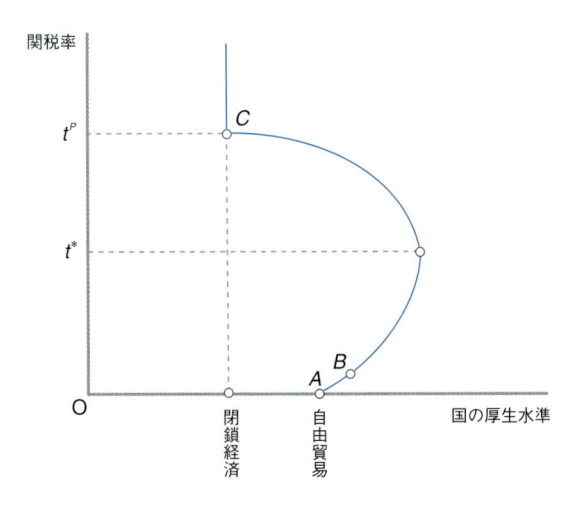

■ **関税戦争と自由貿易の最適性**

以上の議論から分かるように，大国は一方的な関税賦課によって交易条件を改善し自国の厚生を高めるインセンティブがある。オファー曲線を用いてこのことを示したのが図6-8である。自国が関税をかけると貿易の三角形が縮小するため，オファー曲線は内側にシフトする。ここで最も自国の効用が高くなる，点 G を達成するような関税率が最適関税である。しかし，自由貿易の均衡点 F と比較すると，G 点では外国の厚生水準は低下していることが分かる。したがって，最適関税を賦課することは，近隣窮乏化政策であることが分かる。

一方，相手国も同様にして関税を賦課し，自国の厚生水準を高めるインセンティブを持っているため，点 G は長期的に安定的な状態とはならない。以上の結果，両国が関税をかけ合い，自由貿易に比べて両国の厚生が大きく下がってしまうという点 N の状況が最終的に生み出されてしまう。点 N は，

---

2) より厳密には，最適関税は，関税をかけることによって得られる限界的な便益と，限界費用，すなわち関税を通じた輸入財価格上昇によって消費者がこうむる費用，とが一致するような関税率のことである。

図 6-8　関税戦争と自由貿易

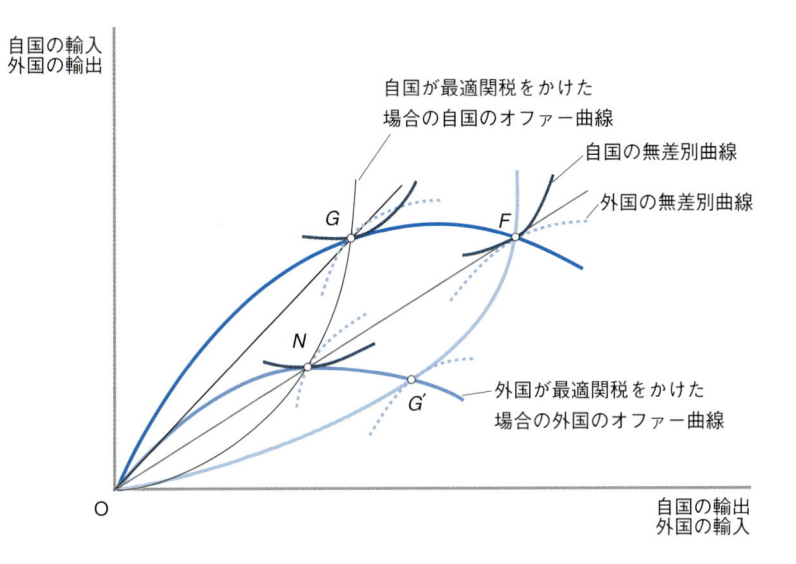

関税戦争と呼ばれる状況であり，より一般的には囚人のジレンマと呼ばれる状況になっている[3]。つまり，両国が協調して自由貿易を守れば，より望ましい点 F が達成されるのに対し，両国が一方的に利己的な行動をとると，両者にとって望ましくない点 N におちいってしまうのである。

このような**関税戦争**の可能性は，自由貿易が世界にとって最も望ましい状態を達成しうるという議論が実際には不安定であることを示唆している。自由貿易は，単なる自由放任主義によって受動的に達成されるものではなく，関税戦争に陥る危険を排除するためにより能動的に形成されなければならないものなのである。

図 6-9 に見られるように，戦間期，とくに 1930 年代においてこのような関税戦争の問題が深刻となった。このような，関税戦争による世界経済の混乱が第二次世界大戦の一つの原因となったという反省に立ち，大戦後，世界における自由貿易推進の仕組みとして GATT が誕生した。1995 年には，

3）　点 N は，「ナッシュ均衡」と呼ばれる，安定的な均衡点である。

6　貿易政策

図 6-9　世界 35 か国における平均関税率の推移

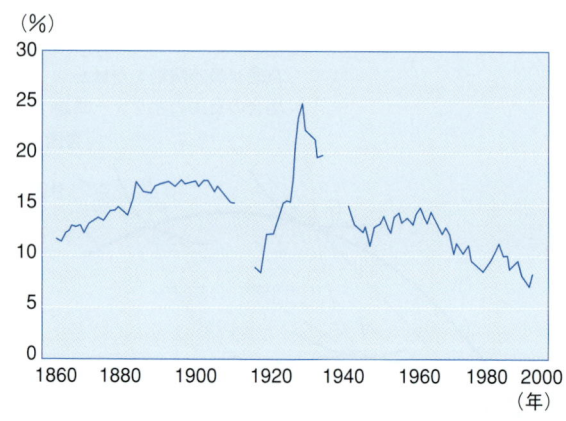

（出所）Bourguignon, Francois, Diane Coyle, Raquel Fernàndez, Francesco Giavazzi, Dalia Marin, Kevin H O' Rourke, Richard Portes, Paul Seabright, Anthony J.Venables, Thierry Verdier, L Alan Winters（2002）"Making Sense of Globalization: A Guide to the Economic Issues," *Centre for Economic Policy Research Policy Paper* 8, Fig 2, p.19.

GATT を発展させる形で WTO（世界貿易機関）が設立され，現在，世界の自由貿易体制の維持・強化のための中心的な役割を担っている。図6-8 で見た関税戦争のモデルは，WTO がシステムとして制度化されなければならない理論的根拠の一つを与えるものである。

□　6-2　保護貿易のコストとベネフィット　□

■保護貿易のコスト

ここでは，保護貿易のデメリットをまとめてみることにしよう。保護貿易がコストを生み出す理由には，大きく分けると4つがある。すなわち，(1)インセンティブの歪み，(2)国内市場の分散化，(3)産業の独占化，(4)レント追求，である。

6-2 保護貿易のコストとベネフィット

　まず，(1)の点は，既に見たように，企業の直面する価格と世界価格の間に乖離が生じ，生産面では，最も効率的な生産の組合せから資源配分がずれてしまうこと，消費の点でも相対的に社会的厚生水準の低い消費の組合せを選択せざるを得ないことである。図6-5の部分均衡モデルでは，厚生ロスの三角形 b+d として表されるものである。

　(2)の点は，第1に国内で生産される財の数が自由貿易でのそれよりも多くなり，比較優位に特化するメリットが削減されること，第2には多くの発展途上国が小国であるために，国内市場の狭あい性から効率的な生産規模を達成できない可能性があることである。このことは，規模の経済性のメリットを損なうことを意味する。

　(3)の点は，そもそも小国においては各産業において生産が一部の企業に集中する傾向のあることが指摘される。自由貿易のもとにおいては，外国企業との競争に国内企業が直面するため，必ずしも国内企業の独占力が強まるとはいえないものの，保護貿易，とりわけ輸入数量割当のケースにおいては外国との競争から遮断された国内企業の独占力が維持される。したがって，この場合の保護貿易のコストとは，独占のコストとしてとらえることができる。すなわち第1に，独占的な価格の決定を通じて価格体系が歪められ，インセンティブに歪みを与えること，第2に独占利潤を維持するための浪費的なコストが生ずること，第3に発展途上国において広く見られるように独占企業における高い賃金の設定が労働市場の賃金決定を歪め，社会的な便益のロスが生じること，である。

　(4)の点は，アン・クルーガー，ジャディシュ・バグワティらによって展開された非生産的利潤追求活動（Directly Unproductive Profit-Seeking; DUP）の議論である。保護貿易は特定のグループに利益を生じさせる政策であるため，その利益を獲得するための非生産的な活動に生産要素が投入されることから，社会的厚生のロスが生じるのである。たとえば，輸入数量割当によって社会全体にとってはプラスのレントが生じるが，DUPは最終的にこのレントを消滅させる。

6 貿易政策

■保護貿易のベネフィット

　ミクロ経済学的な考察によれば，国内市場における市場の歪み，すなわち「市場の失敗」の存在が保護貿易の理論的根拠となりうる。これらの議論の根拠は以下の三点にまとめることができよう。すなわち，(1)生産要素市場の歪み，(2)幼稚産業保護論，(3)戦略的貿易政策，である。

　まず，(1)については労働市場の歪みが注目される。都市近代工業の独占企業における高賃金率と農業部門における生存水準の賃金との間に賃金格差が存在するものとしよう。このような状況においては，労働市場の歪みを取り除くために都市工業部門を関税によって保護し，雇用を拡大させるということが正当化されうることになる。

　しかしながら，生産要素市場において生じている歪みが直ちに貿易部門における保護政策を正当化するとは限らない点に注意が必要である。さらには，都市における失業の存在にも関わらず，農村から都市へ人口が押し出されるという形で労働移動が続く可能性がある。この場合，工業部門を保護し雇用を拡大するような政策は更なる失業を生む可能性があるため，社会的便益を必ずしも増加させるとは限らない。

　(2)は，新規部門の投資における社会的収益と私的収益の乖離を保護の根拠とするものである。基本的には，資本市場の不完全性から長期的な資金の調達が不可能であることや，技術進歩の外部性が存在し，社会的に望ましい産業の立地や技術開発を民間の経済主体が促進することができない場合，さらには生産に学習効果が存在する場合に保護が正当化される。しかしながら，このような状況は必ずしも貿易面での保護を正当化するものではなく，また政治的な動機によって乱用される危険性がある。

　(3)は，第4章ですでに議論したが，国内産業に有利な競争環境を生み出すための「戦略的」な政府の役割としての保護を根拠とする議論である。このような政策は，産業政策，すなわち政府が将来の経済成長において重要と考える特定の部門に，限られた資源の投入を促進しようとする政策ともいえる。

　この議論が正当化されるためには，当該国が世界市場におけるその産業の

主要な供給者であり，国内市場規模から見ても大国であることが必要とされる。したがって，一般的には発展途上国に適用できない考え方であるといえる。一方，先進国については，市場集中度の高い産業において独占利潤が存在する場合や，技術開発に外部性があり，その社会的便益が私的便益を上回っている場合，政府の支援が正当化される可能性がある。たとえば，完全競争が成立しない市場では，少数の企業しか存在しないため超過利潤が生み出される可能性がある。そして，この利潤をめぐって国際的な競争が生ずる。政府は，積極的な産業補助という介入によってこの利潤を確保し，競争相手を市場から退出させることが可能となる。このような可能性は，ジェームズ・ブランダーとバーバラ・スペンサー（B. Spencer）によって定式化された，戦略的貿易政策と呼ばれるものである（第4章参照）。

しかしながら，戦略的貿易政策には，現実の適用に足る情報入手の問題があることや，貿易相手国の厚生水準を下げることで便益を得るという**近隣窮乏化政策**であるので，外国からの報復の可能性があること，さらには政治的な意図を正当化するための方便として使われ得ること，など様々な問題点がある。

日本の産業政策

50年代から70年代前半の日本においては，外国為替と資金の割当や関税・輸入数量割当などの手法によって，大蔵省と通産省が様々な産業に対する政策介入を行った。これら一連の政策を広い意味での「産業政策」と呼んでいる。日本の産業政策の効果については，鉄鋼業，機械工業一般，造船，石油化学，原子力産業などを典型例として，それを積極的に支持するものもあれば，懐疑的に見る考え方もある。また，産業政策と呼ぶことのできる有効な政策手段はそもそも存在しなかった，とする考え方もある。とくに，産業政策が経済成長に寄与したかどうかについては，強い批判がなされてきた。たとえば，日本の高度成長期におけるリーディングセクターであった自動車産業や家電産業は，それほど優遇された産業ではなかった。さらに，輸出において顕著な成功を収めたカメラ，自動二輪車，トランジスタラジオ，時計，電卓などの産業は政府の保護育成政策にあまり依存することなく発展したといわれている。

1970年代半ば以降において，政府はハイテク産業の育成を目的とした様々な官民共同プロジェクトへの支援を行ってきた。とくに，半導体産業は，産業政策

の積極的な対象であり，成功したと見られている。とはいうものの，半導体産業に対する直接的な政府資金・補助金の規模はそれほど大きくなかったという見方もある。

6-3　保護貿易の実態と評価

貿易保護の形態には関税や数量制限を含めて様々な形態があるため，その程度を定量的かつ包括的に評価することは非常に困難を伴う。様々な問題点はあるものの，代表的な方法として以下のようなものがある。すなわち，(1)関税等価評価，(2)実効（有効）保護率，(3)費用・便益分析である。

まず，(1)の関税等価評価とは，あらゆる保護のもたらす効果を関税率に換算して評価する方法である。具体的には，たとえばある財の保護率は以下のように計算される。

$$関税等価の保護率 = 100 \times \frac{国内における単位当たり価格 - 輸入品の単位当たり価格}{輸入品の単位当たり価格}$$

表6-1は，日本の価格データを用いて関税等価の保護率を計測したものである。この表から，とくに食料品・飲料の保護率が約280％もの膨大な水準となっており，とりわけそのような保護が明示的な関税ではなく，様々な形での非関税障壁によってもたらされているということが分かる。

次に，(2)の実効（有効）保護率（effective rate of protection; ERP）は，各産業における付加価値をベースとして保護の割合を算出する方法である。この方法は関税が，異なる生産段階において異なる影響を持ち得ることに注目している。ある財 i の生産に対する実効（有効）保護率 ERP_i は以下のように定義される。

$$ERP_i = \frac{関税賦課後の単位付加価値 - 関税賦課前・自由貿易での単位付加価値}{関税賦課後の単位付加価値}$$

新世社・出版案内　May 2016

経済学新刊

入門経済学 第3版
井堀利宏 著　　　　　　　　　A5判／368頁　本体2,550円

3色刷，明快な解説で初学者にもわかりやすいと好評の入門テキストの最新版。リーマンショック以降の経済状況の変化に対応し，統計データのアップデイトを行い，財政再建や少子化など今日の日本経済が直面する問題について言及した。経済学の基本的な考え方についても丁寧に説明し，経済学部以外の読者でも読みこなせるよう配慮している。

ライブラリ 経済学ワークブック 1
ミクロ経済学ワークブック
アクティブに学ぶ書き込み式
岩田真一郎 著　　　　　　　　B5判／256頁　本体2,400円

本書は，実際に手を動かして本に問題の解答を書き込んでいくことにより，「学ぶ実感」をもってミクロ経済学への理解を深めることができるよう工夫されたワークブックである。本書をやり終えて完成した「自分だけのミクロ経済学学修ノート」は，他のテキストにはない確実な説明を与えてくれることだろう。

ライブラリ 経済学コア・テキスト＆最先端 9
コア・テキスト 財政学 第2版
小塩隆士 著　　　　　　　　　A5判／288頁　本体2,450円

基本的概念の紹介や理論的説明を通して，財政の動きが経済にとって，また私たちの生活にとって重要な意味を持つことを解説した好評入門書の最新版。統計データをアップデートし，制度に関する説明を新しい仕組みに適したものに改め，深刻化する日本の財政の問題を読み解く。2色刷。

ライブラリ 経済学コア・テキスト＆最先端 11
コア・テキスト 国際経済学 第2版
大川昌幸 著　　　　　　　　　A5判／320頁　本体2,650円

はじめて国際経済学に触れる読者を対象とした好評テキストの改訂版。各章のデータの更新や新しいトピックスの追加を行いつつ，基本となる概念やモデルの解説についても，よりわかりやすいものとした。初学者でも無理なく読み通せるよう工夫された丁寧な説明で，より高度な学習に進むための基礎を身につけることができる。2色刷。

好評書より

基礎コース［経済学］6
基礎コース 公共経済学 第2版
井堀利宏 著　　　　　　　　　　A5判／272頁　本体2,400円

政府の経済行動や経済政策の分析手法を解説した好評テキストの改訂版。具体的な数値例を豊富に採用して抽象的なモデル分析をわかりやすく説明するスタイルを踏襲しつつ，内容を拡充・更新した。さらに各章にコラムを設け公共経済学に関係した身近なトピックスについて紹介した。2色刷．

ライブラリ 経済学コア・テキスト＆最先端 アドバンスト・コース1
実験経済学入門
下村研一 著　　　　　　　　　　A5判／176頁　本体1,800円

経済学の基盤にある「需要と供給」の理論は実験的に確かめうるのだろうか。本書はその検証手法として「ダブルオークション」実験を紹介しつつ，実験経済学の基礎的な考え方を案内する。経済理論を確認し，実験の準備と注意点を述べ，実験の結果を検討していく。実験経済学が果たす役割，また経済実験が持つ教育的意義がよく理解できる書。

経済学叢書 Introductory
開発経済学入門
戸堂康之 著　　　　　　　　　　A5判／312頁　本体2,700円

本書は，開発途上国が経済的に発展するメカニズムやそのために必要な政策について，経済学の専門的な知識がなくとも読みこなせるよう，わかりやすく解説した入門書である。経済学を専攻する学生はもちろん，途上国開発の現場で働く援助機関やNGOの実務家の方などにもおすすめの一冊である。2色刷．

経済学叢書 Introductory
はじめての人のための 経済学史
江頭 進著　　　　　　　　　　A5判／216頁　本体2,100円

経済学史をはじめて学ぶ読者に向けて，これまでに学んだ世界史の知識との接続も意識しながら，親しみやすく解説した入門書。主要な経済学者に加え，ゲーム理論，進化経済学などの話題も取り上げ，各章で解説するトピックを1つに厳選することで，個々の経済学者の中心となっている考え方をしっかりと捉えられるよう配慮した。読みやすい2色刷．

発行 新世社　　　発売 サイエンス社

〒151-0051　東京都渋谷区千駄ケ谷1-3-25　TEL (03)5474-8500　FAX (03)5474-8900
ホームページのご案内　http://www.saiensu.co.jp　　　　＊表示価格はすべて税抜きです．

▶表6-1 関税等価の保護率

(単位:%)

部門・商品分類	保護率 (単位当たり価格差)	関税率	非関税障壁率
食料品・飲料	280.7	8.2	272.5
繊維等軽工業品	102.5	11.0	91.5
金属製品	59.5	0.8	58.7
化学製品	128.3	1.4	126.9
機械	140.2	0.3	139.9
合計	178.2	4.7	173.5

(出所) 佐々波楊子, 浦田秀次郎, 河井啓希『内外価格差の経済学』東洋経済新報社, 1989年, 表1-1.

▶表6-2 製造業における実効保護率(平均値)

ブラジル (1980–81)	23
チリ (1967)	217
コロンビア (1979)	55
韓国 (1978)	5
ナイジェリア (1980)	82
フィリピン (1980)	44
シンガポール (1967)	0

(データ出所) World Bank, *World Development Report 1987*.

実効保護率計算の一例[次頁4]は表6-2で与えられている。

さて,以上のような保護貿易の費用をより直接的に計測しようとする分析が(3)の費用・便益分析である。既存の多くの研究結果は保護貿易政策の純コストがプラスであることを指摘している。しかしながら,表6-3で示されるように,保護貿易の総費用は,経済の規模に対して相対的に小さい可能性がある[次頁5]。

▶表6-3　保護貿易の総費用・GDP比率（％）

ブラジル（1966）	9.5
メキシコ（1960）	2.5
パキスタン（1963）	6.2
フィリピン（1978）	5.2

（データ出所）　Krugman, Paul（1993）, Protection in Developing Countries, in R. Dornbusch, ed., *Policy making in the Open Economy*, Oxford University Press, Table 6-2.

6-4　貿易政策の政治経済学

　既に見てきたように，自由貿易は理論的には潜在的にすべての人々の利益となりうる。なぜなら，閉鎖経済においては，消費可能性フロンティアと生産可能性フロンティアが一致しなければならないが，貿易が行われると消費の可能性が拡大されるからである。経済全体として両財をより多く消費できるなら，潜在的にすべての人に両財を多く与えることも可能であるはずである。さらに，実証的にも保護貿易には便益を上回る費用が存在すると思われる。

　貿易は潜在的にはすべての人の利益となり得るにも関わらず，現実には貿易自由化は常に極めて強い政治的な反発を伴う。これは，なぜなのであろうか？　この理由の一つは，国全体としてパイが拡大しているものの，貿易自

4）　国内資源費用（DRC）は実効保護率と類似した概念である。費用DRCは，DRC＝（国内価格で評価した国内通貨建ての付加価値）/（世界価格で評価した外国通貨建ての付加価値）で定義される。したがって，DRCは貿易政策を通じてどの程度外貨を節約（浪費）するのかという国内資源の費用を示す指標である。たとえば，輸入代替工業化政策下におけるある投資のDRCが，公定直接為替レート＞DRCを満たしているならばその保護政策による投資を通じて当該国は外貨を節約し，余剰を取得することができるのである。
5）　しかしながら，このような静学的分析ではとらえることのできない，何らかの保護貿易の動学的なコストや波及的なコストの存在を認める必要があるという点で注意が必要である（第1章補論参照）。

由化によって損害をこうむる生産者のグループが少数のメンバーで構成されている一方,利益を得るグループは消費者であり,基本的にはすべての国民で構成されていることにある。貿易自由化によって1人当たり,たかだか数千円の利益を得るにしかすぎない消費者が,貿易自由化についてさほど強い関心を示さないのは不思議ではない。一方,貿易自由化によって1人当たり何百万円もの損害をこうむる,保護された産業の生産者が,貿易自由化に真剣に反対するのもまた不思議ではないのである。

ここで,簡単な計算をしてみよう。平成12年度の農林業センサスによると,日本における専業・第一種兼業の販売農家は約78万世帯であった。一方,平成12年の日本の総人口は約1億2700万人である。ここで,農作物輸入に関税が課されているために,消費者は,食費の上で1人ひと月当たり1000円の損失を負担しているものとする。したがって,消費者（国民）の総損失は1270億円である。やや単純ではあるが,そのような損失を通じて得られた便益が農家に再配分されているものとしよう。すると,農家一世帯あたりのひと月の便益は,

1270億円÷78万世帯＝162,820円/世帯

となる。すなわち,農家一世帯はひと月16万円もの便益を得るのである。この便益は年間では192万円にも上ることになる。つまり,保護貿易によって生み出される便益が,それによって生ずる費用よりもはるかに小数のグループに集中していることが,保護貿易が維持される理由の一つなのである。

保護貿易政策が現実に維持されている政治経済上の他の理由について,クルーグマンは,(1)政策の変更にコストがかかること,(2)政府自身に政治的な動機があること,の2点をさらに挙げている。まず,(1)の理由は,政府が将来のことをあまり重視しない場合には,政策変更のコスト,すなわち貿易の自由化に伴う短期的な移行費用,たとえば国際収支の悪化や失業の発生が,貿易自由化による長期的な便益を上回ると考えられうることから生ずる。このようなケースにおいては,政府の合理的判断から保護貿易が維持されることになる。

6 貿易政策

(2)の点は，既得権益を最大化するような行動原理を持つ政府にとっては，そもそも保護貿易を維持することによって，政府の裁量を拡大しておくことが合理的となる可能性があることである。また，長期にわたる保護貿易維持を通じてそれを支持する利益団体が確立し，保護貿易政策そのものが改革になじまない硬直的な制度になってしまう。保護貿易はそれ自身が自己維持的性質を生むのである。

□ 6-5 経済統合 □

　現在，世界各国において，自由貿易協定を結ぼうとする動きが非常に盛んとなっている。2003年8月の段階では，世界全体で200にも迫る数の自由貿易協定が存在している。ここでは，複数の国家が経済的に統合し，非統合国との間に差別的な貿易政策を採用することの経済効果について考えてみることにしよう。このような経済統合には，次のようないくつかのタイプがある。まず第1に，北米自由貿易協定（NAFTA）など，域内での関税を撤廃するという自由貿易地域である。第2の形態は，域内での関税を撤廃しつつ，域外からの輸入に対しては共通の関税を課すという関税同盟である。たとえば，南米南部共同市場（MERCOSUR）などがそれに当たる。さらに進化した経済統合の形態としては，資本や労働などの生産要素の移動をも自由化した共同市場や，租税や規制制度が共通化し，さらには経済政策などが統一的に行われるという，EU（欧州連合）に見られる経済同盟などの形態がある。

　ここでは，域内関税を撤廃する一方，域外からの輸入に対して共通の関税を課すという関税同盟の経済効果を理論的に見てみることにしよう。図6-10は部分均衡の枠組みによって関税同盟の効果を見たものである。まず，この国はP_1で示される世界価格に直面する小国である。関税同盟に参加する前の時点において，この国家は輸入財に対して関税を賦課しており，その

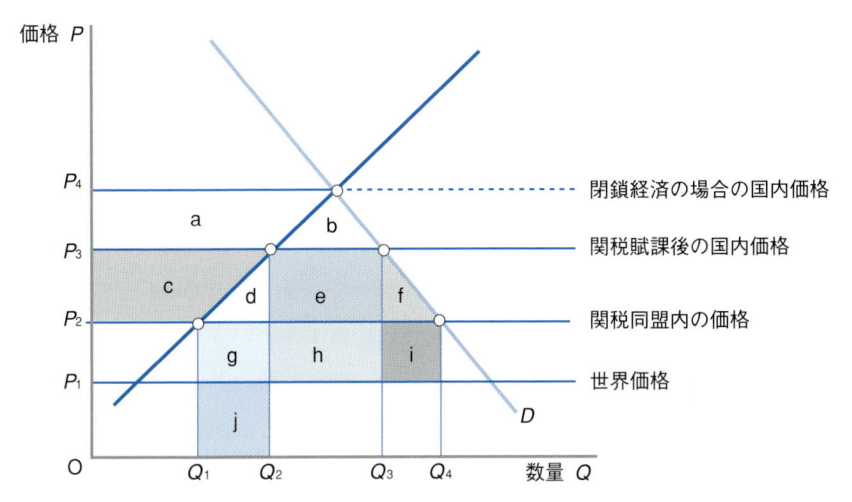

図6-10 関税同盟が厚生水準に与える効果

結果国内価格は P_3 となっている。したがって，初期時点における輸入量は Q_2Q_3 で示されることになる。

さて，ここでこの国家が関税同盟に参加した場合を考えてみよう。そして，関税同盟内では世界価格 P_1 よりも高いが，P_3 よりは低い価格水準 P_2 で，関税がかけられることなくこの財が輸入されるとしてみよう。すると，関税同盟に参加した後，この国においては輸入量が Q_1Q_4 へと拡大することになる。

以上の設定に基づき，関税同盟の経済効果を厚生水準の変化によって評価することができる。まず，消費者の厚生変化については，関税同盟参加後 P_3 から P_2 へと輸入財価格が低下するのであるから，厚生が増加する。その増分は，c+d+e+f の面積で示されている。一方，P_3 から P_2 への価格低下による生産者の厚生ロスは，c で示される。そして，関税同盟参加は政府の関税収入 e+h を消滅させるため，e+h の面積の厚生水準低下をもたらすことになろう。したがって，最終的な厚生水準の増加は，

$$(c+d+e+f)-c-(e+h)=(d+f)-h$$

で示されることになる。ここで，(d+f) は，貿易が拡大し生産と消費におけ

る歪み(それぞれdとf)が低下することによる厚生の便益であり貿易創出効果と呼ばれている。一方，hの厚生ロスは，より効率的に財を生産している国からの輸入が，より非効率な生産を行っている関税同盟内部の国からの輸入に転換され，交易条件が悪化することから生ずる厚生のロスであり，貿易転換効果と呼ばれるものである。関税同盟の経済効果は，これら2つの効果の大小関係で決まるといえる。

　しかしながら，以上の考え方はある国の立場から1財の市場のみに注目した部分均衡分析によるものである。したがって，多くの国で成り立つ世界経済全体において，多数の財の需給が同時に均衡するという，一般均衡的な効果が全く考慮されていない点が問題である。関税同盟の外にある国においては，当然のことながら，他国が関税同盟を形成すると，国家の厚生水準が低下してしまうであろう。この点で，関税同盟は非同盟国に対する近隣窮乏化政策の一種である。関税同盟の経済効果を議論する際に，このような負の効果は無視できないはずである。一般均衡の枠組みに基づいたクルーグマンのシミュレーション結果によると，世界全体が3つの関税同盟に分断された場合，世界各国の厚生水準が最も低くなってしまう(図6-11)[6]。

　拡大しつつある欧州連合(EU)，北米自由貿易協定(NAFTA)と南部共同市場(MERCOSUR)を中心とした米州自由貿易地域(FTAA)構想，AESAN・日本・中国・韓国・香港・台湾をメンバーとした経済共同体構想があるなど，現代の世界経済は仕切られた3大経済圏に分離されてゆく危険をはらんでいる。クルーグマン・モデルは，世界経済が3極のブロックに分断されてゆくことの危険に対し，警鐘を鳴らすものであるといえよう。

---

[6] Krugman, Paul (1991), "Is bilateralism bad?" in E. Helpman and A. Razin (eds.) (1991), *International trade and trade policy*, The MIT Press.

図6-11 クルーグマンによる関税同盟の経済効果シミュレーション結果

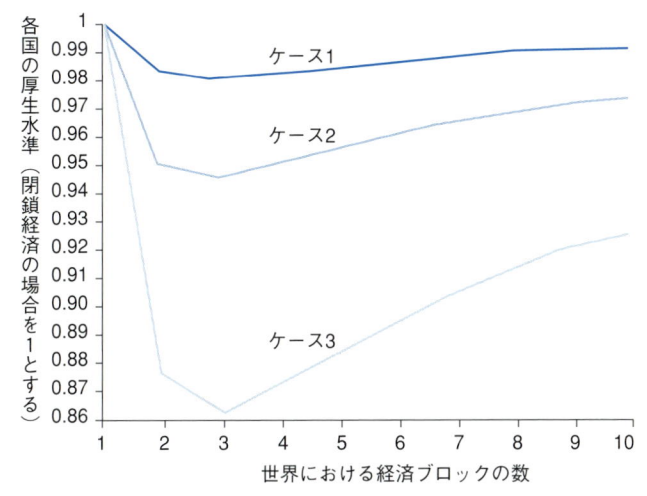

各国の厚生水準（閉鎖経済の場合を1とする）

ケース1
ケース2
ケース3

世界における経済ブロックの数

(注) ケース1は異なる財の間の代替性が高いケース，ケース3はそれが低いケース，ケース2は中間のケース，である。

(出所) Krugman, Paul (1991), "Is bilateralism bad?" in E. Helpman and A. Razin (eds.) (1991), *International trade and trade policy*, The MIT Press, Fig1.3.

● キーワード

| 輸入関税　　GATT（関税および貿易に関する一般協定）　　貿易政策の効果
生産者余剰　　消費者余剰　　輸入割当　　関税と割当の同値　　割当レント
輸出自主規制（VER）　　輸出補助金　　歪みによるコスト
交易条件悪化によるコスト　　ローカルコンテント規制
制度の国際的調整　　誘因中立的貿易政策　　ラーナーの対称性定理
国内資源コスト（DRC）　　輸入代替工業化政策　　輸出指向型工業化政策
死荷重　　メツラーの逆説　　価格受容者（プライス・テイカー）　　小国
大国　　禁止的関税率　　最適関税　　近隣窮乏化政策　　関税戦争
囚人のジレンマ　　自由放任主義　　WTO（世界貿易機関）
インセンティブの歪み　　国内市場の分散化　　産業の独占化
厚生ロスの三角形　　非生産的利潤追求活動（DUP）　　幼稚産業保護論
戦略的貿易政策　　社会的収益　　私的収益　　資本市場の不完全性
外部性　　学習効果　　産業政策　　関税等評価　　実効（有効）保護率 |

6 貿易政策

費用・便益分析　　自由貿易協定　　北米自由貿易協定（NAFTA）
自由貿易地域　　関税同盟　　南米南部共同市場（MERCOSUR）
共同市場　　EU（欧州連合）　　経済同盟　　貿易創出効果　　貿易転換効果
米州自由貿易地域　（FTAA）構想

●練習問題

1．日本において関税によって保護されている産業を一つ取り上げ，その貿易保護に関わる政治経済的な歴史を調べてみよ。
2．表6–2において数か国の製造業における実効保護率を見た。これらの国の長期における経済成長率，たとえば1960年から90年にかけての年平均経済成長率を計算し，貿易保護と経済成長の関係について考察してみよ。
3．世界における経済統合の動きにしたがって，日本はシンガポールに続き，AESANと自由貿易協定を結ぼうとしている（2003年8月現在）。このような動きは，日本や世界経済にとって望ましいものであるのかどうか考えてみよ。
4．本章の議論に基づき，自由貿易はすべての国にとって望ましいことかどうか論ぜよ。

第 7 章

国際的な生産要素移動と貿易の利益

　本章では，国際要素移動，すなわち，資本や労働者の国境を越える移動についての経済分析を紹介する。ここでは，生産要素の国際的な移動が各国の厚生水準や所得分配にどのような影響を与えるのかを議論する。とりわけ，本章の焦点は，国際的資本移動が貿易の利益とどのように結びついているかという点におかれる。

7　国際的な生産要素移動と貿易の利益

7-1　国際要素移動の姿

　本章では，国際的な資本や労働者の移動という**国際要素移動**が，各国の厚生水準や所得分配に与える影響を議論する。とくに本章では，国際的な資本移動が貿易の利益とどのように結びついているかという点に注目する。

図7-1　国際的な投資資金フロー，1985–89年中（期中平均）

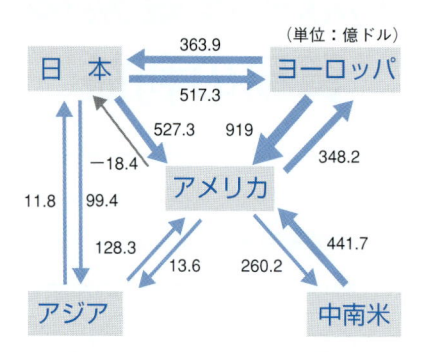

（単位：億ドル）

（出所）　日本銀行国際収支統計研究会『入門国際収支』東洋経済新報社，2000年，図表8-8，8-11，8-13。

図7-2　国際的な投資資金フロー，1997–99年中（期中平均）

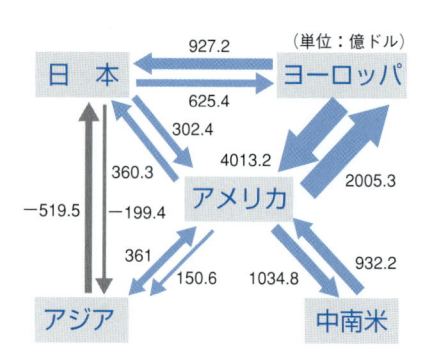

（単位：億ドル）

（出所）　日本銀行国際収支統計研究会『入門国際収支』東洋経済新報社，2000年，図表8-8，8-11，8-13。

▶表 7-1　外国人人口の流入

(単位:千人)

国	1985 年	1990 年	1995 年	1999 年
日　本	156.5	223.8	209.9	281.9
イギリス	—	—	206.3	276.9
ドイツ	398.2	842.4	788.3	673.9
フランス	43.4	102.4	77.0	104.4
オランダ	46.2	81.3	67.0	78.4
ベルギー	37.5	50.5	53.1	57.8
ルクセンブルク	6.6	9.3	9.6	11.8
デンマーク	15.6	15.1	33.0	—
スウェーデン	27.9	53.2	36.1	34.6
スイス	59.4	101.4	87.9	85.8
ノルウェー	15.0	15.7	16.5	32.2

(出所)　日本労働研究機構計量情報部『データブック 国際労働比較 2003』日本労働研究機構, 2002 年, 表 5-1。
(元データ出所)　OECD "Trends in International Migration, Annual Report 1998, 1999, 2001" および各国統計。

　第 13 章で詳しく述べるように, 国際資本移動には, 銀行貸借・証券投資・直接投資や公的な資本移動などさまざまな形態がある。いずれにしても国際資本移動は, とくに 1970 年代半ばのオイルショック以降, 著しい拡大を見せた。図 7-1, 図 7-2 は, それぞれ日本, アジア, アメリカ, 欧州, 中南米の 5 か国・地域間における資金移動のフローを, 1985-89 年の平均と 97-99 年の平均とで見たものである。これらの図を比較して分かることは, 1997 年に勃発したアジア通貨危機の影響を受け, 資本移動の逆流が生じたアジアと日本の関係を例外として, これら 5 か国・地域をまたがる国際的な資本移動が 90 年代に急速に拡大したことがわかる。たとえば, 日本とヨーロッパ, アメリカとヨーロッパ, アメリカとアジアの間の資本流出・流入の総額は 90 年代に, それぞれ約 2 倍・5 倍・4 倍もの増加を見せている。

　一方, 国際労働力移動については, 表 7-1 に見るように, 1980 年代後半において先進国への外国人労働者の流入が加速した。その結果, 先進諸国は,

7 国際的な生産要素移動と貿易の利益

図7-3 外国人人口比率

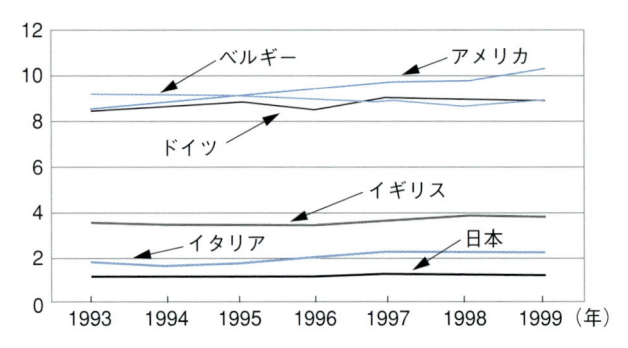

（出所）日本労働研究機構計量情報部『データブック 国際労働比較 2003』日本労働研究機構，2002年，図5-2。

図7-4 東アジア諸国・地域における外国人労働者の推移

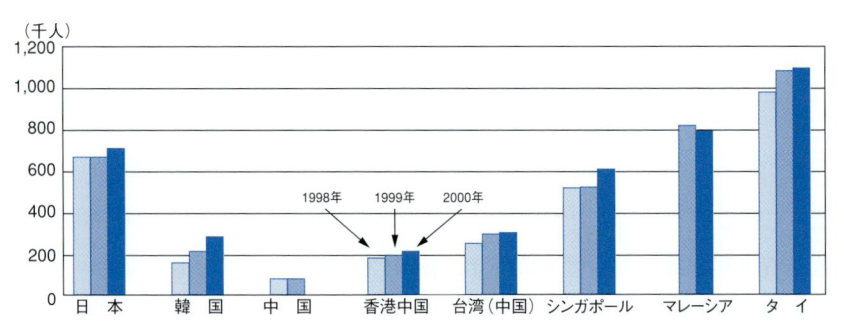

（出所）日本労働研究機構計量情報部『データブック 国際労働比較 2003』日本労働研究機構，2002年，図5-3。

とりわけ未熟練労働力の海外からの流入に対する規制を強化するところとなった。そのため，90年代を通じて先進国への国際的な労働力の流入はやや落ち着いたかのように思われる（表7-1）。とはいうものの，図7-3に示したように，アメリカ合衆国やベルギー・ドイツのような国においては，外国人人口が全人口に占める割合は10％近くにも上っており，国際労働力の移動がこれら経済に与える影響は無視できない水準になっている。また，日本のみならず，多くの東・東南アジア地域においても，外国人労働者の規模は，

数十万人の規模にも上っている（図7-4）。しかも，その規模は近年増加の傾向にあると見られる。

　以上のような現実の姿を念頭におきながら，本章においては，国際資本移動を中心として，国際的な生産要素の移動が与える効果について経済理論の立場から見てゆくことにする。第8章において詳しく論ずるように，結局のところ国際的な資金移動は，財やサービス取引の裏側で行われるものと解釈することが可能である。たとえば，日本がアメリカから財を輸入すると，その背後で資金の支払いという形での資本取引が行われることになる。このとき，前者を経済主体の行動に基づく自立的取引，後者を自立的取引から生ずる調整的取引と呼ぶことがある。この場合の自立的取引から生ずる利益は，すでに学んできた，貿易によって生み出される利益であり，後者の調整的取引の利益は，本章で詳しく見るように，自由な資本移動から生まれる利益である。次に，これらの取引を統合された形で論ずる枠組みについて見てみることにしよう。

7-2　貿易黒字・貿易赤字有用論

　まず，ここでは国際資本移動と貿易の利益の関係を概観することにしてみよう。鍵となる枠組みは，時間の概念を導入することによって，貿易の利益が説明されうるという点である。一つの例示として，ある国の人々が，現在の消費を将来の消費に比べて重視している国民性を一致して持っていたとしよう。この国の人々は，将来の消費を減らす代わりに現在の消費を増やすことで効用水準を上げることができる。もし，貿易が行われなければ，この国の効用水準は自国の現在と将来の生産水準によって一意に決定される。一方，貿易が可能になると，現在の消費をより重視するこれらの国の人々は，輸入を通じて，現在手元に生産されたよりも多い財を消費することが可能となり，

効用水準を上昇させることができるのである。これは，貿易がもたらす新しい利益であるといえる。

　ここで，貿易が可能になると，なぜそのような消費が可能となるのであろうか？　答えは簡単である。この国は，現在の輸出を上回る輸入を行うことで，現在においてより高い消費水準を達成することができる。まず，現在のこの貿易赤字は，国際的な借り入れを行うことによってまかなうことができる。この国際的な借金は，将来時点において，輸出を下回る輸入に甘んずることで返済することができるから，全体として資金の帳尻は合っているといえる。このようにして，国際的な資金移動が可能であれば，国際貿易は時間を通じた利益をもたらすことになる。以上の議論に基づくと，貿易黒字・貿易赤字それ自体は悪いものではなく，むしろ国全体の厚生水準を高めるという意味で有用であるということになろう。

7-3　異時点間の貿易と国際資本移動

　以上の論理を2期間の財（現在の財と将来の財）×2要素×2国の異時点間モデルに従って解説することにしよう。ここでは，資本と労働という2つの生産要素を考えているが，資本のみが国際的に移動する。このモデルは，まず異時点間の生産可能性フロンティアを描くことから始まる。生産可能性フロンティアは生産関数から描かれる（図7-5）。この国における，初期の資源賦存量 A_P は，将来の生産 Q_F のために現在において投入される資本ストック K_P と現在における消費部分 Q_P に振り分けられる。そして，K_P と Q_F の関係が図7-5上の新古典派的生産関数によって描かれている。この生産関数を裏返しにすることで，与えられた現在の資源 A_P のもとで達成可能な Q_F と Q_P の組合せを示したのが，図7-5の生産可能性フロンティアである。次に第2ステップとして，小国の仮定をおき，与えられた世界利子率 r

7-3　異時点間の貿易と国際資本移動

図 7-5　異時点間の生産可能性フロンティアの導出

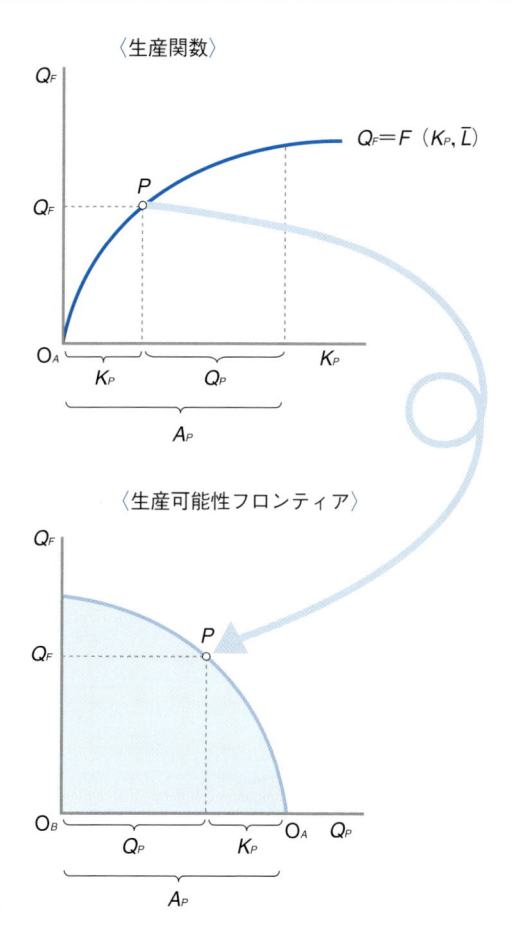

〈生産関数〉

$Q_F = F(K_P, \bar{L})$

〈生産可能性フロンティア〉

のもとで生産可能性フロンティア上の最適な生産点が選択される。その上で，最終的に最適な消費点が選択されるのである。

現在の財と将来の財の相対価格が利子率 r で表されることに留意すれば，利潤最大化の結果，最適生産点は，与えられた世界利子率 r の直線と生産可能性フロンティアが接する点で決定されることになる。そのような最適な生産点は図 7-6 の点 P で表される[次頁1)]。一方，最適消費点の決定は，最適生産点 P を通る価格比の直線，すなわち利子率 r を示す直線によって描かれる異時

115

7 国際的な生産要素移動と貿易の利益

図 7-6　最適な生産点の決定

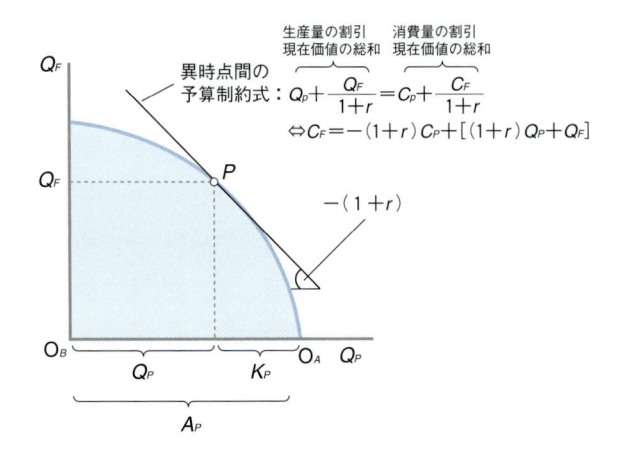

異時点間の予算制約式：
$$Q_P + \frac{Q_F}{1+r} = C_P + \frac{C_F}{1+r}$$
$$\Leftrightarrow C_F = -(1+r)C_P + [(1+r)Q_P + Q_F]$$

（生産量の割引現在価値の総和／消費量の割引現在価値の総和）

図 7-7　最適な消費点の決定

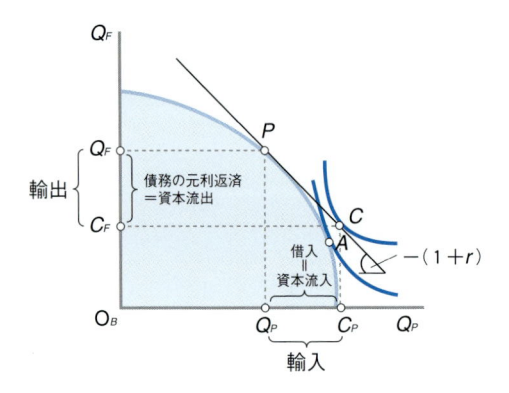

点間の予算制約線と，現在の財と将来の財の消費から得られる効用を描いた無差別曲線の接点で行われることになる．この場合，生産点は点 P，すなわち (Q_P, Q_F) の組合せとなり，一方，消費点は点 C，すなわち (C_P, C_F) の組合せとなる（図7-7）．ここで，国際貿易の存在は，生産点 P と消

---

1) このことを確かめるためには，現在の 10 円と将来の 10 円が異なる価値を持つことに留意すればよい．現在の 10 円は，将来には 10（1＋利子率）円の価値を持っている．したがって，現在の財の価格と将来の財の価格の相対価格は，（1＋利子率）となる．

費点 C がずれることによって示されている。図7-7を水平軸に見ると，Q_P < C_P なのでこの国は現在において純輸入を行っており，一方，将来においては Q_F > C_F となっているので純輸出を行っていることになる。このケースを閉鎖経済，すなわち図7-7の A 点で示されるような，生産点と消費点が一致し国際貿易が行われない場合と比較すると，明らかに貿易後の経済の厚生水準が高くなっている。この議論は，これまでの章とは異なる方法で，貿易利益の存在理由を示す，新しいモデルとなる。

また，このモデルは，**国際資本移動**，すなわち生産要素の国際的な移動を示すモデルでもある。図7-7において，第一期には，純輸入，すなわち生産を上回る消費が行われている。このような消費水準が可能となるのは，海外から資金を借り入れ，生産を超える消費が可能となるからである。いいかえれば，この国が財の純輸入国となりえる前提は，外国から借り入れという形での資本流入が可能であるからに他ならない。しかしながら，借り入れは最終的に返済されなければならない。図7-7の2期間モデルのケースにおいては，そのような返済は，将来時点において生産水準を下回る消費水準に甘んじ，その余剰を純輸出として割り振ることで可能となる。すなわち，輸出によって得た資金を対外的な返済に回すことで，現在時点での借り入れ（＝資本流入）が将来時点での元利返済（＝資本流出）によって返済されるのである。つまり，異時点間の貿易の利益は，同時に国際的な資本移動の利益という側面を持っている。国際資本移動については，第Ⅱ部国際金融論編の第13章において，より詳しく議論される。

7-4 国際資本移動（マクドゥーガル゠ケンプ・モデル）

時間の概念を考慮しない，より簡単な国際資本移動の影響は，1財×2生産要素×2国のマクドゥーガル゠ケンプ・モデルによって議論することがで

図7-8 国際資本移動についてのマクドゥーガル=ケンプ・モデル

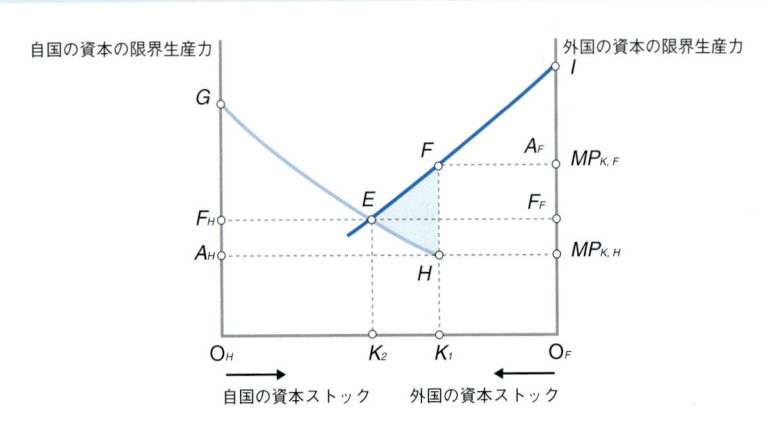

きる。ここでは，生産要素として資本と労働の2種類があるが，前節と同様，資本のみが国際的に移動可能であると考える。

図7-8は，マクドゥーガル=ケンプ・モデルを図示したものである。横軸には O_H から右へ自国に存在する資本ストックの水準がとられており，O_F から左へ外国の資本ストックの水準がとられている。縦軸は，それぞれの国の資本の限界生産力の高さを測っている。GH, IE はそれぞれ自国と外国の資本の限界生産力を示している。

まず，資本移動の前においては，自国と外国の資本ストックの水準がそれぞれ，$O_H K_1$ と $O_F K_1$ であるとしよう。この場合，自国と外国の間には，資本の収益率（資本の限界生産力）に格差が存在している。いいかえれば，外国における資本の収益率 MP_{KF} は自国の資本収益率 MP_{KH} よりも高いため，自国の資本を一単位外国に移した場合，自国資本の所有者は収益率格差に相当する追加的な資本の収益を得ることになる。

このような状況は，当然のことながら自国から外国への国際的な資本移動を誘発するであろう。資本移動がいつまで続くかといえば，両国の資本収益率が均等化するまで続くことになる。したがって，資本移動後の最終的な自国と外国の資本の量は，それぞれ $O_H K_2$ と $O_F K_2$ となる。この図からもわかるように，国際的な資本の移動によって，収益率の格差が国際的に消滅し，

7-4 国際資本移動（マクドゥーガル=ケンプ・モデル）

世界全体の生産量は三角形 EFH の面積だけ増加する。

しかしながら，国内の所得分配に与える影響は自国と外国の間において非対称となる。このことは，生産者余剰の概念を援用することで確認できる。まず，図 7-8 において自国の所得分配についてみてみよう。資本移動前の自国労働者の総賃金と自国資本家にとっての資本収益率は，それぞれ GHA_H の三角形，$A_H O_H$ の距離で表される。資本移動後，三角形は GEF_H へと明らかに縮小し，収益率は $F_H O_H$ へ上昇する。すなわち，自国において，資本家は国際資本移動を通じた収益率の上昇によって利益を得るが，労働者は資本収益率の上昇によって損害をこうむる。一方，外国においては，高い収益率を享受していた資本家が損害を受け，外国の労働者は利益を受けることになる。

ロバート・ルーカス（R. Lucas）は，図 7-8 で示されるモデルを元に，インドとアメリカの間で起こるべき資本移動について考察している[2]。彼はまず，生産関数が資本と労働の 2 つの生産要素の関数であり，両国の生産関数が全く同じである場合，資本が相対的に希少なインドにおける資本収益率がアメリカの 58 倍になっていなければいけないことを示した。もし，これが正しいとすると，アメリカ合衆国からインドに対して巨大な資本移動が起こっていなければならないことになる。このような資本収益率格差は，インドのみならず資本の水準が低い多くの発展途上国に当てはまるものであろう。しかしながら，先進国から途上国に向けて発生する，このような資本移動のパターンは現実には全く観察されていない。図 7-2 においても，先進国からアジア・中南米諸国に対して，先進国同士に比べてよりも大きな資本流出が起こっているとは必ずしもいえない。

それどころか，先進国の間においても，自由な資本移動のパターンは観察されていない。このことを示す一つの証しとして，先進国における貯蓄と投資の間に，強い正の相関関係があることが知られている（図 7-9）。この正の相関関係は，国内で得られた貯蓄が外国との資本収益率格差に反応するこ

---

[2] Lucas, Robert (1990), "Why Doesn't Capital Flow from Rich to Poor Countries？" *American Economic Review* 80 (2), 92-6.

7 国際的な生産要素移動と貿易の利益

図 7-9 貯蓄と投資の正の相関関係（OECD 諸国のデータ，1960 年から 74 年の平均値）

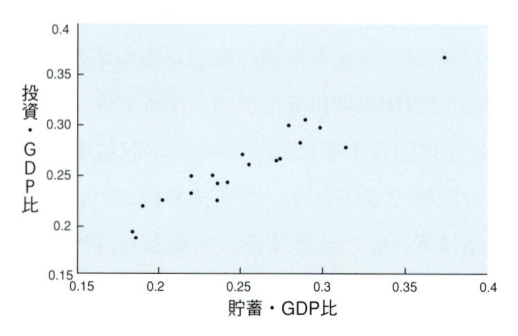

（データ出所）Feldstein, Martin and Charles Y. Horioka（1980），"Domestic Saving and International Capital Flows," *Economic Journal* 90, 314-29, Table 1.

となく，その多くが国内で投資されていることを示している。この貯蓄と投資の強い正の相関関係は，マーチン・フェルドシュタイン（M. Feldstein）とチャールズ・ホリオカ（C. Horioka）によって明らかにされたものであり，フェルドシュタイン=ホリオカのパラドックスと呼ばれ，国際金融における重要な謎の一つとされている。

ここで，ルーカスのモデルに立ち戻って考えよう。彼は，生産要素として，資本と労働に加えて，労働者の質の違い，すなわち人的資本をまずコントロールしている。人的資本を追加的に入れて資本の収益率を推計しなおしてみると，インドの収益率は，アメリカの約 5 倍まで下落する。さらに，人的資本がもたらす外部性を制御すると，両国における資本収益率格差がほぼ消滅することをルーカスは確認している。このことは，人的資本とその外部性の格差が，図 7-8 で示されるマクドゥーガル=ケンプ・モデルのような単純なモデルでは説明が困難である，現実の国際資本移動のパターンを説明する一つの鍵であることを示唆している。とはいうものの，以上のような現実の国際資本移動の姿は，マクドゥーガル=ケンプ・モデル自体を否定するものではなく，それをベンチマークとして，現実にあわせてモデルを拡張することの重要性を示すものだといえる。

■ 国際労働移動

　以上の枠組みは，国際的な労働移動についても直接に応用することが可能である。図7-8のモデルにおいて，今度は資本が国際的には移動できず，労働のみが移動できるものと考えよう。そして，縦軸は，労働の限界生産性，横軸は自国と外国における労働力の配分を示しているものとする。この場合，国際労働移動が自由化される前には，FH の距離に相当する賃金格差が存在している。したがって，このような賃金格差を埋めるべく，賃金の低い自国から賃金の高い外国への労働移動が起こるのである。K_2K_1 の距離に等しい国際労働移動が起こると，結果として自国と外国との賃金格差は消滅し，世界全体の生産水準が三角形 EFH の面積の大きさだけ拡大する。そして，自国では賃金上昇によって労働者が利益を得る一方，資本家は損害をこうむるのである。

● キーワード

国際要素移動	国際資本移動	オイルショック	アジア通貨危機
国際労働力移動	外国人労働者	自立的取引	調整的取引
現在の財	将来の財	異時点間モデル	マクドゥーガル=ケンプ・モデル
フェルドシュタイン=ホリオカのパラドックス		人的資本	

● 練習問題

1. 図7-8のモデルにおいて，国際資本移動が起こると外国の所得分配がどのように変化するのか述べなさい。
2. 本章の諸モデルに基づき，国際的な資本移動を自由化すべきかどうか，考察しなさい。
3. 図7-8のモデルを用い，国際労働移動が起こった場合の自国と外国における所得分配の変化を議論しなさい。
4. インターネットなどを用い，現在の日本における外国人単純労働者受け入れに関する様々な議論を調べなさい。その上で，本章のモデルを用い，国際労働移動を自由化すべきかどうかを考察しなさい。

第Ⅰ部　国際貿易論編のまとめ

　第Ⅰ部の内容を表でまとめると以下のようになる。ここでは，貿易が行われる理由，貿易の源泉，特化パターンの決定というような側面を見ることによって，様々なモデルの長所と短所，そして現実妥当性を学んできた。

モデル	貿易が行われる理由	貿易の源泉	特化パターンの決定	備考
リカード・モデル（第2章）	(1) 比較優位	生産技術の差	技術効率の差	実証的には当てはまりがよい
HOモデル（第3章）		生産要素賦存の差	要素賦存の差	4つの定理・レオンチェフの逆説
規模の経済性のモデル（第4章）	(2) 規模の経済性（収穫逓増の技術）	個別企業レベルでの規模の経済性，あるいはマーシャル的（技術的）外部性（産業全体での規模の経済性）	歴史（偶然）	企業レベルの規模の経済性，産業レベルの規模の経済性（右下がりの平均費用曲線）
空間経済のモデル（第5章）			歴史と期待	
相互ダンピングモデル（第4章）	(3) 分断された市場の存在	分断された市場における寡占的価格付け	全く同じ財の輸出入が双方向に行われる	通常の教科書では触れられていない貿易の理由
異時点間モデル（第7章）	(4) 異時点間の財の交換	異時点間生産可能性フロンティア，無差別曲線の形状と世界利子率との関係	1財モデルなので，特化パターンについては不確定	均衡状態として経常収支黒字・赤字が出てくる。国際資本移動のモデルでもある

第Ⅱ部

国際金融論

第 8 章

国際金融論へのいざない

　すべての市場が長期的な均衡状態にあることを前提とした国際貿易論に対し，為替レートの均衡レベルからの乖離や経常収支の不均衡を分析するのが「国際金融論」である。ここでは，国際金融論の対象を概観し，分析の基本となる国民所得統計・国際収支統計を解説することにしよう。

8-1　国際金融論とは何か？

　国際貿易理論と国際金融理論の橋渡しを考える一つの例として，第7章で既に議論した**異時点間モデル**を思い出そう。このモデルは，2期間全体を考慮すれば国際収支が均衡している貿易モデルの一種であるといえるが，現在（第1期）のみに注目すると短期的な国際収支不均衡を前提とするモデルとなっている。なぜなら，現在においては，この国家全体の生産を上回る消費が行われており，消費と生産のギャップが輸出を上回る輸入によって埋め合わせられているからである。したがって，このケースにおいては，「経常収支」が赤字となっている。ここで，経常収支とは，以下において詳しく解説するが，広い意味での国際貿易の不均衡を定量的に示す指標である。「経常収支の不均衡」は，国際経済取引の金融面を分析し，財市場が必ずしも均衡しない短期的な分析を行う国際金融論の分析対象である。国際貿易論が対象とするような経常収支の均衡は，非常に長い期間をとった場合に満たされる，長期的な定常状態として理解できるかもしれない。しかし，現実の世界においては，少なくとも短期において経常収支は大きく変動しており，明らかに均衡していない（図 8-1）。それゆえ，経常収支の赤字や黒字は常に重要な政策問題として議論されてきたのである。

　さらに，財の国際的な取引が自由に行われ，世界全体として財市場が均衡していれば，自国通貨と外国通貨の交換比率である為替レートは，国際的な財の相対価格比になるはずである。これは，第10章に詳しく述べるような購買力平価説と呼ばれる考え方である。この場合，為替レートは財の世界市場における需給均衡を通じて財の相対価格と同時に決定されており，為替レート決定のための固有の議論は不必要となる（第10章）。しかしながら，現実の為替レートは少なくとも短期的には購買力平価から大幅に乖離していることが知られている。このことから，実物経済のみならず貨幣やその価格で

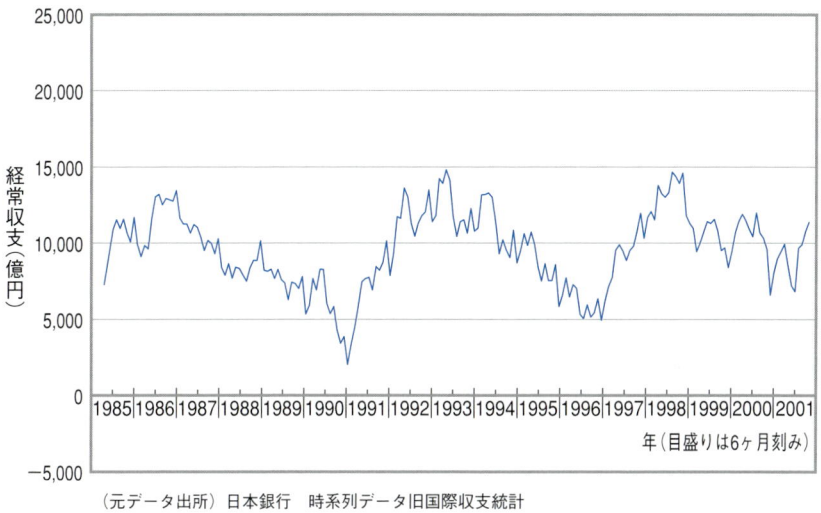

図 8-1 日本における経常収支の推移（移動平均値）

（元データ出所）日本銀行　時系列データ旧国際収支統計
(http://www2.boj.or.jp/dlong/bs/bs2.htm)

ある物価の決定要因を明示的に分析する枠組みが必要になる。

以上のような為替レートの均衡レベルからの乖離や経常収支の不均衡を分析する枠組みを提供するのが国際金融論である。これらの短期的な市場不均衡を分析するために，国際金融論では，金融論・マクロ経済学を開放経済へと拡張する。金融論とは，経済取引を金融的側面から捉え，それが個々の経済主体及び国民経済全体に持つ意義を解明する学問であり，マクロ経済学とは，国民経済のマクロの量的変数，たとえば国民所得水準と価格変数の関係を解明する学問である。金融論やマクロ経済学においては，必ずしも長期的な実物面での均衡状態（完全雇用）にない経済を想定し，主要マクロ変数間の関係・経済政策の短期・中期的な効果を捉える。したがって，失業・貯蓄・貨幣や物価水準なども分析対象になる。さらに，これら変数に加えて国際金融論では，国際的な経済取引に従って生じる為替市場・経常収支・対外純資産とその変化などを追加的マクロ変数として議論し，これら変数の決定に関わる市場が不均衡状態にあることを明示的に分析する。

8-2　国民経済計算統計と国際収支統計

■国民経済計算体系

ここではまず，国際経済のマクロ分析における基本概念となる，様々なマクロ変数の定義を見てみることにしよう。ある国家のマクロ経済を記述するための基礎データを集計する統計体系を，国民経済計算（System of National Accounts; SNA）と呼んでいる。SNAは，国際連合によって策定された国際的な基準である。

「国民経済計算」において，1国の経済規模の情報を集約する最も重要な変数として，国内総生産（Gross Domestic Products; GDP）と国民総生産（Gross National Products; GNP）がある。国内総生産（GDP）とは，所定の期間内，たとえば2003年における国内での最終財及び最終サービス生産の総価値，あるいは所定の期間における国内での財及びサービスの付加価値の総計として定義される。一方，国民総生産（GNP）とは，所定の期間における国民の最終財及びサービスの現在の生産の総価値あるいは，所定の期間における国民の財及びサービスの付加価値の総計を示すものである。

ここで，注意しておくべきなのは，これらの集計値は名目値であるということである。たとえば，ある期間内でGDPが10%の名目成長を遂げたとしても，同じ期間に国全体の価格水準が10%上昇していたとすれば，実質的な経済規模はまったく成長していないことになってしまう。ここで重要となる，1国経済における価格水準推移を示すものとして，財の価格の平均値を指数とした物価指数があり，消費者物価指数（CPI），卸売物価指数（WPI）などが幅広く用いられている。また，GDPを実質化するための価格指数としてGDP価格デフレーターが用いられている。

8-2 国民経済計算統計と国際収支統計

▶表 8-1　日本の GDP（生産面）

（単位：10 億円，暦年）

項　目	1991 年	1996 年	2001 年
1．産　業	441,798.2	477,943.6	470,550.1
(1)　農林水産業	10,839.1	9,371.4	6,973.0
(2)　鉱　業	1,101.5	866.8	662.6
(3)　製造業	124,507.6	117,219.5	104,230.8
(4)　建設業	44,944.7	40,965.4	35,762.3
(5)　電気・ガス・水道業	11,979.1	13,583.8	14,494.8
(6)　卸売・小売業	65,903.6	77,588.7	70,524.6
(7)　金融・保険業	24,817.2	29,047.5	33,636.9
(8)　不動産業	49,676.1	61,449.3	67,383.8
(9)　運輸・通信業	31,283.3	35,162.9	32,161.5
(10)　サービス業	76,746.1	92,688.3	104,719.8
2．政府サービス生産者	35,836.7	42,936.5	47,122.2
(1)電気・ガス・水道業	3,016.5	3,949.5	4,912.3
(2)サービス業	11,871.5	13,721.6	14,182.5
(3)公　務	20,948.7	25,265.4	28,027.4
3．対家計民間非営利サービス生産者	7,098.2	9,140.8	9,357.5
(1)教　育	3,589.4	4,559.6	4,720.4
(2)その他	3,508.8	4,581.2	4,637.1
小　計	484,733.1	530,020.9	527,029.8
輸入品に課される税・関税	2,879.8	3,008.5	3,242.9
（控除）総資本形成に係る消費税	2,424.7	2,059.6	3,545.8
（控除）帰属利子	15,028.2	22,807.0	25,754.6
国内総生産（不突合を含まず）	470,160.0	508,162.7	500,972.4
統計上の不突合	−219.2	3,784.0	6,483.0
国内総生産（不突合を含む）	469,940.7	511,946.8	507,455.4

（データ出所）内閣府・国民経済計算年報（平成 15 年版）
　　（http://www.esri.cao.go.jp/jp/sna/h15-nenpou/index_j.html）

▶ 表 8-2　日本の GDP（分配面）

(単位：10 億円，暦年)

項　目	1991 年	1996 年	2001 年
1.1　雇用者報酬	248,721.2	276,644.0	277,134.8
1.2　営業余剰・混合所得	115,445.2	103,429.4	85,955.5
1.3　固定資本減耗	75,956.2	92,050.6	99,094.4
1.4　生産・輸入品に課される税	34,276.5	40,251.5	42,911.7
1.5　（控除）補助金	4,239.2	4,212.7	4,124.0
1.6　統計上の不突合	−219.3	3,784.0	6,483.0
国内総生産	469,940.7	511,946.8	507,455.4

（データ出所）　内閣府・国民経済計算年報（平成 15 年版）
〈http://www.esri.cao.go.jp/jp/sna/h15-nenpou/index_j.html〉

ここで実質 GDP とは，

$$\text{実質 GDP} = \frac{\text{名目 GDP}}{\text{GDP 価格デフレーター}}$$

という式によって計算されるものである。

　さて，生産された GDP は政府・家計・企業に分配され，誰かの所得となる。そして，最終的に所得は何らかの形で支出されるため，マクロ経済全体としては，生産面で見た GDP，分配面で見た GDP，支出面で見た GDP がすべて等しくなるという三面等価の原則が成り立っている（表 8-1，表 8-2，表 8-3）。

　支出面で国内総生産（GDP）を見てみると，GDP は，最終的に家計の消費支出（C），企業の投資支出（I），政府支出（G），そして自国製品に対する海外の支出を示す，外国への総輸出（EX）から外国製品への国内支出の「漏れ」である輸入（IM）を引いた純輸出，によって成り立っている。以上を式で表すと，

$$\text{GDP} = C + I + G + （純輸出） \tag{8-1}$$

となる。ここで，$C+I+G$ は支出面で見た GDP のうち，国内要因に当たるものであり，アブソープションと呼ばれるものである。

　ここで，GDP と GNP の違いを思い出してみよう。一定期間にある国にお

8-2 国民経済計算統計と国際収支統計

▶表8-3 日本のGDP（支出面）

(単位：10億円，暦年)

項　目		1991年	1996年	2001年
1.7	民間最終消費支出	247,567.6	283,382.4	286,240.0
1.8	政府最終消費支出	62,602.6	77,557.2	88,097.7
	（再掲）			
	家計現実最終消費	281,924.3	326,783.2	335,769.8
	政府現実最終消費	28,246.0	34,156.4	38,568.0
1.9	国内総固定資本形成	149,031.8	144,982.8	130,035.8
	うち無形固定資産	8,779.3	9,804.8	11,717.2
1.10	在庫品増加	3,191.7	3,485.6	−92.4
1.11	財貨・サービスの輸出	46,667.9	49,560.6	52,567.0
1.12	（控除）財貨・サービスの輸入	39,120.9	47,021.8	49,392.8
国内総支出		469,940.7	511,946.8	507,455.4

（データ出所）内閣府・国民経済計算年報（平成15年版）
（http://www.esri.cao.go.jp/jp/sna/h15-nenpou/index_j.html）

1人当たりGNP・GDPの問題点

　一般的に，経済規模の尺度としてGNPやGDPを人口で割った「1人当たりGNP」や「1人当たりGDP」が用いられることが多い。しかしながら，これらの指標には，家事労働によって生み出されたサービスの生産などが含まれていないため，生産の社会的価値を過小評価しているという問題が指摘されている。一方，経済活動の環境に対する負荷を含まない概念であるため，生産活動の社会的価値を過大評価するという側面もある。

　第2の問題点として，これらの指標は，マクロ的な指標としての性質上，「集計的」あるいは「平均的」概念であるため，貧富の格差・貧困の深刻度など所得分配上の問題を考慮することができないという問題もある。

　さらに，1人当たりGDPを経済発展の尺度として国際比較を用いる場合には，それぞれの国家において用いられる通貨表示となっている生産の市場価格をどうやって比較するかという問題がある。というのは，第10章で述べるように，様々な現実の経済取引に利用されている「名目為替レート」は，経済活動の実質的な変換単位として，しばしば適切なものではないと考えられるからである。

いて生産されたすべての財・サービスの付加価値の合計としての国内総生産GDPに「国民が海外に保有する資本に対する収益所得や労働所得の受け取りから他の国民が日本から得るこれら所得への支払いを引いたもの（＝純要素受け取り）」を加えたものがGNPとなるのであるから，

$$\text{GDP} + (純要素受け取り) = \text{GNP} \tag{8-2}$$

となる。したがって，(8-1) 式と (8-2) 式から GDP を消去すると，

$$\text{GNP} = C + I + G + (純輸出 + 純要素受け取り) \tag{8-3}$$

を得る。ここで，GNPにさらに純移転受け取りと呼ばれる，「政府または個人間での贈与・無償援助・賠償金などの受け取りからその支払いを引いたもの」を加えたものが，国全体が消費あるいは貯蓄することのできる，可処分所得を示している。すなわち，

$$可処分所得 = C + I + G$$
$$+ (純輸出 + 純要素受け取り + 純移転受け取り) \tag{8-4}$$

である。可処分所得から国内アブソープション $C + I + G$ を引いたものが，1国の対外的な収支を集約して示す経常収支と呼ばれるものとなる。すなわち，

$$経常収支 = 純輸出 + 純要素受け取り + 純移転受け取り \tag{8-5}$$

である。

以上が，国民経済計算の枠組みにおける経常収支の定義であるが，以上の枠組みは，いくつかの重要な含意を持っている。まず，(8-4) 式と (8-5) 式において，経常収支は可処分所得と国内アブソープションとの差で定義されているのであるから，経常収支は，結局のところ可処分所得と国内アブソープションそれぞれの決定要因によって決まることになる。政府部門の生産活動や支出活動を別にして議論すれば，第7章で既に見たように，経常収支は結局のところ民間企業の合理的な利潤追求によって決まってくる可処分所得と家計の効用最大化で決まる消費水準や企業の投資行動で決定される投資水準などに依存することになる。家計や企業が合理的な選択を行う限り，可処分所得と国内アブソープションが一致する必然性はない。したがって，経

常収支がマイナスの値をとり赤字となるか，プラスの値をとり黒字となるかは主として国民の合理的選択によるもので，良いとも悪いともいえなくなってしまうことになる（第11章参照）。

■国際収支統計

一方，国民経済計算体系との整合性を考慮してはいるものの，それとは独立に，一定期間におけるある国の居住者と非居住者との間で行われたすべての対外経済取引を体系的に記録する統計体系として，国際収支統計がある。「国際収支統計」は，国際収支表としてまとめられている。たとえば，(8-5) 式の右辺における3つの項は，国際収支表においては，それぞれ貿易・サービス収支，所得収支，経常移転収支，と呼ばれるものである。すなわち，

$$経常収支 = (貿易収支 + サービス収支) + 所得収支 + 経常移転収支 \tag{8-6}$$

である。IMF（国際通貨基金）はその協定において，加盟国に対し国際収支統計に関する情報の提供を求めており，国際収支統計作成のための国際的なルールを，「IMF 国際収支マニュアル」としてまとめている[1]。次に，具体例を用いながら日本における国際収支表の作成ルールを見てみることにしよう。国際収支表は，複式簿記法に類似した複式計上方式によって記入する慣習がある。両者は，1つの取引を2つの側面において同一金額として借記と貸記とに記録するという点では類似しているが，国際収支統計では左側に貸記（右側に借記）を書き，借記にマイナス符号を付ける点で複式簿記法とは異なっている。まず，プラスの符号で記入される貸記には，外国居住者からの支払いを生じる取引が記入される。すなわち，取引される財・サービス・金融資産等の向きは，

$$日本 \rightarrow 外国 \tag{8-7}$$

---

[1] 現在の日本の国際収支統計において使用されている計上原則は，1993年9月に発表された「IMF 国際収支マニュアル第5版」に基づいている。詳しくは，日本銀行のホームページ，http://www.boj.or.jp/siryo/exp/exbs1.htm や，日本銀行国際収支統計研究会『入門国際収支』東洋経済新報社，2000年を参照のこと。

となる。一方，マイナス符号をつけて記入される借記には，外国居住者への支払いを生じる取引が含まれる。すなわち，借記において，取引される財・サービス・金融資産等の向きは，

  日本 ← 外国   (8-8)

となる。たとえば，日本の自動車メーカーがスポーツカーをアメリカに輸出する場合，自動車の取引自体は，アメリカの輸入業者からの支払いを生じさせるものであるため，(8-7)のルールに従って，貸記に記入されることになる。一方，自動車の代金については，「日本の自動車会社が金融資産を購入し，その代金を現物（自動車）で支払う」と考えることができるので，(8-8)のルールに従って，借記に記入することになる。

以上のように，複式計上方式においては一つの取引が二度記入されるが，これらの2つの和は常にゼロとなる。複式計上方式のもう一つのルールは，取引の種類によって記入場所が異なるということである。主として，取引の主な分類は，(1) 財貨・サービス・所得の取引，移転取引の合計である経常収支，(2) 対外資産・負債の増減に関する取引としての資本収支，(3) 政府の外貨準備残高の増減，の3つに分類することができる（表8-4）[2]。国際収支表における経常収支と資本収支・外貨準備増減については，複式計上方式の帰結として総合収支は必ずゼロとなる。すなわち，恒等式として以下が成立する[3]。

  経常収支＋資本収支＋外貨準備増減＝0

以上の恒等式が成り立つという事から，外貨準備については，プラスの係数の場合には減少と呼び，マイナスの係数の場合には増加と呼んでおり，通常の概念とは逆になっていることに注意しなければならない。

---

[2] マクロ経済学においては，一定期間に行われた経済活動の成果であるフロー変数（たとえば投資・貯蓄・所得）と，過去からのフローの蓄積をある一時点で測ったものであるストック変数（たとえば資本・資産・富）との区分が重要である。資本収支はフロー変数であり，その黒字すなわち資本流入は，ストック変数である対外負債の増加を示しており，その赤字は資本流出であり，対外資産の増加を示している。

[3] ただし，実際には，左辺に誤差脱漏の項目が加えられる。

▶表 8-4　日本の国際収支の主な構成項目

■ **経常収支**
　貿易収支（一般商品など）
　サービス収支（運輸・旅行や，通信・建設・保健・金融・情報などのその他サービス）
　所得収支（雇用者報酬など労働所得の受払や直接投資・証券投資の収益等要素所得の受払）
　経常移転収支（政府または個人間での贈与・援助，賠償金・国際機関への拠出金など）

■ **資本収支**
　投資収支（居住者と非居住者との間で行われた金融資産負債の取引）
　　直接投資（直接投資にかかわる投資・増減資・株式取得・資金貸借など）
　　証券投資（直接投資以外の株式，中長期債・短期債などを含む，負債性証券）
　　金融派生商品（オプションプレミアム，通貨スワップなど）
　　その他投資（貿易信用，貸付・借入，預け金・預り金など，以上に含まれない資本取引）
　その他資本収支
　　資本移転（固定資産取得・処分での資金移転や所有権移転，債権者による債務免除など）
　　その他資産（特許権・著作権・商標権・譲渡可能な契約や大使館や国際機関による土地の取得・処分など）

■ **外貨準備増減**（外貨など通貨当局の管理下にある，直ちに利用可能な対外資産の増減）

（出所）　日本銀行ホームページ（http://www.boj.or.jp/siryo/exp/exbs1.htm）・日本銀行国際収支統計研究会『入門国際収支』東洋経済新報社，2000 年を参考に筆者作成。

より厳密には，日本の国際収支においては，表 8-4 においてまとめられているような分類が行われている。たとえば，上記のような日本の自動車メーカーによるアメリカへの輸出はどのように書き込まれるのであろうか？ これが 5000 万円相当の取引であるとすると，まず自動車の輸出自体は，「一般商品」の取引であり，アメリカの輸入業者からの支払いを生じさせるものであるため，(8-7) のルールに従って，「貸記」の「貿易収支」に 5000 万円が記入されることになる。一方，この自動車メーカーが自動車の代金をアメリカの銀行で保有している銀行口座において受け取ったとする。この場合，「日本の自動車会社が預金という金融資産を購入し，その代金を現物（自動車）で支払う」と考えることができるので，(8-8) のルールに従って，「借記」の「投資収支」に －5000 万円が記入されることになる。

表 8-5 は，以上のような手順によって作成された 2001 年度・2002 年度の日本における国際収支表である。これら 2 年を比較して見られる大きな特徴は，まず第 1 に，輸出が輸入の増加幅を上回って増加したため，貿易収支，

▶表 8-5　2002 年・2001 年会計年度の国際収支状況

（2002 年のデータは速報，単位：億円・%）

	2002 年度	2001 年度	増減
経常収支	133,371	119,124	14,246
（対前年度比）	(12.0%)	(−3.9%)	
貿易・サービス収支	63,205	38,567	24,639
（対前年度比）	(63.9%)	(−39.3%)	
貿易収支	115,577	89,915	25,662
（対前年度比）	(28.5%)	(−22.1%)	
輸出	501,053	461,858	39,195
（対前年度比）	(8.5%)	(−7.3%)	
輸入	385,477	371,944	13,533
（対前年度比）	(3.6%)	(−2.8%)	
サービス収支	−52,371	−51,348	−1,023
所得収支	80,134	86,753	−6,619
経常移転収支	−9,968	−6,195	−3,774
資本収支	−49,107	−84,394	35,288
投資収支	−45,472	−80,459	34,987
直接投資	−23,830	−31,309	7,479
証券投資	−145,207	−116,077	−29,130
（証券貸借取引を除く）	(−186,754)	(−124,519)	(−62,236)
金融派生商品	8,064	2,586	5,478
その他投資	115,501	64,341	51,160
（証券貸借取引を除く）	(152,620)	(72,488)	(80,132)
その他資本収支	−3,635	−3,936	300
外貨準備増減	−81,988	−51,818	−30,169
誤差脱漏	−2,276	17,088	−19,364

（データ出所）　財務省ホームページ（http://www.mof.go.jp/1c004.htm）

　さらには経常収支の黒字幅が拡大したことである。第 2 の特徴は，国債価格の堅調などを背景として，海外から日本に対する様々な金融派生商品への投資などが増加したため，資本収支赤字が低下したことである。

　さらに，表 8-6 は，日本における国際収支の主項目について，長期的な推移をまとめたものである。まず，大きな特徴として，期間を通じて黒字である貿易収支と所得収支の和が赤字のサービス収支・経常移転収支の絶対値を大幅

▶表 8-6　日本における国際収支の主項目の推移

(単位：10 億円)

年	経常収支				資本収支		外貨準備増減	誤差脱漏
	貿易収支	サービス収支	所得収支	経常移転収支	投資収支	その他資本収支		
1985	129517	−22781	16036	−3077	−129115	−1024	602	9836
86	151249	−21640	15675	−2842	−121644	−857	−24834	4897
87	142422	−27810	20904	−3459	−85809	−1075	−45191	15
88	115225	−35939	26653	−5198	−61810	−1274	−25042	−12615
89	110412	−50713	31773	−4354	−72776	−1873	18487	−30950
90	100529	−61899	32874	−6768	−47149	−1532	13703	−29761
91	129231	−56311	34990	−16150	−91045	−1614	11391	−10487
92	157764	−55709	45125	−4833	−127525	−1641	−753	−12432
93	154816	−47803	45329	−5651	−115387	−1650	−29973	318
94	147322	−48976	41307	−6225	−88004	−1920	−25854	−17648
95	123445	−53898	41573	−7253	−60609	−2144	−54235	13127
96	90967	−67791	58180	−9775	−29935	−3538	−39424	1316
97	123103	−65424	67396	−10714	−143469	−4879	−7660	41645
98	159843	−64547	74011	−11464	−154076	−19313	9986	5558
99	140155	−61504	56957	−13867	−34872	−19087	−87964	20184
2000	125634	−51337	62062	−10595	−81296	−9947	−52609	18088
01	85209	−53151	88259	−9684	−66752	−3473	−49364	8958

(データ出所)　日本銀行　時系列データ旧国際収支統計 (http://www2.boj.or.jp/dlong/bs/bs2.htm)

に上回っており，経常収支が恒常的に黒字となっていることが挙げられる。この点を詳しく解釈するために以下のような枠組みを用いることにしよう。まず，(8-4) 式の両辺から消費 C と政府の税収 T を引いてみると，左辺は可処分所得から消費と徴税額を引いたものであるから，民間貯蓄 S となる。したがって，

$$S = I + (G - T) + (純輸出 + 純要素受け取り + 純移転受け取り) \tag{8-9}$$

を得る。これと (8-5) 式の経常収支の定義をあわせることにより，

$$経常収支 = (S - I) + (T - G) \tag{8-10}$$

となる。これは，1国の経常収支が，貯蓄・投資バランスと政府の財政黒字の大きさの和に等しくなることを示している。(8-10) 式を手がかりとして考えてみると，表8-6 に見られるような，日本における恒常的な経常収支黒字は，主として家計における貯蓄が常に投資を上回ってきた理由によるものと考えられる。

表8-6 に見られる第2の特徴は，1980年代中盤から90年代初頭までのバブル期において，貿易収支黒字が縮小し，サービス収支赤字が拡大したため，経常収支が縮小したことである。この点については，ドル高是正のため1985年に行われたプラザ合意（第11章参照）以降の円高や国内景気の過熱により輸入が増加し，結果として貿易収支の黒字が減少したのである。一方，90年代初頭のバブル崩壊以降の数年間においては，逆に貿易収支の黒字が拡大し，その後，90年代を通じて短期的に経常収支黒字が低下するパターンが見られる。この点については，製造業の海外生産比率が上昇し，日本企業による逆輸入がアジアを中心に急激に増加したことが一つの要因となっている。

最後の特徴として，所得収支の黒字は全期間を通じて拡大傾向にある点が挙げられる。このことは，恒常的な経常収支黒字を通じて日本が対外資産残高を蓄積し，その資産から得られる利子や配当・収益などの収入が増加したためであると考えられる。

● キーワード

経常収支	為替レート	国際金融論	金融論	マクロ経済学
開放経済	国民経済計算	国内総生産（GDP）		国民総生産（GNP）
物価指数	三面等価の原則	アブソープション		国際収支統計
国際収支表	複式計上方式	貸記	借記	経常収支	資本収支
外貨準備増減	財蓄・投資バランス	バブル	プラザ合意	

● 練習問題
1．インターネットを用い，経常収支不均衡の是非についてどのような議論が行われているか調べてみよ。
2．以下の取引が，国際収支表にどのように書き込まれるか考えてみよ。
　ａ．アメリカのコーヒーショップのチェーン店が，東京に支店を出した。その経費2億円を，そのコーヒーショップ名義の日本での預金口座から支払った。
　ｂ．日本の大学教授が10万円相当の経済学専門書をインターネット書店を通じて購入し，クレジットカードを使って代金を支払う。ただし，カードの代金は日本の口座から毎月引き落とされる。
　ｃ．日本で働く親孝行の日系ブラジル人労働者が，日本に所有している預金口座から本国の両親に30万円相当の仕送りをする。
　ｄ．国際協力機構（JICA）が技術協力の一環としてパキスタン・イスラマバードの病院に医療機器（4000万円分）を無償供与する。
　ｅ．日本の証券会社がアメリカの機関投資家からアメリカ財務省証券を5億円分購入し，その証券会社がアメリカの銀行に保有しているドル建ての預金口座から支払いを行った。
　ｆ．この証券会社が，アメリカの機関投資家に対して日本の国債を5億円分売却し，その支払いをアメリカの銀行口座で受け取った。

第 9 章

外国為替取引

　外国為替レートとは，自国通貨と外国通貨との交換比率を示すものである。為替レートは基本的に為替市場において決定されるものであり，様々な市場参加者の外国為替に対する需要と供給のバランスによって決まるものである。ここでは，外国為替取引の概要と，様々な種類の為替レート，そして為替レートが果たす役割について見てみることにしよう。

9 外国為替取引

9-1　外国為替市場

　為替レートとは，自国通貨と外国通貨との交換比率を示すものである。その表示方法には，直接レート・直接表示という形で外国通貨一単位当たりの自国通貨建て価格を示す方法と，間接レート・間接表示として自国通貨当たりの外国通貨建て価格を示す方法がある。たとえば，日本においては，「1 ドル 120 円」というように日本にとっての直接レート形式で表示されるのが慣例となっている。これは，アメリカドルの間接レート表示でもある。為替レートの切り上げ（切り下げ）あるいは増価（減価）は，この日本にとっての直接レートが低下（上昇）することを意味している。

　図 9-1 は，戦後日本における直接表示の為替レートの動きをプロットしたものである。1971 年半ばまでは，日本では 1 ドル 360 円に為替レートを固定にする固定相場制度が採用されていた。その後，異なる水準での一時的な固定相場制を経て，1973 年 2 月 14 日から変動相場制度に移行した。それ以降，円はドルに対して趨勢的に増価してきたことが見て取れる。

　第 10 章において詳しく見るように，為替レートは基本的に為替市場において決定されるものであり，市場参加者の需給要因によって決まるものと考えられる。ここで，輸出や対外借入により取得した外国通貨を売却しようとする経済主体や，輸入や対外貸し付けに必要な外国通貨を購入しようとする経済主体，あるいはこのような外国為替の需給決済以外にも，為替リスクを回避しようとしたり，投機を行ったりする経済主体が自国通貨と外国通貨を交換する市場のことを外国為替市場と呼んでいる。現在では，ロンドン・ニューヨーク・東京が外国為替取引の 3 大市場となっており，その他の外貨取引が活発に行われる市場を含めると，24 時間世界のどこかで常に外国為替の取引が行われていることになる（図 9-2）。

　これら外国為替市場取引に参加する経済主体は大きく分けると，非金融企

9-1 外国為替市場

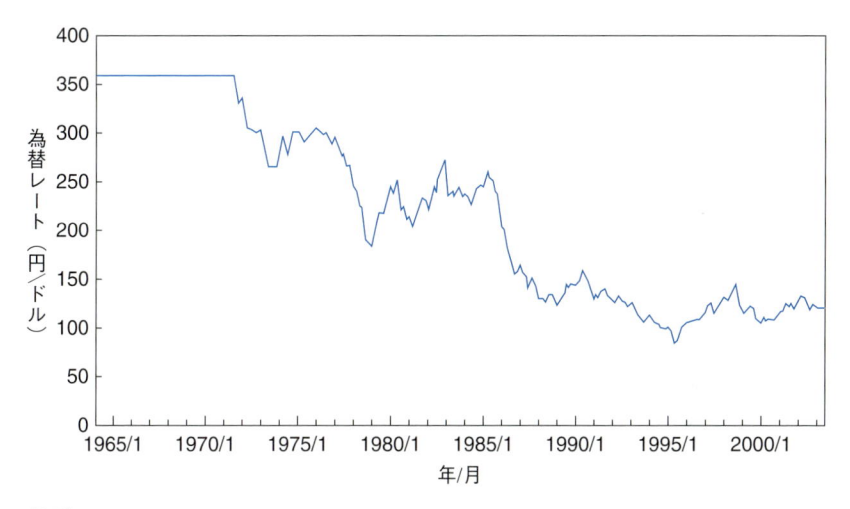

図9-1 戦後日本における為替レートの推移(月次名目為替レート,各年1月の平均値)

(出所) International Monetary Fund, *International Financial Statisitcs*.

図9-2 世界における24時間の外国為替取引

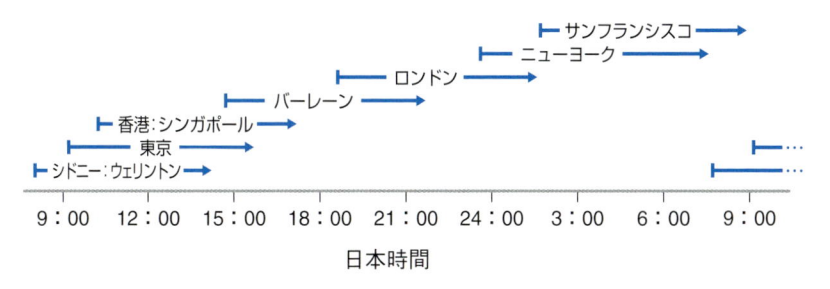

業・個人，ブローカー（仲介業者），商業銀行，中央銀行（通貨当局）の4つである。そして，外国為替市場には，国際的な取引の決済に伴い，外貨需給が生じる小売市場である対顧客市場と，その市場の調整的な役割を果たすいわば卸売市場であるインターバンク市場との2つがある（図9-3）。インターバンク市場取引に直接関わる参加者は，外貨の自己売買や保有をしないブローカー（仲介業者）と，自己勘定での為替取引を行い，輸入業者など顧客の相手となり，市場に存在する外貨売買の需要を素早く満たすマーケット

143

9 外国為替取引

図 9-3　外国為替市場の概略

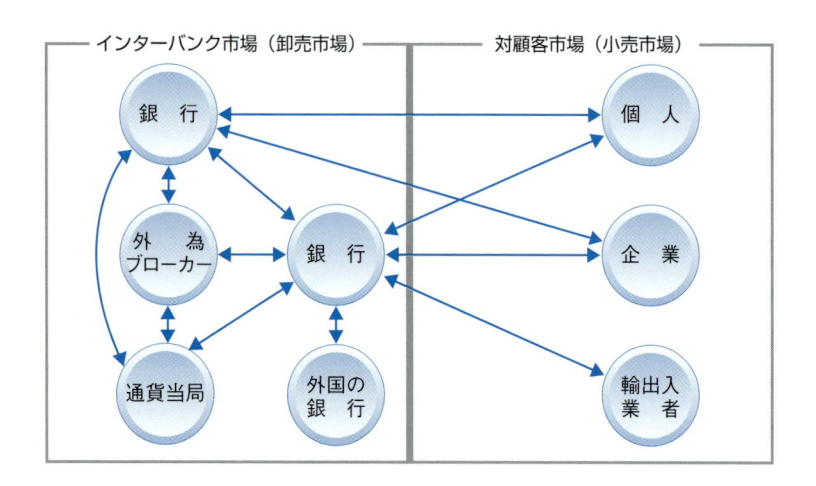

```
┌─ インターバンク市場（卸売市場）─┐ ┌─ 対顧客市場（小売市場）─┐

         銀　行 ←────────────────→   個　人

         ↕        ↘       ↗
   外為              銀　行  ←────→   企　業
   ブローカー         ↕
         ↕        ↗       ↘
      通貨当局   外国の        輸出入
                銀　行        業　者
```

メーカーであるディーラーとの2種類である。ディーラーは，対顧客取引を通じて，必然的に債務と債権が一致しない状態であるオープンポジションを持つことになり，為替変動によるリスクを負う[1]。このようなリスクは，外貨市場における取引コストとして手数料の形で表れることになる。

■媒介通貨

さらに，為替市場においては，為替レートの情報を処理・整理するコストとしての情報コストもかかる。これらのコストは，為替レートがほとんど米ドルに対してのみ形成されていることを説明するものである。

たとえば，米ドル，日本の円，タイバーツ，中国の元の4つの貨幣で成り立つ世界を考えよう。すべての国の貨幣同士がそれぞれの間で取引されている場合，6通りの交換率を決定するため（図9-4），6つの外国為替市場で取引が行われる必要がある。一方，すべての貨幣がドルに対して取引されてい

---

[1] 外貨の債務が債権を下回る状態を買い待ち（ロングポジション）とよび，外貨値上がりによって利益を得る。一方，外貨債務がその債権を上回る状態を売り待ち（ショートポジション）と呼んでおり，外貨値上がりによって損失をこうむることになる。

図 9-4　国際通貨取引 1

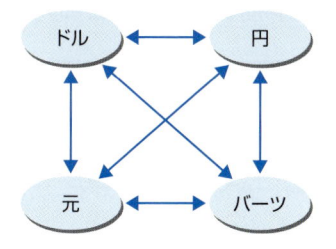

図 9-5　国際通貨取引 2

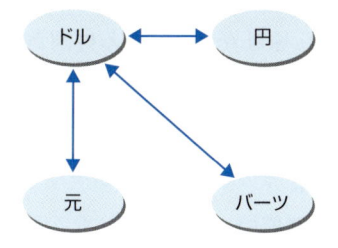

るとすれば，市場の数は3つのみとなる（図9-5）。なぜなら，円とバーツの取引は，ドルとの取引を媒介とすることによって可能となるからである。このドルのような通貨のことを媒介通貨と呼んでいる。ドルが媒介通貨となると，情報コストが下がる一方，市場当たりの取引数・取引高が増え，単位当たり取引に必要とされる諸費用がさらに減少する。

　このような情報処理コスト・取引コスト削減の関係は，いったん取引が集中すると，さらに2つのコストが下がり，そのことを通じてより取引が集中するようになるという累積的関係を示唆しているが，このような効果のことを雪だるま効果と呼んでいる。媒介通貨としてのドルの存在は，以上のような論理で説明される。

9-2　外国為替取引と為替レート

　日本において行われている主な為替取引には，2つの種類がある。まず第一に，取引時に価格を決め，通常2・3日以内に決済される取引としての直物（じきもの）取引（スポット取引）である。この取引において用いられる為替レートのことを直物（スポット）レートと呼んでいる。

　第2の取引とは，通貨派生（デリバティブ）取引である。デリバティブ取引とは，その取引価格が，原証券とよばれる外国為替・株式・債券などの価格に依存しながら「派生的に」決まる金融商品の取引である。通常は，「原証券の売買に関する権利・義務についての契約」となっている。デリバティブ取引には大きく分けると3つのものがある。すなわち，(1) 現時点で将来の売買契約を約定する先渡取引・先物取引，(2) 将来の一定時点・一定期間で原資産を売買する権利を売買するオプション取引，(3) 異なる通貨・金利の間の交換取引であるスワップ取引である。

　デリバティブの機能としては，リスクの管理や裁定取引の活発化による価格形成の効率化，市場の流動性を高めることや，小額の資金で多額の取引が可能となること（レバレッジ効果）などが挙げられているが，通常は，市場参加者が相場の変動に伴うリスクを回避するための取引であり，「賭け」の要素が強いものといえる。

■通貨先物予約（先渡）取引

　代表的なデリバティブ取引の一つとして，取引時に価格を決めるものの決済日が通常の直物取引以降に行われる取引である，先渡（フォワード）取引がある。この取引は外貨をある将来時点，一般的には，1週間・2週間・1ヶ月から12ヶ月後に現在決める先渡レートで売る（買う）という契約を結ぶ取引である。先渡し取引は，取引当事者間での相対（あいたい）取引であ

9–2 外国為替取引と為替レート

▶表 9–1 直先スプレッド

銀行間ドル直先スプレッド
(1 ドルあたりの円価値, d はディスカウントを示す)

	実勢	年率%
1 ヶ月	d 0.122	1.11
3 ヶ月	d 0.345	1.12

(出所) 日本経済新聞 2003 年 8 月 19 日

るのが特徴であるが,契約の個別性が強く,不履行リスクが低いため,後で述べるような値洗いがない。日本ではこのような取引は通常先物予約取引と呼ばれている。

ここで,$_tE_{t+1}$ を先渡し(先物予約)の為替レート,E_t を直物為替レート(円の直接レート)であるとしよう。このとき,$E_t-{_tE_{t+1}}$ を直先(じきさき)スプレッドと呼んでおり,直先スプレッドが正の値をとる場合,$E_t > {_tE_{t+1}}$ であって「円はフォワードプレミアムを持つ」ないし,「ドルはフォワードディスカウントを持つ」と呼ぶ。一方,直先スプレッドが負の値をとる場合,$E_t < {_tE_{t+1}}$ であり「円はフォワードディスカウントを持つ」ないし,「ドルはフォワードプレミアムを持つ」と呼んでいる。表 9–1 は,実際の 1 ヶ月物・3 ヶ月物の直先スプレッドを掲載したものである。ここでは,「ドルがフォワードディスカウント」にあり,d という記号で表示されている。

実際の取引においては,直物取引と先渡取引,あるいは異なる先渡取引同士を組み合わせるなど,一時点で売る(買う)契約と別時点で買う(売る)契約を同時に結ぶスワップ取引が多い。このような取引が頻繁に行われているのは,為替ディーラーがオープンポジションを小さくし,為替リスクを軽減するために行動しているためと考えられる。

■通貨先物取引

外国為替の先物取引については,通貨先物(フューチャーズ)取引が,1989 年 6 月に開所した東京金融先物取引所(TIFFE)において行われているが,現状では取引額は限られている。先物取引は,「不特定多数の参

9　外国為替取引

加者」の間で「規格化された契約」での売買が行われるという取引所取引である。先渡取引では先渡しの満期まで現金が動かないが，先物取引では「賭け」の要素が強く，相場変動による損益を日々清算する。これは値洗いと呼ばれている。そして安全な決済のため，通貨先物取引の参加者は一定の証拠金を取引所に納入せねばならない。「値洗い」と「証拠金」は，不特定多数の間での取引において将来の売買が約束されることから生じる「契約不履行のリスク」を回避し，取引所の信頼性を確保するための制度ともいえる。

　以上のような，相対取引か市場取引かという点と，満期前の現金清算が行われるかどうかが先渡と先物の違いだが，実際には両者のレートの違いは小さく，また先物取引はその取引規模が相対的に小さい。

■**通貨オプション**

　次に，通貨オプションとは，ある通貨をある一定期日（通知期日）にある一定価格（行使価格）で売買する権利のことである。「義務ではない」ことが重要である。いいかえると，オプションは待つことのメリットを買うことである。オプションには，大きく分けてコール・オプション（通貨を買う権利）とプット・オプション（通貨を売る権利）があり，権利の行使については，オプションを買ってから通知期日までの営業日ならいつでも権利を行使できるアメリカンタイプ・オプションと通知期日でのみ権利を行使できる，ヨーロピアンタイプ・オプションの2種類がある[2]。

　ここで，1月初めの時点で3ヶ月後の3月31日が通知期日のヨーロピアンタイプ・ドル通貨コール・オプション（ドルを買う権利）の買い手の例を見てみよう。オプション料[3]が2円であり，行使価格が130円であるとする。この場合，3月31日の直物為替レートが134円/ドルなら，この買い手はコール・オプションを行使し，1ドル＝130円でドルを買い，直物市場で1ド

2）　オプションについて，詳しくは晝間文彦『基礎コース金融論』新世社を参照せよ。
3）　オプション料は，オプション・プレミアム，あるいはオプションの購入価格，とも呼ばれている。

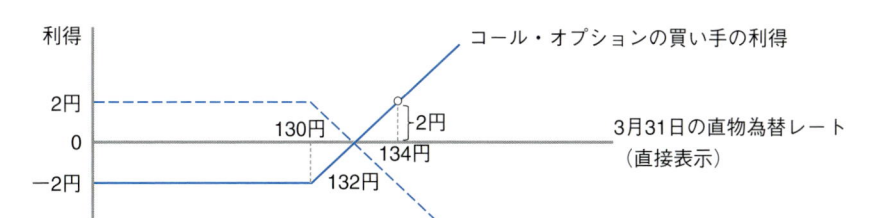

図9-6 コール・オプション買い手の利得

ルを134円で売却することができる。したがって，利得（ペイオフ）は，134円－130円－2円(オプション価格)＝2円となる。一方，直物レートが130円以下になった場合には，オプションを行使せずに直物市場からドルを買えばよいので，オプション料の2円が失われたコストとなる。したがって，3月31日の直物相場に依存して，このコールオプション買い手の利得は，図9-6のように示すことができる。

一方，ドル通貨コールオプションの売り手は，買い手が権利を行使したときには必ず売らなければならない。3月31日の直物相場が130円以上だとオプションが行使されて売らなければならないので，売り手の利得は図9-6の破線のようになる。さらに，異なるタイプのオプションを組み合わせるとバタフライ・スプレッド，ストラドルなどと呼ばれる様々な利得が得られる（図9-7）。

表9-2では，現実のオプション価格がプレミアムとして表示されている。満期前におけるオプション価格は，現在の為替レート，行使価格，為替変動の危険度に依存して決定されるが，行使価格が低いほど権利行使の確率が高まるので，コールオプション価格は上昇することになる。また，為替レート変動が大きい場合においても為替レートが行使価格を上回る確率が高まるため，コールオプションの価格は上昇することになる。より厳密なオプション価格の決定理論として，確率微分方程式を応用した，ブラック＝ショールズ式と呼ばれるものが用いられている。表9-2のように，新聞紙上にはオプシ

9 外国為替取引

図9-7 様々なオプションの組合せによる利得（バタフライ・スプレッドのケース）

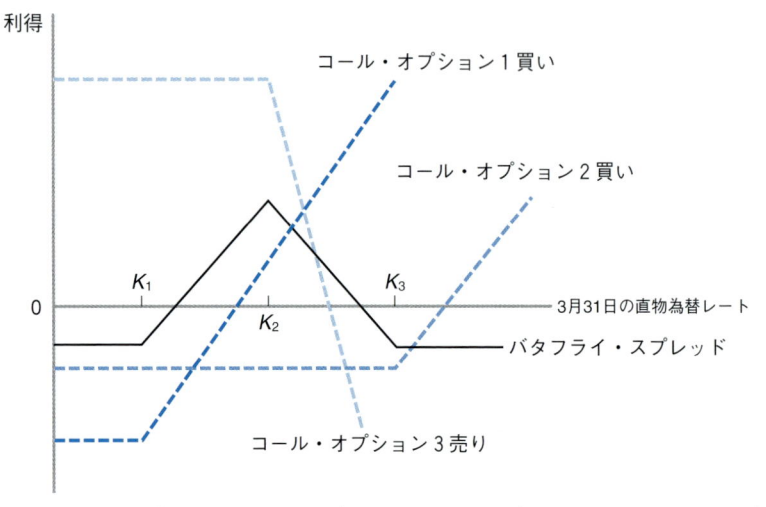

（注）バタフライ・スプレッドは、コール・オプション1、コール・オプション2を買い、コール・オプション3の売りを組み合わせることで得られる利得である。「ストラドル」については本章の練習問題2を参照。

（出所）Luenberger, David G.（1998）, *Investment Science*, Oxford University Press, Fig. 12.4を書きかえたもの。

▶表9-2　オプション価格（プレミアム）と予想変動率（ボラティリティー）

◆通貨オプションのプレミアム
（東京三菱銀、1ドル＝円、ヨーロピアンスタイル、行使価格＝119円20銭）

円コール・ドルプット	買い	売り
1ヶ月	0.94	1.24
3ヶ月	1.84	2.22
円プット・ドルコール	買い	売り
1ヶ月	0.85	1.13
3ヶ月	1.53	1.88
円・ドル ボラティリティー（％）	中心	前日
1ヶ月	7.4	7.5
3ヶ月	7.9	8.0

（出所）日本経済新聞 2003年8月19日

ョン価格から逆に予想されたオプション対象の為替レートの予想変動率（ボラティリティー）が掲載されている。

9-3　先渡取引とオプション取引によるリスクヘッジ

　為替変動によるリスクを回避（ヘッジ）したいと考えている経済主体は，どのような取引を行うことができるのだろうか？ ここでは，例として，現在の直物相場を130円/ドルとしよう。3ヶ月後の3月31日に100万ドル必要な輸入業者を考える。現在の直物為替レートを基準とすれば，この輸入業者が現在から3ヶ月後の為替レートの変動によってこうむる為替損益は，図9-8のように示すことができる。ここで，図9-8の縦軸は1ドル当たりの便益の大きさを示している。たとえば，3ヶ月後の為替レートが1ドル128円であるとすると，1ドルを手に入れるのに現在130円が必要となる輸入業者は，3ヶ月後では，128円で1ドルを手に入れることができる。つまり，130円－128円＝2円の利得を得るのである。

　ここで，この輸入業者は，為替レートリスク回避のために(1) 3ヶ月物先渡

図9-8　為替レート変動の損益

1ドル当たり便益（円）

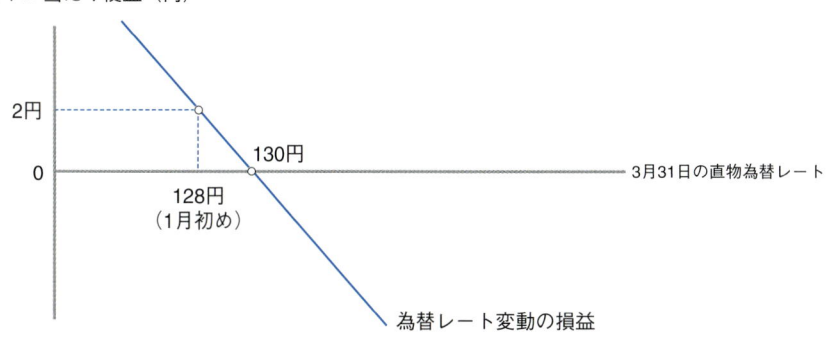

2円

0　　128円　130円　　　　　　　3月31日の直物為替レート
（1月初め）

為替レート変動の損益

9　外国為替取引

図9-9　先物予約買いの損益

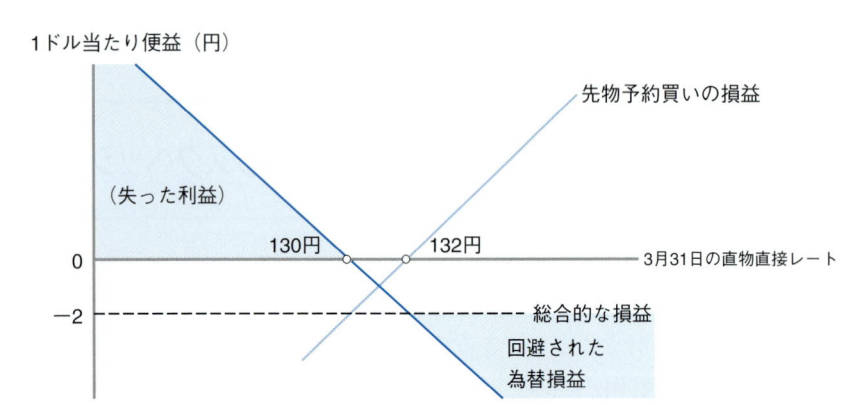

契約（先物為替予約）を締結する，(2) 3ヶ月物先物予約を結ぶ，(3) 3月31日を通知期日とした通貨オプションを購入する，などの方法を用いることができる。ここでは，(1)と(3)のケースを比較してみよう。

■先渡取引

　3ヶ月物先渡レートが132円/ドルであった場合，3ヶ月後の為替の先物予約買いを行うことの損益は，3ヶ月後の直物レートと先渡レート132円/ドルとの差として，図9-9のように右上がりの直線として図示される。たとえば，3月31日の直物レートが132円/ドルの場合には便益はゼロとなり，直物レートが133円になれば，先渡レートによって132円で1ドルが手に入るので，その便益は1円となる。図9-9で示される為替レート変動の損益とこの先物予約買いの損益を総合した損益は，－2円の水平線として示される。このことは，3月31日に円が切り下がった場合の為替リスクがヘッジされているものの，円が切り上がった場合の為替差益も放棄しなければならないことを意味している。

9-3 先渡取引とオプション取引によるリスクヘッジ

図 9-10　ドル・コール・オプションの損益

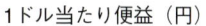

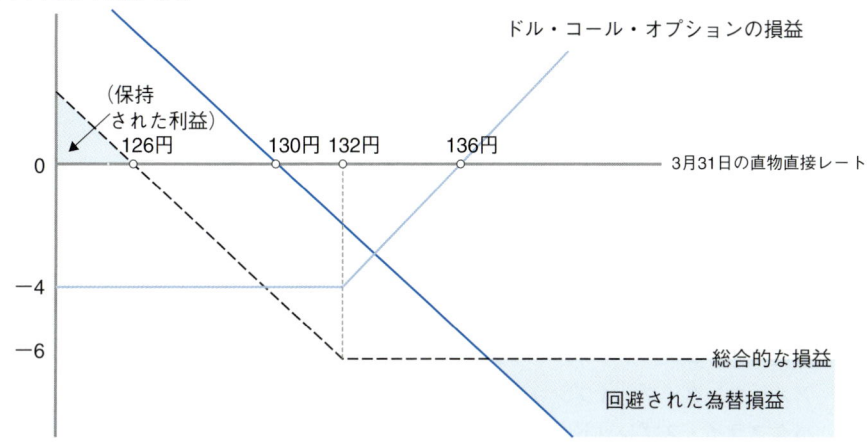

■オプション取引

次に，3月31日通知期日のドル・コール・オプション（オプション価格4円，行使価格132円）をこの輸入業者が購入した場合を考える。このとき，コール・オプションの損益は，オプション価格に対応する，−4円での水平線からはじまり，オプションが行使される132円から傾き1の右上がりの直線となる（図 9-10）。したがって総合的な損益は，132円で損益−6円の水平線となる，屈折した直線となる。この場合，直物レートが132円よりも低いときにはオプションが行使されず，さらに126円よりも円高が進んだ場合には，正の為替利益が保持される。一方，132円よりも円安が進んだ場合にはオプションが行使されるため，為替リスクは回避される。この場合の為替差損は，オプション料4円と，行使価格と3月31日の直物レートとの差である2円の合計の6円となる。

9　外国為替取引

●キーワード

為替レート　　直接レート　　固定相場制度　　変動相場制度
外国為替市場　　対顧客市場　　インターバンク市場　　ブローカー
マーケットメーカー　　ディーラー　　オープンポジション　　取引コスト
情報コスト　　媒介通貨　　雪だるま効果　　直物（じきもの）取引
直物（スポット）レート　　通貨派生（デリバティブ）取引
先渡（フォワード）取引（先物予約取引）　　先物（フューチャーズ）取引
オプション取引　　スワップ取引　　レバレッジ効果　　相対（あいたい）取引
値洗い　　直先（じきさき）スプレッド　　フォワードプレミアム
フォワードディスカウント　　スワップ取引
通貨オプション　　コール・オプション　　プット・オプション
アメリカンタイプ・オプション　　ヨーロピアンタイプ・オプション
バタフライ・スプレッド　　ストラドル・スプレッド
ブラック＝ショールズ式　　予想変動率（ボラティリティー）

●練習問題

1. 新聞の経済面を調べ，現在の日本の為替レートがドルに対してフォワードプレミアムを持っているのか，あるいはフォワードディスカウントを持っているのか調べてみなさい。
2. 図 9–7 を参考にして，オプション料 2 円・行使価格 130 円のプットオプションの利得を書きなさい。その上で，このプットオプションの買いと，図 9–6 のコール・オプションの買いを同時に行った場合，総合的な利得がどのように描けるのかを示しなさい（これをストラドル・スプレッドと呼んでいる）。
3. 為替リスクをヘッジしたいと思っている日本の輸出業者は，どのような方法を用いることができるのか，説明しなさい。

第 10 章

為替レート決定の諸理論

　本章においては，為替レート決定の諸理論について学ぶ。これらのモデルは大きく分けると，次の4つにまとめることができる。まず第1に，自国と外国の間で資産の収益率が均等化する水準に為替レートが決定されるというアセットアプローチである。このアプローチは，短期的な為替レートの動きを説明するモデルである。第2には，アセットアプローチに貨幣市場を組み込み，金融政策の役割を論ずるモデルである。第3は，長期のモデルとして，自国と外国の間で財の価格が均等化するように，すなわち一物一価の法則が成立するように為替レートが決定されるという，購買力平価のモデルである。第4のモデルは，購買力平価と貨幣市場の需給条件を合わせた，マネタリーアプローチと呼ばれるものである。

10 為替レート決定の諸理論

□ 10-1 短期における為替レートの決定 I □

　もっとも短期における為替レートの決定理論は，利子率・為替レートの予想が外生的に与えられ，外国為替市場の均衡のみを考えるというアセットアプローチと呼ばれるものである。ここでは，為替レートを決定するもっとも重要な短期的要因は，異なる通貨建て資産から得られる収益率を共通通貨建てに換算した（期待）収益率の差ということになる。このことを見てみるため，t 時点初めに 100 万円の資産を日本かアメリカに投資したい日本人の国際投資家が存在するものとしよう。この投資家にとって，円建て資産に投資した場合の $t+1$ 期の収益額 $Y^{¥}_{t+1}$ は，t 期における円建て資産の収益率を $i_¥$ とすれば，

$$Y^{¥}_{t+1} = 100 万円 \times (1 + i_¥) \tag{10-1}$$

となる。為替レートは，この収益率と外国（アメリカ）のドル建て資産に投資した場合の円換算収益率との関係で決定されることになる。

■先渡レートとカバー付きの利子裁定（CIA）

　ここで，t 期初めにおける円の対ドル直接レートが E_t で表されるものとしよう。100 万円を投資しようとしている同じ投資家が，先渡契約（先物予約契約）を結ぶことにより，$t+1$ 時点における将来の為替レートを現時点（t 時点）で決めることができるケースを考える。その為替レートを $_tE_{t+1}$ とすれば，先渡契約を使ってドル建て資産に投資した場合の円建て収益額は以下のようになる。まず，$\dfrac{100 万円}{E_t}$ が初期資産のドル変換後のドル建て投資額，$i_\$$ がドル建て資産の収益率，そして $_tE_{t+1}$ が投資後に資産を円建てに変換するために用いられる $t+1$ 時点での為替レートであることに留意すれば，最終的な円建ての収益額は，

$$D^{¥}_{t+1} = \frac{100\,万円}{E_t} \times (1+i_\$) \times {}_tE_{t+1} \tag{10-2}$$

となる。

　外国為替市場は，すべての通貨建て資産の（期待）収益率が一つの通貨表示において等しくなったとき，どの通貨建て資産への超過需要も超過供給も生じず，外国為替市場における需要と供給が均衡する。すなわち，(10-1) 式・(10-2) 式における円資産収益率 $[(Y^{¥}_{t+1}/100\,万円)-1]$ とドル資産収益率 $[(D^{¥}_{t+1}/100\,万円)-1]$ が等しくなる場合に，外国為替市場が均衡する。(10-1) 式と (10-2) 式から導出される2つの収益率が均等化するという条件，すなわち

$$\frac{1+i_¥}{1+i_\$} = \frac{{}_tE_{t+1}}{E_t} \tag{10-3}$$

のことを，**カバー付きの金利裁定（Covered Interest Arbitrage; CIA）**と呼ぶ。

　(10-3) 式の両辺の自然対数値をとると，利子裁定条件は近似的に

$$i_¥ - i_\$ = \log({}_tE_{t+1}) - \log(E_t) \tag{10-4}$$

と表すことができる[1]。ここで，第9章で既に見たように，$\log({}_tE_{t+1}) - \log(E_t)$ は**ドルのフォワード・プレミアム**と呼ばれるものである。この (10-4) 式より，現在の為替レート（の自然対数値）は，以下のように決定されることになる。

$$\log(E_t) = \log({}_tE_{t+1}) + (i_\$ - i_¥) \tag{10-4'}$$

すなわち，**現在の直物為替レートは，将来の先渡為替レートと，日米間の金利格差によって決定される**のである。アメリカの利子率が日本の利子率に対して相対的に高くなると，円はドルに対して直ちに減価する。また，先渡為替レートが減価すると，現在の直物為替レートも減価する。

---

1) ここで，(10-3) 式の対数をとると，$\log(1+i_¥) - \log(1+i_\$) = \log({}_tE_{t+1}) - \log(E_t)$ となる。近似式として，x がゼロに近い場合に $\log(1+x) \cong x$ が成り立つことを利用すると，(10-4) 式を得る。

10　為替レート決定の諸理論

図10-1　2001年4月から2002年3月末における日次為替レートの変動

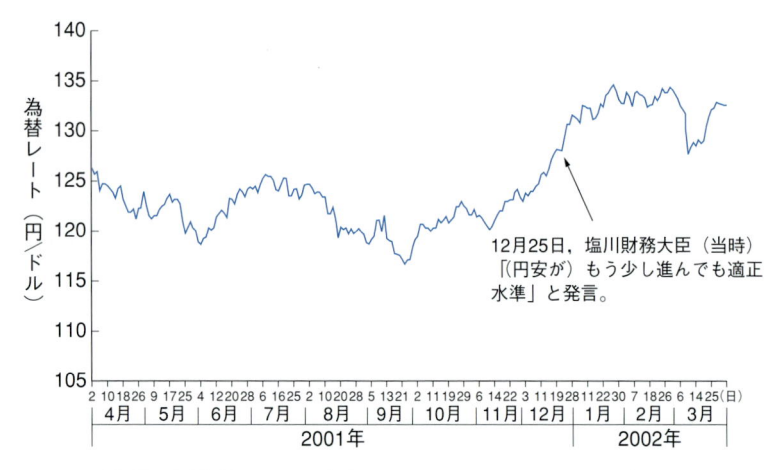

12月25日，塩川財務大臣（当時）「（円安が）もう少し進んでも適正水準」と発言。

（出所）日本銀行ホームページ（http://www2.boj.or.jp/dlong/etc/etc.htm）

■カバーなしの利子裁定（UIA）

　一方，先渡為替レートを用いない場合，外国為替市場の均衡は，円建て資産の収益率と，ドル建て資産の「期待収益率」を円表示したものが等しくなる状況として記述される。このような状況をカバーなしの利子裁定（Uncovered Interest Arbitrage; UIA）と呼ぶ。ここで，$_tE^e_{t+1}$ が t 時点での1期先の期待為替レートを示しているとすれば，為替レートは以下の式によって決定されることになる。

$$\log(E_t) = \log(_tE^e_{t+1}) + (i_\$ - i_¥) \tag{10-5}$$

UIAの場合，現在の直物為替レートは，将来の為替レート期待値と日米間の金利格差によって決まることになる。CIAと異なる点は，市場参加者が持つ将来の為替レート期待値が減価すると，現在の直物為替レートが直ちに減価する，という点である。

　図10-1は，2001年における日次為替レートの動きを追ったものである。12月から急激に日本の為替レートが下落しているが，この時期は，塩川財務大臣（当時）や財務省高官の円安容認・誘導発言が続いた時期であった。

要人の円安容認発言は直ちに将来の期待為替レートを下落させるであろうから，(10–5) 式において，$_tE_{t+1}^e$ が増加する。そのような期待の変化は，現在の為替レート (E_t) を急速に減価させるものとなろう。

■リスクプレミアムと資産の代替性

ここで，CIA と UIA との関係を議論してみることにしよう。CIA と UIA が同時に成立しているとすれば，(10–4) 式と (10–5) 式を用いることにより，

$$_tE_{t+1} = {_tE^e_{t+1}} \tag{10–6}$$

が成り立っていることが分かる。この (10–6) 式は，「1 年後の先渡為替レート」が「1 年後に実現する直物為替レートの期待値」に等しくなっていることを示している。しかしながら，CIA と UIA の重要な相違点は，先渡取引は為替レートリスクを含まないが，カバーなしの取引には為替レート変動のリスクが含まれるということである。この違いが存在するために，一般的には，先渡しレートと為替レートの期待値は一致しないことになる。この両者の差を**リスクプレミアム**，すなわちリスクがあることによって要求される為替レートの上乗せ分，と呼んでいる。

$$リスクプレミアム = {_tE_{t+1}} - {_tE^e_{t+1}} \tag{10–7}$$

リスクプレミアムが正の値をとるということは，円の減価リスクの方がドルの減価リスクよりも大きいことを示している。したがって，リスクのない先渡し取引の方が，1 ドルに対して要求される円の額が大きくなるのである。一方，リスクプレミアムが負の場合には，ドルの減価リスクの方が大きい。リスクプレミアムがゼロの場合，すなわち CIA と UIA が同時に成立する場合には，リスクの面で円とドルが同一であるとみなされているということになり，2 つの資産がリスクの面で完全に代替的であるということを示している。一方，リスクプレミアムがゼロではない場合，両資産は不完全代替となる。

10 為替レート決定の諸理論

10-2　短期における為替レートの決定 II

　次に，以上の利子裁定モデルの中に政府や人々の所得の役割を組み込み，利子率が内生的に決定されるメカニズムを明示的に導入する。一言でいうと，人々の貨幣に対する需要と政府が行う貨幣供給とが貨幣市場において均衡する点で利子率が内生的に決定される。すなわちここでは，外国為替市場に加えて貨幣市場が均衡するときの為替レートの決定メカニズムをさぐる，アセットアプローチの一種を見てみる。

　貨幣とは，高い流動性という特別の性質を持つ金融資産の集合である。より具体的な貨幣の定義としては，もっとも流動的な資産である，通貨と中央銀行の準備金などによって構成されるハイパワードマネー，通貨・要求払い預金・トラベラーズチェック・その他の流動性のある預金を含む $M1$ や，これらをより広く定義した $M2$ や $M3$ などがある。

　貨幣の基本的機能には，交換手段，計算単位，価値保存手段，の3つがある。まず，第1に，交換手段の機能とは多くの財・サービスの取引のために貨幣を使うことができるという機能である。貨幣は法定通貨であるので，すべての債務は法律により貨幣で決済され得るし，貨幣を使うと，取引のための欲望の相互一致（物々交換では必要とされる）が必要とはならないという便益がある。たとえば，経済学の授業と米の交換を考えよう。経済学の授業を買いたい人が人口の1%で米を売りたい人が人口の10%だとする。まず，貨幣が存在しない世界での物々交換のケースでは，経済学の授業を売ることで米を買おうとする大学教授は，物々交換を達成するために平均して $\frac{1}{0.01 \times 0.1} = 1000$ 人に会う必要がある。なぜなら，米を売り経済学の講義を買いたいと思っている農民は，人口のわずか0.1%にしか過ぎないからである。一方，貨幣が存在する貨幣経済のケースでは，大学教授はまず平均的には $\frac{1}{0.01} = 100$ 人に会って何とか経済学の講義を売り，貨幣を得ることができ

図10-2 貨幣の計算単位としての機能

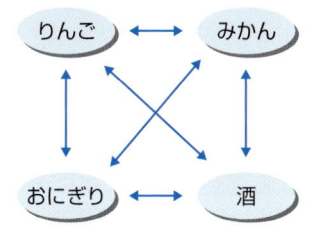

る。その貨幣を使えばさらに，平均的には$\frac{1}{0.1}=10$人に会うことで米を手に入れることができる。つまり，合計110人に会うことで経済学の授業と米を交換することができるのである。

第2に，**計算単位の機能**とは，貨幣を用いることによって，異なる財の価値を表示するコストが低くなるという機能である。たとえば図10-2に示すように，りんご・みかん・おにぎり・酒の4つの財で成り立つ経済を考えてみよう。ここで，貨幣がない交換経済の場合には，物々交換を成立するためにたとえば，1つのりんごが2つのみかんと交換され，おにぎり3個が酒1合と交換できるなど，全てのペアの交換比率，すなわち6つの交換比率が必要とされる。一方，貨幣が存在する場合には，4つの財の価格をたとえば円建てで表示しさえすれば，交換のために必要な全てのペアの相対価格が明確となる。一般的に，ある経済に計n個の財があるとする。物々交換の世界では，$\frac{n(n-1)}{2}$通りの交換率（価格）が必要となる。一方，貨幣があれば，価格の数はたとえば円で表示すればn個で足りる。したがって，貨幣が計算単位として働くことにより，経済における相対価格の表示はきわめて容易になるのである。

第3の，貨幣の**価値の保存手段**とは，貨幣を持つことによって財・サービスの購買力を保存する事ができる，というものである。確かに，人々は，貴金属・家畜・他の様々な資産などとともに価値の保存手段として貨幣を使うことができる。たとえば，数十分もすれば完全に溶けてしまう1個200円のアイスクリームを，200円の貨幣を保持することで何か月もいや何年も間接

的に保存することができるというのは，驚くべきことである。ただし，貨幣保有には利子がつかないため，利子所得を犠牲にするという意味での**機会費用**がかかることになる。

■**貨幣需要**

さて，人々の貨幣に対する需要はどのように決定されるのであろうか？まず，以上見たような便利な機能が貨幣に存在するため，人々は，財・サービス取引のための貨幣を保持しようとする。所得水準が高くなればなるほどそのような取引が頻繁になされるであろうから，貨幣に対する需要は所得水準にしたがって増えることになる。一方，既に述べたように，貨幣を保有することにはそれによって失われた利子所得という機会費用が存在する。したがって，貨幣に対する需要は利子率の負の関数でもあると考えることができる。

以上をまとめれば，実質家計所得 Q の上昇は家計の支出を増加させるので貨幣保有を上昇させる。また，名目利子率の i の上昇は貨幣保有の機会費用を高め，貨幣保有を減らす。さらに，物価水準 P の上昇は比例的に財・サービス取引のための貨幣に対する需要を上昇させる。以上から，貨幣需要関数は，

$$M^D = P \times f(\underset{(+)}{Q}, \underset{(-)}{i}) \qquad (10\text{-}8)$$

となる。したがって，実質貨幣需要（名目貨幣需要 M^D を物価 P で割ったもの）は，名目利子率 i と実質所得 Q の関数として書くことができる。

$$\frac{M^D}{P} = f(\underset{(+)}{Q}, \underset{(-)}{i}) \qquad (10\text{-}9)$$

ここで，以下の議論の簡単化のため（10-9）式を以下のように特定化してみることにしよう。

$$\frac{M^D}{P} = \frac{Q}{i} \qquad (10\text{-}10)$$

■貨幣供給

次に，貨幣の供給はどのように決定されるのかを見てみることにしよう。まず，貨幣供給の制度としては，伝統的な兌換紙幣制度と法定不換紙幣制度とがある。兌換紙幣制度のもとにおいては，政府が紙幣を一定の金や銀に交換する用意があり，紙幣は商品によって裏付けされているため，貨幣供給の変化は基本的には貴金属の生産によって決定される。一方，法定不換紙幣制度ではフィアット・マネーと呼ばれる，商品の裏付けのない貨幣が用いられるが，その貨幣供給は政府の政策により決定される。

法定不換紙幣制度の下では貨幣を発行する唯一の公的機関（通常は中央銀行）が存在している。したがって，中央銀行が，ハイパワードマネー（マネタリー・ベース），すなわち民間銀行によって中央銀行に保有される準備金と経済で流通する貨幣の合計の供給，を決定するメカニズムを明らかにすることにより，前出の$M1 \cdot M2 \cdot M3$などマネーサプライと呼ばれる貨幣の供給メカニズムを見ることができる。

表10-1は，中央銀行のバランスシートを示している。このバランスシートは，外貨準備や国債保有・金融機関への貸付金などから成り立つ資産項目と，ハイパワードマネーなどの負債項目で成り立っており，記入上のルールから常に資産と負債が等しくなっている。中央銀行は，(1)貸出政策，(2)公開市場操作，(3)法定準備率操作，(4)外国為替操作などと呼ばれる，様々な金融介入政策を通じて[2]，ハイパワードマネー（マネタリー・ベース）やマネーサプライをコントロールすることができる。たとえば，政府が外国為替市場

▶表10-1　中央銀行のバランス・シート

資　産	負　債
外国為替準備	ハイパワードマネー（マネタリー・ベース）
国債	現金通貨発行高
金準備	民間金融機関からの預金（準備金）
金融機関(預金通貨銀行)への貸付金	

---

[2]　これらの政策については，マクロ経済学の入門書を参照せよ。

10 為替レート決定の諸理論

において，円売りドル買い介入を行ったとすれば，資産項目である外貨準備が増加することになる。一方，民間部門が保有する円の残高は増加するため，ハイパワードマネーが増加することになる。

では，経済に出回っているマネーサプライ＝貨幣供給量（M^s）とハイパワードマネー（Mh）の間にはどのような関係があるのであろうか。まず，マネーサプライ（M^s）は流通している通貨と民間銀行に保有される要求払い預金からなる。つまり，

$$M^s＝通貨＋預金 \tag{10-11}$$

である。一方，ハイパワードマネー Mh は，表10-1に示されているように，通貨，すなわち流通しているすべての貨幣（紙幣＋硬貨）の価値，と民間金融機関が中央銀行に預けている準備金で成り立っているから，

$$Mh＝通貨＋準備金 \tag{10-12}$$

となる。ここで，準備金とは，法定準備制度の下において，法定預金準備率 rd に従って民間銀行が総預金の一部を準備金として中央銀行に預けなければならないというものである。すなわち，

$$準備金＝rd \times 預金 \tag{10-13}$$

である。企業や個人など貨幣を保有する民間部門は，それぞれの選好に基づいて貨幣保有と要求払い預金の比率を決定する。すなわち，

$$cd＝\frac{通貨}{預金} \tag{10-14}$$

を決定する。ここで，通貨・預金比率（cd）は現実には，市場利子率，銀行取り付けの可能性，そして日本においてはお中元・クリスマス・年末商戦などと表現される，季節性のある消費者の行動，などによって決まるものであるが，ここでは簡単化のため cd は一定であるとしよう。

以上の設定において，（10-11）式と（10-12）式から，マネーサプライ M^s とマネタリーベース Mh の比率は，$\frac{M^s}{Mh}＝\frac{通貨＋預金}{通貨＋準備金}$ となる。この分子分母を預金で割り，さらに（10-13）式と（10-14）式を代入すると，

$$\frac{M^s}{Mh} = \frac{cd+1}{cd+rd} > 1 \tag{10-15}$$

となる。この比は，**貨幣乗数**と呼ばれるものであるが，$0 < rd < 1$ の条件より，この貨幣乗数は常に1を超える。すなわち，ハイパワードマネー（Mh）の増加はより大きなマネーサプライ M^s の増加をもたらすのである。これが，**ハイパワードマネー**と呼ばれる理由である。

ハイパワードマネーとマネーサプライの関係

　ハイパワードマネー Mh に対して，なぜ何倍ものマネーサプライが創り出されるのだろうか。この理由を説明するため，中央銀行が公開市場で100億円の国債を購入する場合を考えよう。すると，Mh が100億円増え，市中に出回る貨幣が100億円増加する。民間の経済主体はそのうち20%の20億円を現金として保有し，80億円を預金として保有すると仮定しよう。さらに，預金のうち10%が法定準備金として必要だとすると，銀行は新たに預金された80億円のうち，準備金として中央銀行に預けたあとの残りの72億円（80億円−0.1×80億円＝72億円）を民間に貸し出すことが可能となる。銀行が72億円を全て貸し出すと仮定すれば，マネーサプライは72億円分増加することになる。さらに，その72億円の貸し出しによって増加した市中の貨幣のうち，20%の法定準備金を除いた金額が貸し出しに当てられるとすれば，再びマネーサプライが増加することになる。結局，このような連鎖が続くことによってハイパワードマネー以上のマネーサプライが創り出されるという，貨幣乗数のプロセスが生まれるのである。

　しかし，危険の多い借り手が多い状況においては，銀行は貸し出しを控え，法定準備を上回る過剰準備を持つのが一般的である。そのような場合には，金融当局が景気刺激のために法定準備率を引き下げても貸し出しが増加せず，以上のようなマネーサプライ増加の乗数プロセスがあまり働かない。日本の法定準備率は低く，大手銀行では全預金高の1.2%程度である。にもかかわらず，90年代後半以降の銀行の**貸し渋り**状況においては，日銀がハイパワードマネーを拡大してもこのようなマネーサプライ創出メカニズムがうまく働かなかった可能性がある。

10 為替レート決定の諸理論

■貨幣市場の均衡と利子率の決定

以上の議論より貨幣需要は$\frac{M^D}{P}=\frac{Q}{i}$，貨幣供給は$M^S=\frac{cd+1}{cd+rd}\times Mh$で表されることになる。貨幣市場で需要と供給が一致する均衡条件は，$M^D=M^S$であるが，この条件によって名目利子率iが決定されることになる。このような貨幣市場での均衡は以下の連立方程式の解として表されている。

$$\begin{cases} M^D = P\dfrac{Q}{i} & (10\text{-}10') \\ M^S = \dfrac{cd+1}{cd+rd}Mh & (10\text{-}15') \\ M^D = M^S \end{cases}$$

ここで，(10-10′) 式・(10-15′) 式は，それぞれ (10-10) 式・(10-15) 式を書き直したものであり，最後の式は貨幣の需要と供給が一致する貨幣市場均衡の条件であるこれらの連立方程式を金利 i について解くと，

$$i = \frac{PQ}{\left(\dfrac{cd+1}{cd+rd}\right)Mh} \tag{10-16}$$

となる。(10-16) 式は貨幣市場の均衡を満たす均衡利子率を示しているが，この式を用いると，貨幣供給量を変化させるという政府の金融政策が利子率に与える影響を分析することができる。たとえば，政府がハイパワードマネー (Mh) を増やすという拡張的な金融政策を行うと，(10-16) 式において右辺分母に当たる貨幣供給量が増加する。したがって，均衡の利子率が低下することになる。逆に，ハイパワードマネーを減少させるような金融引き締め政策が行われると，(10-16) 式に従って，均衡利子率が上昇することが分かる。

■為替レートに対する金融政策の短期的効果

以上の設定における為替レートの決定を考えてみよう。ここで，物価 P は一定だが，利子率は貨幣市場の均衡によって内生的に決定されるとする。このようなモデルにおいて，政府の金融政策は為替レートに対してどのよう

10–2 短期における為替レートの決定 II

な影響を与えるのであろうか。

まず，拡張的な金融政策の効果を見てみよう。既に議論したように，政府がハイパワードマネー Mh を増加させるとマネーサプライが上昇する。したがって，(10-16) 式に従い，貨幣市場における均衡利子率 i が低下することになる。この (10-16) 式を CIA を示す (10-4′) 式に代入すると，

$$\log(E_t) = \log({}_tE_{t+1}) + i_\$ - \frac{PQ}{\left(\dfrac{cd+1}{cd+rd}\right)Mh} \tag{10-17}$$

となる。この式から分かるように，政府のハイパワードマネー (Mh) 増はマネーサプライを増加させ，右辺第三項の絶対値を小さくする。第三項にはマイナスがついているから，$\log E_t$ は大きくなる。つまり，現在の円の直物為替レートは直ちに減価することになる。UIA の場合にも，同様に議論することが可能である。すなわち，拡張的金融政策は自国資産の収益率を下げることによって為替レートを減価させるのである。また，外国における拡張的金融政策は外国資産の利子率を下げるため，逆に自国の直物為替レートが増価することになる。

一方，自国政府がマネーサプライを減少させるような緊縮的金融政策を採用した場合，貨幣市場の均衡に従って均衡利子率 i が上昇し自国資産の収益率が高まるのであるから，(10-4′) 式，(10-5) 式より CIA・UIA のいずれの場合においても，現在の直物為替レートは増価することになる。逆に外国における緊縮的金融政策は外国資産の利子率を上昇させ，自国の直物為替レートを減価させることになる。

最後に，固定相場制は為替レートを時間を通じて一定にし，フォワードディスカウントをゼロに保つ為替制度であるので，(10-4) 式より自国金利と外国金利は同一にならなければならない。したがって，固定相場制を維持するために，内外金利差を一定とするようなマネーサプライの水準が内生的に決まってしまうことになる。これは，固定相場制が金融政策の自由度を著しく低めるものであることが分かる。

10-3 長期における為替レートの決定 I 購買力平価説

　以上，外国為替市場に加えて，金融資産に関わる資本取引の市場である貨幣市場が均衡状態にある期間を対象とした短期の議論を行ってきた。次に，これらの資本市場のみならず，財・サービスに関わる取引の市場も均衡状態にあるという長期の議論を行うことにする。まず最初に，財市場が均衡状態にある場合の為替レート決定理論として購買力平価（Purchasing Power Parity; PPP）の理論を概観する。PPPは，基本的に物価水準と為替レートの関係を論ずるものである。

■一物一価の法則

　まず，日本とアメリカの2国で構成される経済を考えよう。関税や輸入割当などの貿易障壁が存在せず，輸送費用など取引に関わる様々な費用が存在しないとすれば，ある財iの市場での裁定取引，すなわち日本における価格$P^i_¥$（円建て）とアメリカにおける価格$P^i_\$$（ドル建て）との価格差を利用して利益を上げるという取引，が尽くされた状態では，以下が成り立つ。

$$P^i_¥ = E_{¥/\$} \times P^i_\$ \quad (10\text{-}18)$$

この条件を一物一価の法則と呼んでいる。この条件は，i財の国際市場において需要と供給が均等化している財市場の均衡条件でもある。

■購買力平価

　ここで，マクロ経済学においては，経済全体の財の数は1つに集約される。そして，そのような財の価格水準を物価水準Pと呼ぶのである。この物価水準Pとは，個々の財価格の加重平均によって定義されている。マクロ経済における財市場の均衡条件とは，財の数が1つしかないというマクロ経済全体における一物一価の法則，いいかえれば同じ通貨で測られた物価水準が

10-3 長期における為替レートの決定 I 購買力平価説

国際間で均等化するという条件である。すなわち，

$$P_¥ = E_{¥/\$} \times P_\$ \quad (10\text{-}19)$$

である。

ここで，$P_¥$と$P_\$$は，それぞれ$P^i_¥$と$P^i_\$$の加重平均値である。(10-18) 式の一物一価の法則を前提として，(10-19) 式が成立するためには，財のウェイトが両国で同一となる事が必要であり，その場合においてはPPPが成り立つ[3]。さらに，(10-19) 式を変形すると，

$$E_{¥/\$} = \frac{P_¥}{P_\$} = \frac{1/P_\$}{1/P_¥} \quad (10\text{-}20)$$

が得られる。これが，購買力平価（PPP）に基づいた為替レートであり，自国と外国の物価比によって為替レートの水準が決定されることになる。$E_{¥/\$}$円（＝1ドル）で購入できる財の数量（円の購買力）が$E_{¥/\$} \times (1/P_¥)$で表され，1ドルで購入できる財の数量（ドルの購買力）が$\frac{1}{P_\$}$であるため，為替レートが，これら2つの通貨の購買力を等しくするように，すなわち$E_{¥/\$} \times \frac{1}{P_¥} = \frac{1}{P_\$}$が満たされるように決定されるという考え方から，「購買力平価」という名前が付いている。

購買力平価説は，実際の為替レートのデータに当てはまる考え方なのであろうか？ 実際の物価水準データは，その絶対値ではなく，価格指数によって数量化されているので，PPP の検証は容易ではない。しかしながら，ペンシルバニア大学を中心として行われてきた長年の研究成果であるペン・ワールド・テーブル（Penn World Table; PWT）によって，世界各国のドルに対する購買力平価（PPP）と名目為替レート（E）との比の値をデータとして得ることができる。第15章で詳しく述べるように，様々な経済度数を正確に国際比較する際に，購買力平価は鍵となる変数であるが，PWTはこのような重要な情報を長年にわたって整理・統合してきた極めて意義の深いプロジェクトである。図 10-3 は，PWT のデータを用い，縦軸に PPP と名

---

[3] しかしながら，この逆は必ずしも成り立たないことに留意する必要がある。

10 為替レート決定の諸理論

図10-3 購買力平価からの乖離と所得水準（1994年）

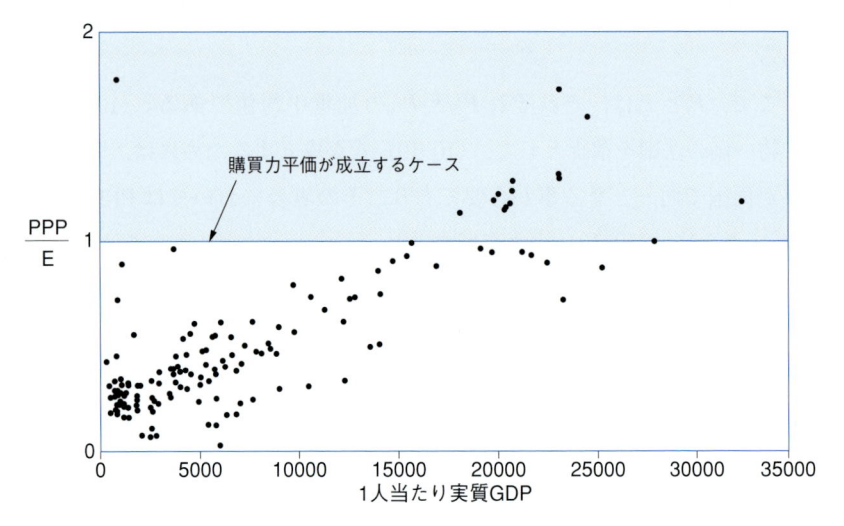

（縦軸）$\dfrac{\text{PPP}}{\text{E}}$、（横軸）1人当たり実質GDP

購買力平価が成立するケース

（出所）筆者作成
（元データ出所）Penn World Table. (http://pwt.econ.upenn.edu/)

目為替レート（E）の比 $\dfrac{\text{PPP}}{\text{E}}$ を取り，横軸には1人当たり実質GDPをとったものである。ここで，購買力平価説が成立していれば，$\dfrac{\text{PPP}}{\text{E}}=1$ となるはずである。ほとんどの国において名目為替レートがPPPと一致していないことが分かる。さらに，興味深い点は，次節において詳しく述べるように両変数の間に強い正の相関関係が見られることである。

■相対的PPP

厳密にいうと，(10-20) 式のように物価水準の比として表される為替レートの水準は絶対的PPPと呼ばれるものである。一方，変化率の形で表された購買力平価のことを相対的PPPと呼んでおり，それは以下のように表される。

$E_{¥/\$}$ の減価率＝日本の物価上昇率－アメリカの物価上昇率

相対的PPPが成立する場合，日本の為替レート減価率は，日本とアメリカの物価上昇率の差に等しいということになる。

10-3 長期における為替レートの決定 I 購買力平価説

　実際のデータにおいては，物価水準 P が価格指数で数量化されているので，より簡単に把握可能である購買力平価概念は，この相対的 PPP となる。実際の分析で用いられる物価指数としては，CPI（消費者物価指数）と WPI（卸売物価指数）がある。CPI は，経済全体の価格を包括的に反映したものとされている一方，WPI は，国際的に取引されない非貿易財の比重が低く，国際的に取引されている貿易財の価格をより大きく反映したものと考えられている。

ハンバーガー為替レート

　PPP 成立の必要条件である，一物一価の法則は一般には成り立たないことが知られている。一物一価の法則の検証例として，幅広く知られているのは，ハンバーガー PPP レートである。下表は，2003 年におけるビッグマック・ハンバーガーに基づいた購買力平価レートと実際の名目為替レートとをまとめたものである。これによると，ビッグマック為替レートを均衡為替レートとみなした場合，多くの通貨がドルに対して過小評価されていることが分かる。いずれにしても，少なくとも，ビッグマックについては一物一価の法則が成り立っていないと考えられる。

	ビックマック価格（現地通貨建て）	ビッグマック価格に基づいた PPP	対ドル名目為替レート	ドルに対する過小評価率(−)過大評価率(＋)
アメリカ	2.71 US ドル	—	—	—
アルゼンチン	4.10 ペソ	1.51	2.88	−47%
カナダ	3.20 カナダドル	1.18	1.45	−18%
中　国	9.90 元	3.65	8.28	−56%
香　港	11.50 香港ドル	4.24	7.8	−46%
日　本	262 円	96.7	120	−19%
フィリピン	65.00 フィリピンペソ	24	52.5	−54%
シンガポール	3.30 シンガポールドル	1.22	1.78	−31%
韓　国	3300 ウォン	1218	1220	約 0%
台　湾	70 NT ドル	25.8	34.8	−26%
タ　イ	59.00 バーツ	21.8	42.7	−49%

（注）　対ドル名目為替レートは 2003 年 4 月 22 日現在。
（出所）　"Big Mac Currencies", *The Economist*, 2003 年 4 月 24 日。

図10-4　円ドルレートと購買力平価

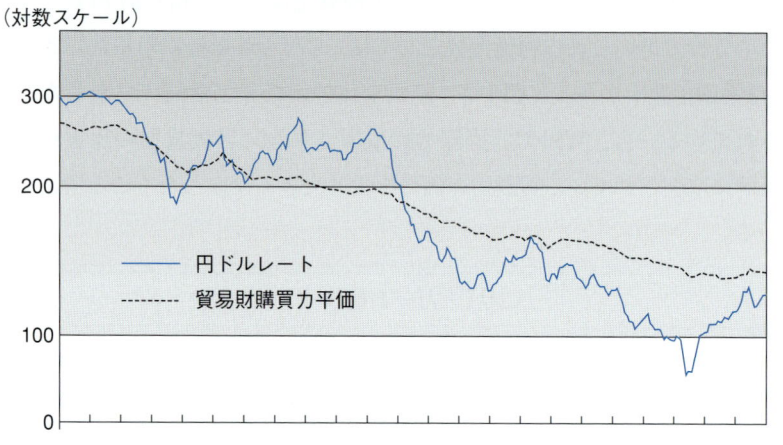

(注)　1992年第4四半期の貿易財購買力平価1ドル＝150.5円を中心として，この図では日本の総合卸売物価指数とアメリカの生産者物価指数を用いて前後にのばしている。
(出所)　『ドルと円』(ロナルド・マッキノン，大野健一著　発行日本経済新聞社)

　いずれのデータにしても，ハイパーインフレーションなど物価上昇率の効果が顕在化するケースにおいては，相対的PPPが成立することが知られているものの，既存の実証研究は絶対的PPPのみならず相対的PPPの成立に対しても否定的である。図10-4は，マッキノン=大野によって作成された，円・ドル為替レートと購買力平価レートの推移を示している。70年代以来の変動相場制のもとにおいては，購買力平価は短期的にはほとんど成立していなかったことが分かる。さらに，この図は，名目為替レートの変動に対して，物価を決定する財市場の調整速度がより緩慢であることを示している[4]。

---

[4]　ただし，最近の研究は，相対的PPPから実際の為替レートが大幅に乖離するものの，その乖離はわずか3-5年で半減するというコンセンサスを得ており，これを「購買力平価のパズル」と呼んでいる。Rogoff, Kenneth (1996) "The Purchasing Power Parity Puzzle," *Journal of Economic Literature* 34, 647-68 を参照。

10-3　長期における為替レートの決定Ⅰ　購買力平価説

■購買力平価の問題点と非貿易財の存在

では，なぜ購買力平価が現実の世界では成立しないのであろうか。既に述べたように，一物一価の法則が成立していたとしても，そもそも国によって物価データのもとになる，財・サービスのバスケットが異なるとすれば，購買力平価は成立しない。しかしながら，購買力平価が成立しないより重要な要因は，住宅・行政サービス・レストラン・理髪業など様々なサービスなど国際的に取引されない財である**非貿易財**の存在である。国際取引される財である**貿易財**に対し，「非貿易財」とは，膨大な輸送費用や保護貿易など国境に制約される様々な政策があるために，国際取引のコストが取引額に対して極めて高くなっており，その結果国際的に取引されない財のことである。

図10-5 を用いて，輸送費用が存在するために非貿易財が存在することを，確認してみよう。ある財の国際価格が P^* であるとする。以下に示すような2つの臨界価格の間に輸出も輸入もされない非貿易財が存在することになる。ここで，輸出財の臨界価格と輸入財の臨界価格は，以下の2式を満たす P^{EX}

図10-5　非貿易財の存在

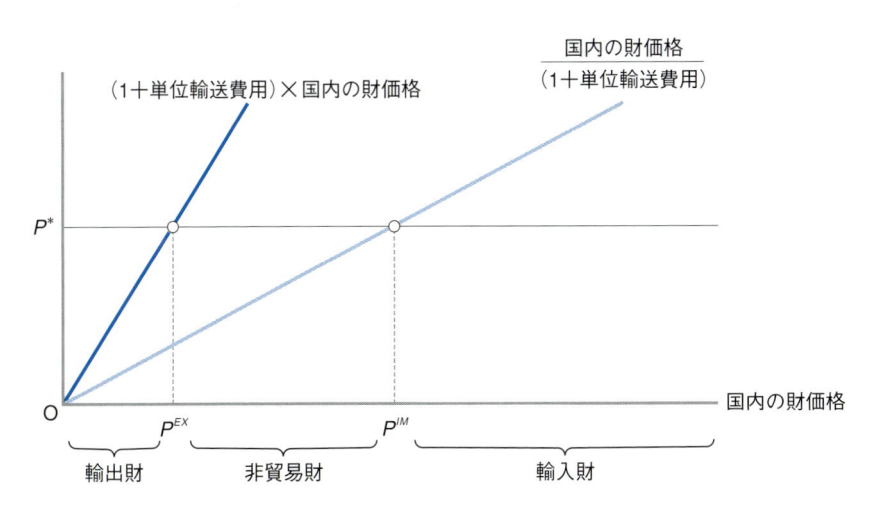

（出所）ルディガー・ドーンブッシュ（大山道広・堀内俊洋・米沢義衛訳）『国際マクロ経済学』文眞堂，1984年，図6-1 を書きかえたもの。

と P^{IM} としてそれぞれ定義される。

$P^* = P^{EX} \times$（1＋単位輸送費用）

$P^* \times$（1＋単位輸送費用）$= P^{IM}$

ある財の国内価格が P^{EX} よりも低い場合，そのような財は輸送費用を含めても世界価格 P^* よりも低くなり，国際競争力を持つため，輸出財となる。一方，ある財の国内価格が P^{IM} よりも高い場合，輸送費用を含めたとしても，そのような財を世界価格 P^* で輸入した方が国内価格よりも安くなるため，そのような財は輸入財となる。これらの2つの輸出財と輸入財の臨界価格の間に価格が設定される財が，輸出も輸入もされない，非貿易財となる。

■バラッサ=サミュエルソン効果

　非貿易財には国際的な価格均等化の力が働かず，国内における需要と供給によってその価格が決定されてしまうため，購買力平価からの為替レート乖離が生みだされるのである。また，図10-3 に見られるように，一般に発展途上国の為替レートはPPP＜Eとなり，名目為替レートEが購買力平価の水準よりも過小評価される傾向があることが知られている。このことは，所得水準が低い国であるほど物価水準が相対的に低くなることを示唆する。そして，このような経験則に一つの回答を与えるのがバラッサ=サミュエルソン効果である。

　バラッサ=サミュエルソン効果の議論は，まず，非貿易財部門での先進国と途上国の生産性格差が小さいことから出発する。確かに，レストラン・理髪業などの非貿易サービス業部門では，国による生産性格差が小さい。一方，製造業など貿易財部門の（労働）生産性は，途上国では極めて低い一方，技術水準の高い先進国では生産性が高く，経済発展に伴って急上昇する。ここで貿易財の価格は，国際的に貿易が行われるという性質により，ある程度一物一価の法則に影響され，長期的な均衡状態では国際的に一定であると考えることができる。つまり，

$$\text{途上国の貿易財価格} = \text{先進国の貿易財価格} \tag{10-21}$$

が成り立つはずである。すると，貿易財の労働生産性の低い途上国では，価格が先進国と同じになるために，賃金がより安くなっていなければならない。すなわち，

　　途上国の賃金＜先進国の賃金

である。ここで，労働者が国内を自由に移動できるとすれば，賃金は国内において，部門にかかわらず一定と考えられる。したがって，先進国と途上国の間で労働生産性があまり変わらない非貿易財の価格は，賃金の低い途上国では低く，賃金の高い先進国では高くなる。つまり，以下が成り立つ。

　　途上国の非貿易財価格＜先進国の非貿易財価格　　　　　　　(10-22)

さらに，経済発展と貿易財部門における生産性の上昇に従って非貿易財の貿易財に対する相対価格は上昇することになる。ここで，(10-21) 式と (10-22) 式より，貿易財価格と非貿易財価格の加重平均である物価水準は，途上国よりも先進国において高くなるはずである。これを「バラッサ＝サミュエルソン効果」と呼んでいる。このバラッサ＝サミュエルソン効果によって，発展途上国においては，図10-3に見られるように$\frac{PPP}{E}$がより小さくなるのである。

■実質為替レート

　非貿易財の存在が，為替レートの購買力平価からの乖離を示すことを見てきたが，貿易財と非貿易財の価格比を実際のデータから正確に把握することは困難である。一方，このような為替レートの長期均衡水準からの乖離をより簡単に示す変数として，以下のような実質為替レートを定義することができる。

$$\text{実質為替レート} = \frac{E_{¥/\$} P_\$}{P_¥} \qquad (10\text{-}23)$$

実質為替レートとは，円建てで見た場合の，アメリカの財・サービス価格（分子）と日本の財・サービス価格（分母）との比である。ここで，明らかなように購買力平価が成立すると実質為替レートは定数となる。経済発展に

伴って自国の物価水準 $P_¥$ は外国に比べて高くなるから，経済発展しつつある国では実質為替レートが増価する傾向がある。これもまた，**バラッサ=サミュエルソン効果**によるものである。

名目為替レートが外生的に決まっているとすれば，実質為替レートの値は，アメリカと日本の相対的な物価水準に依存することになる。したがって，実質為替レートは，物価水準を決定する，日米各国における貨幣需要・貨幣供給の変化や財・サービス市場での需要・供給のバランスに左右されることになる。たとえば，アメリカの生産物に対する世界需要が相対的に増大すると，$P_\$/P_¥$ が上昇するので円はドルに対して実質減価する。一方，アメリカの生産供給が相対的に増大すると，$P_\$/P_¥$ が低下するため円はドルに対して実質増価することになる。

実質為替レートの減価は，ある国の価格水準が低下することによって国際市場での潜在的価格競争力が上昇し，純輸出の増加を通じて経常収支が改善される可能性を示しているから，政策的な見地から見ても重要な変数である。

10-4　長期における為替レートの決定 II　マネタリーアプローチ

以上のような「財市場」での需要と供給の均衡条件に加え，「貨幣市場」での需給均衡の条件を用い，為替レートの決定を議論するマネタリーアプローチと呼ばれるアプローチについて見てみることにしよう。このアプローチでは，物価はすばやく調整され，内生的に決定されるので長期における為替レート決定の理論ということになる。

既に見たように，(10-16) 式より，貨幣市場の均衡条件を物価について解くと，

$$P = \frac{i}{Q}\left(\frac{cd+1}{cd+rd}\right)Mh \tag{10-24}$$

である。マネタリーアプローチの基本方程式は，日本，アメリカそれぞれにおける，この貨幣市場の均衡条件と，絶対的 PPP，すなわち $E_{¥/\$}=\dfrac{P_¥}{P_\$}$ を組み合わせることによって与えられる。すなわち，

$$E_{¥/\$}=\frac{P_¥}{P_\$} \tag{10-20}$$

$$P_¥=\frac{i_¥}{Q_¥}\left(\frac{cd+1}{cd+rd}\right)Mh_¥ \tag{10-24'}$$

$$P_\$=\frac{i_\$}{Q_\$}\left(\frac{cd^*+1}{cd^*+rd^*}\right)Mh_\$ \tag{10-24''}$$

の連立方程式から $P_\$$ と $P_¥$ を消去することにより，均衡為替レートは

$$E_{¥/\$}=\left[\frac{Mh_¥}{Mh_\$}\bigg/\left(\frac{Q_¥}{i_¥}\bigg/\frac{Q_\$}{i_\$}\right)\right]\times 通貨預金比率や準備率を含む定数項 \tag{10-25}$$

となる。これが，**マネタリーアプローチ**における為替レートの決定式である。この決定式（10-25）から分かるように，変動相場制の下では，自国のハイパワードマネーの増加（低下）は（それによって，利子率が変化しないと仮定すると）為替レートの減価をもたらす。また，利子率の上昇（下落）や所得の低下（上昇）は実質貨幣需要を下げる（上げる）ことにより為替減価（増価）をもたらす。一方，固定相場制の場合には，為替レートが一定になるという制約を受け，金融政策は所得や金利の変化に対して受動的とならざるを得ないことが分かる。

10-5　長期と短期の為替レート決定モデルの比較

ここで，長期の為替レート決定モデルである（10-25）式のマネタリーアプローチと，短期のモデルである（10-17）式の CIA モデルを比較してみよう。マネタリーアプローチにおける日本のハイパワードマネー増加の効果は，CIA におけるマネーサプライ増の効果と同様にして円の減価をもたらす。こ

のとき CIA のメカニズムでは，マネーサプライ増が利子率を低下させるために自国資産の収益率が下がり，為替レートが減価するのである。しかしながら，マネタリーアプローチにおいては，利子率の低下そのものは実質貨幣需要を上昇させるため，為替レートの増価をもたらすことになる。このことは，利子率変化の為替レートに対する長期的効果が短期的効果とは逆になっていることを示している。

このような対照的な結果が得られる理由は，短期のモデルでは物価水準が一定になっているという仮定が入っている一方，長期のマネタリーアプローチのモデルでは物価が内生的に決まっているためである。物価の調整速度についての仮定が異なることで，異なる結論が出てくるのである。

図 10-4 から示唆されるように，物価は短期では比較的硬直的であるものの，為替レート変化は物価水準よりもはるかに変化が大きいことが分かる。このような為替レートの動きは，短期的には，物価が一定のもとで為替レートが調整されるという CIA ないし UIA が妥当し，長期的には，徐々に物価の調整の調整が行われ，購買力平価あるいはマネタリーモデルが成立するという考え方を正当化するものである。このように，為替レートが短期的には大きく動くが，長期的には物価が調整するというモデルとして，ルディガー・ドーンブッシュ（R. Dornbusch）によって開発された，為替レートのオーバーシューティング・モデルがある。為替レートのオーバーシューティング・モデルにおいては，マクロ経済に対する様々なショックによって生み出される市場の不均衡状態に対し，財市場の調整機能は短期的にはあまり働かず，物価の動きは硬直的である。一方，資本市場における価格調整は素早くなされるため，短期においては為替レートが不均衡を是正するように直ちに調整する。そのため，為替レートが短期的には大きく変動するのである。このモデルは，現代的な国際マクロ経済学の一つの出発点となった。

●キーワード

アセットアプローチ　　カバー付きの利子裁定（CIA）
カバーなしの利子裁定（UIA）　　リスクプレミアム
ハイパワードマネー（マネタリー・ベース）　　マネーサプライ
$M1 \cdot M2 \cdot M3$　　交換手段　　計算単位　　価値保存手段
機会費用　　貨幣需要関数　　兌換紙幣制度　　法定不換紙幣制度
中央銀行のバランスシート　　法定預金準備率　　通貨・預金比率
貨幣乗数　　購買力平価（PPP）　　一物一価の法則
ペン・ワールド・テーブル（PWT）　　CPI（消費者物価指数）
WPI（卸売物価指数）　　非貿易財　　貿易財
バラッサ=サミュエルソン効果　　実質為替レート　　マネタリーアプローチ
為替レートのオーバーシューティング・モデル

●練習問題

1. 現時点における円の対ドル（直物）為替レートが $E_t=120$ 円／ドルであったとしよう。現時点でのビッグマックハンバーガーの価格は，日本では1個250円，アメリカでは1個2ドルである。一物一価の法則は成立しているか。成立していないとすれば，それはなぜなのか。考えられる理由を述べなさい。

2. 図10-1で見たように，2001年12月，日本の対ドル為替レートは急速に減価した。ここで為替レート期待値に変化はなく，一定であったと仮定しよう。さらに，アメリカの金利は一定であったが，日本のマネーサプライが増加しているとする。

   (1) カバー付き利子裁定が成立し，かつ円資産とドル資産は完全に代替的であると仮定しよう。物価・所得水準が一定であるという考え方に従った場合，2001年12月における円の対ドル為替レートの動きを理論的に説明しなさい。

   (2) 2001年12月の日本において物価は一定ではなかったとする。購買力平価が成立しているとして，為替レート決定のマネタリーアプローチに基づくと，物価はどのように変化しているはずか説明しなさい。実際の物価の動きを調べ，このアプローチの現実妥当性について述べなさい。

第 11 章

経常収支の決定理論

　本章では，第8章で既に概観した，経常収支不均衡が生ずるメカニズムを分析するためのいくつかの理論を学ぶ。既に第7章で見たように，経常収支赤字は外国資本流入，典型的には資金の借入れによってまかなわれなければならない。そのような資本流入が持続可能でなくなると，対外債務支払いに支障をきたすところとなる。これが「債務危機」である。しかしながら，本章では，対外債務を累積することそれ自体は問題ではなく，むしろ望ましいという点を示す。

11 経常収支の決定理論

□ 11-1　経常収支決定への様々なアプローチ □

　本章では経常収支の決定を理解するためのいくつかの理論的な枠組みについて学ぶ。まず，第8章の (8-4) 式・(8-5) 式を用いて既に見たように，経常収支は，

　　経常収支＝所得－国内アブソープション＝輸出－輸入

と書き表すことができる。ただし，簡単化のため，ここでは純要素受け取りや純移転受け取りは無視して考えている。また，輸出・輸入は，それぞれ円建ての輸出額・輸入額である。上式を援用すると分かるように，経常収支の決定を考える理論枠組みとして，上式の真中の辺である所得と国内アブソープションの差に注目するアブソープション・アプローチと，上式の右辺に基づき，経常収支を輸出額と輸入額の差とみなし，それが為替レートによって受ける影響に注目する弾力性アプローチとがある。

■アブソープション・アプローチ

　まず，経常収支を1国の所得 (Y) と国内アブソープション (A) の差であるとみる，アブソープション・アプローチを見てみることにしよう。まず，経常収支は

　　経常収支＝$Y-A$

として決定される。ここで実質為替レート変化の影響を見てみよう。第10章で既に見たように，実質為替レートは，輸出の国際競争力に影響を与える重要な変数である。まず，実質為替レートが減価すると，輸出が拡大するため，所得 Y は上昇する。これは，経常収支を改善する効果を持つ。一方，実質為替レート減価は輸出拡大を通じた所得上昇によって，国内需要を拡大させる。そのため，国内アブソープションもまた増加することになる。したがって，経常収支は悪化する可能性もある。これら2つの相反する効果があ

るため，経常収支に与える実質為替レート変化の効果は厳密には確定しない。以上の考え方に従うと，実質為替レートを切り下げることによって経常収支を改善するためには，同時に国内需要（A）抑制のための政策介入を行うことが必要となる。このような考え方は，経常収支改善のため，国内での財政金融政策による引締政策の発動が必要とする見方を支持するものであり，IMF（国際通貨基金）の政策勧告に大きな影響を与えた。

■弾力性アプローチ

次に，為替レート変化の役割に注目した経常収支決定のモデルとして，経常収支調整への弾力性アプローチを見てみることにしてみよう。弾力性アプローチとは，為替レート水準の変化が経常収支（貿易収支）に与える影響を輸出・輸入の価格弾力性に注目して分析するアプローチである。まず，円建ての経常収支は，

$$経常収支 = 輸出額 - E \times 輸入額^* \tag{11-1}$$

である。ここで，輸出額は円建て，輸入額*はドル建てで表示されており，E は円のドルに対する直接レートであるとする。ここで，輸出額・輸入額*はそれぞれ為替レート E によって影響を受ける変数であることに留意し，(11-1) 式を基にし，為替レートが微小に変化した際の経常収支の動きを見てみると，

$$\mathit{\Delta}経常収支 = \mathit{\Delta}輸出額 - (\mathit{\Delta}E \times 輸入額^* + E \times \mathit{\Delta}輸入額^*) \tag{11-2}$$

となる。$\mathit{\Delta}$ は，変化分を示す記号である。右辺第 2 項・第 3 項は，為替レートの変化によってもたらされる円建て輸入額の変化であるが，それはドル建て輸入額が変わらなかったとして生み出される円建て輸入額の変化分と，ドル建て輸入額そのものが変化する部分とで表すことができる。ここで，(11-2) 式の両辺を $\mathit{\Delta}E$ で割ると，

$$\frac{\mathit{\Delta}経常収支}{\mathit{\Delta}E} = \frac{\mathit{\Delta}輸出額}{\mathit{\Delta}E} - 輸入額^* - E \times \frac{\mathit{\Delta}輸入額^*}{\mathit{\Delta}E} \tag{11-3}$$

となる。さらに，たとえば右辺第 1 項が，

11 経常収支の決定理論

$$\frac{\Delta\,輸出額}{\Delta E} = \left(\frac{\Delta\,輸出額}{\Delta E} \times \frac{E}{輸出額}\right) \times \frac{輸出額}{E}$$
$$= [輸出の価格弾力性] \times \frac{輸出額}{E} \tag{11-4}$$

であることを応用すると，(11-3) 式は，

$$\frac{\Delta\,経常収支}{\Delta E} = \left([輸出の価格弾力性] \times \frac{輸出額}{E}\right) - 輸入額^*$$
$$+ \left([輸入の価格弾力性] \times 輸入額^*\right) \tag{11-5}$$

と書き直すことができる。ここで，輸入の価格弾力性は負の符号が付いた形（輸入の価格弾力性自体は負なので，絶対値）で定義されているため，その係数がプラスになっている。さらなる仮定として，当初の経常収支が均衡していたとすると，輸出額/E=輸入額*となるので，(11-5) 式はさらに以下のように簡単化することができる

$$\frac{\Delta\,経常収支}{\Delta E} = \Big\{[輸出の価格弾力性] + [輸入の価格弾力性] - 1\Big\}$$
$$\times 輸入額^* \tag{11-6}$$

したがって，為替レート切り下げが経常収支を改善する条件，すなわち，$\frac{\Delta\,経常収支}{\Delta E} > 0$ となる条件は，[輸出の価格弾力性] ＋ [輸入の価格弾力性] ＞1 という条件となる。これを<u>マーシャル=ラーナー条件</u>と呼んでいる。すなわち，<u>輸出と輸入の価格弾力性の和が1より大きい場合に為替レートの切り下げが経常収支を改善させる</u>のである。さらに，輸出入財への需要の価格弾力性が比較的大きい時，輸出入量の為替レート切り下げに対する反応は大きくなり，経常収支の赤字は縮小（黒字は拡大）する傾向が強まる。

■Jカーブ効果

現実の輸出や輸入データを用いた多くの実証研究によれば，輸出入の価格弾力性は短期では比較的小さく，時間の経過とともに増大する傾向が見られる。すなわち，短期的にはマーシャル=ラーナー条件が成立していない一方，長期的にはそれが成立している可能性が高い。このような実証結果は，1国

▶表 11-1　長期的なマーシャル=ラーナー条件の検証

国　名	長期的な輸入の価格 弾力性（の絶対値）	長期的な輸出の価格 弾力性（の絶対値）
オーストラリア	0.57	0.12
オーストリア	0.53	6.33
ベルギー	0.80	0.10
カナダ	0.67	0.12
コロンビア	5.48	1.44
キプロス	1.31	0.09
デンマーク	0.36	0.93
フィンランド	0.37	0.60
フランス	0.42	6.74
ドイツ	0.55	0.75
ギリシャ	1.28	0.56
アイルランド	0.25	0.42
イタリア	4.81	0.24
日　本	0.97	0.49
韓　国	0.13	1.52
モーリシャス	0.93	0.86
オランダ	0.19	0.27
ノルウェー	0.38	0.19
ニュージーランド	0.84	0.09
フィリピン	1.01	1.56
南アフリカ	0.53	1.38
スペイン	0.77	0.76
スウェーデン	0.19	0.67
チュニジア	0.63	1.14
イギリス	0.28	0.36
アメリカ	0.34	1.60

（出所）　Bahmani-Oskooee, M, and F. Niroomand（1998），"Long-run price elasticities and the Marshall-Lerner condition revisited," *Economics Letters* 61, 101-109, Table 5.

の通貨が減価した場合に，当初は経常収支が悪化し，徐々にそれが改善してゆくというパターンを支持するものである。このように，為替レートが経常収支に与える影響が短期と長期で逆になるため，為替レート切り下げ（切り上げ）により経常収支が短期的に赤字化（黒字化）し，長期的に黒字化（赤字化）する現象のことをJカーブ効果と呼んでいる。

　たとえば，1985年9月に行われた，ドル高是正のためのプラザ合意以降，円は急速に増価した。マーシャル=ラーナー条件が満たされているとすれば，日本の経常収支は円の増価に伴って縮小しなければならない。しかしながら，

現実には 1985 年終わりに日本の経常収支黒字は拡大したのである。このようなパターンは，J カーブ効果の存在を支持するものであろう。

ただし，表 11-1 に見るように，長期的な輸出と輸入の価格弾力性の絶対値の和は，多くの国で 1 を超えている。したがって，長期的には為替レートの切り上げ（切り下げ）は，経常収支の赤字化（黒字化）をもたらすものと考えられる。

11-2　経常収支決定への異時点間アプローチ再論

以上のアプローチの他にも，経常収支決定を論ずる枠組みとして，第 7 章で見た投資・消費の異時点間配分のモデルがある。この異時点間アプローチは，現代のマクロ経済学・開放経済学の中心的モデルとなっている。第 7 章で見たモデルは，金利が与えられた小国における 2 財（現在の財と将来の財）・2 期間の設定での生産と消費の同時決定のモデルであった。このモデルにおいては，利潤を最大にする企業が生産水準を選択し，効用を最大にする家計が最適な消費水準を決める。そして，最適に決定された生産と消費とのギャップによって経常収支が決定されるのである。したがって，生産や消費の決定に影響を与える諸要因，たとえば生産関数の形状によって表される生産技術の特性，金利の水準，家計の異時点間の消費を特徴付ける効用関数の形状（消費の選好），などによって経常収支の水準が決まってくることになる。

まず，第 8 章で見た国際収支表を用いると，複式計上方式という国際収支表の構造上，ある国 1 国全体における資金繰りを示す恒等式として，以下の (11-7) 式が常に成り立つ[1]。

経常収支＋資本収支＋外貨準備減＝0　　　　　　　　　　　(11-7)

---

[1] ただし，誤差脱漏を除く。

また、(11-7) 式におけるフロー変数である資本収支は、ストック変数である対外純資産の減少として書きかえることもできる。そこで、ネットの対外債務すなわち、国の総対外資産を上回る総対外債務を持ち、経常収支が赤字であり、さらに新規借入れを行っている、ある発展途上国を考えよう。この債務国の経常収支は、貿易収支に既存の対外債務に対する利払い（所得収支）と移転収支を加えたものであり、資本収支は新規の対外借入れである。この場合、(11-7) 式は以下のように書き換えられる。

$$\text{新規の対外借入れ}+\text{外貨準備減} = \text{既存債務の利払い}+\text{貿易収支赤字}-\text{移転収支} \qquad (11\text{-}8)$$

この (11-8) 式は、基本的に国際収支表を書き換えたものに他ならず、右辺は経常収支に負の符号をつけたものに等しい。また、この式は、開放経済において1国が時間を通じて直面する資源制約式を示しており、異時点間の予算制約式とも呼ばれるものである。(11-8) 式は、この債務国が、右辺の経常収支赤字、すなわち既存債務利払いと貿易収支の赤字から移転収支を引いた合計額を、左辺の新規借り入れもしくは外貨準備の取崩しでファイナンスせざるを得ないことを示している。つまり、この債務国が直面する基本的問題が、既存債務の利払いを海外からの移転所得で一部はまかなえるものの、貿易収支赤字のため基本的には輸出でファイナンスすることができないことにあることが分かる。

しかしながら、ある国家が純債務国になること自体は問題ではない。限られた資源の下で最適な投資・消費の異時点間配分を行う場合、経常収支赤字・債務累積を経験することはむしろその国家の経済厚生を高めることになる。この点については、第7章の2期間モデルにおいて、閉鎖経済よりも対外的に経済が開放化され、経常収支の不均衡が生ずる方がより高い効用水準を達成しうるという結論を我々は既に学んだ。このことは、図11-1を用いることによりやや異なる観点から確認することができる。図11-1は、ある国における長期的な GDP の動きと消費水準を示した仮想的な図である。もし外国からの借入れが不可能であれば、この国家の消費水準は基本的に不安

11 経常収支の決定理論

図11-1 GDP・消費の時間経路と対外借入れ

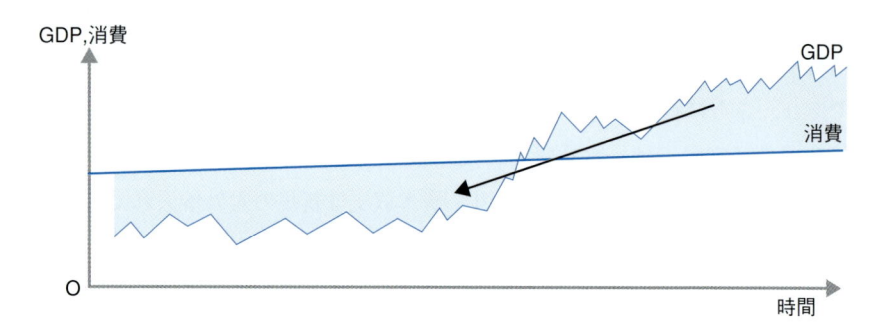

図11-2 インドネシアにおける経常収支の動き（国全体の集計値）

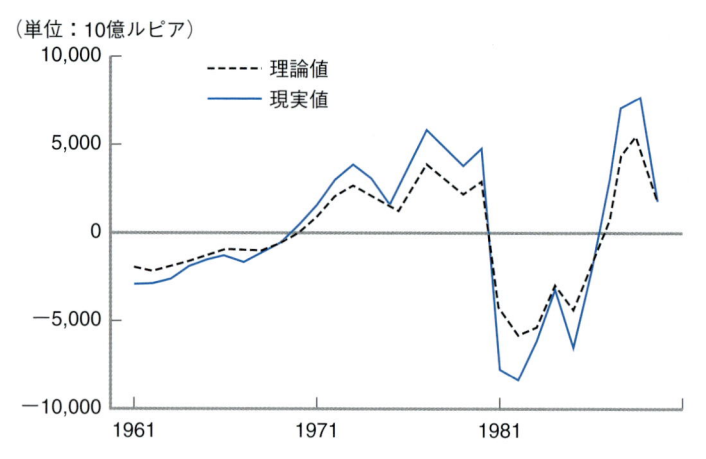

（出所）Ghosh, Atish R. and Jonathan D. Ostry（1995），"The Current Account in Developing Countries," *World Bank Economic Review* 9（2），Figure 2．

定なGDPによって決定されることになる。一方，借入れが可能であれば，借入れを通じて将来のGDPの余剰を現在に振り替えることができることになり，より平準な消費経路が選択される。そのため，国民の厚生水準は長期の期間を通じて上昇しうることになる。

このような枠組みの現実妥当性を発展途上国のデータを用いて検証したものとして，ゴーシュ=オーストリー（A. R. Ghosh & J. D. Ostry）の研究があ

11-2 経常収支決定への異時点間アプローチ再論

図 11-3 スウェーデンにおける経常収支の動き（1人当たりの平均値）

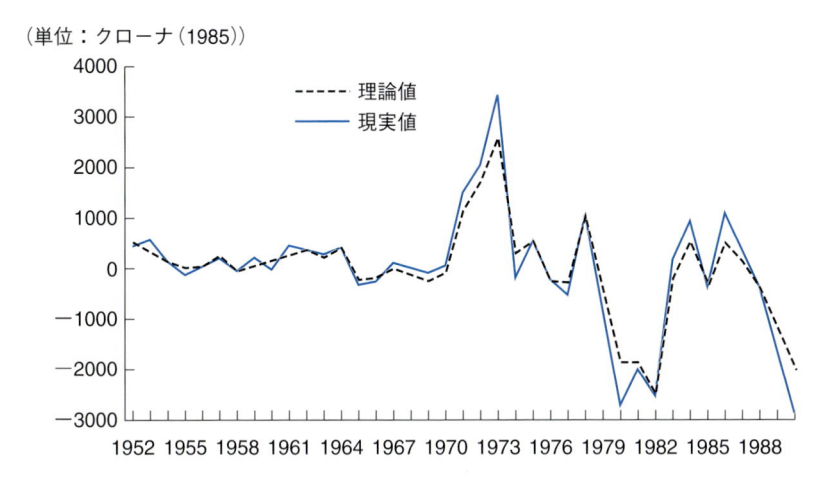

(単位：クローナ(1985))

（出所）Obstfeld, Maurice and Kenneth Rogoff (1996), *Foundations of Inteinational Macroeconomics*, MIT Press, Figure 2, 7.

る[2]。彼らは，45の発展途上国の経常収支などマクロ経済の時系列データを詳細に分析することにより，異時点間の経常収支決定理論が約30か国における現実の経常収支の動きをうまく説明するとしている。たとえば，図11-2で示されるように，異時点間モデルに基づいて計算されたインドネシアの経常収支の理論値と現実の経常収支の値との乖離は非常に小さい。これらの分析結果は，多くの発展途上国において国際的な資金貸借関係が深化しており，基本的には純債務国であるこれらの国々が，対外的な資金の借入れを中心とした国際資本移動を通じて，第7章で見たような異時点間貿易の利益を享受していることを示している。先進国のデータを用いた研究も数多く存在するが，経常収支決定の異時点間モデルの理論の当てはまりについては賛否両論あり，現在も様々な研究が続いている。ただし，図11-3で示されてい

---

[2] Ghosh, Atish R. and Jonathan D. Ostry (1995), "The Current Account in Developing Countries: A Perspective from the Consumption Smoothing Approach," *World Bank Economic Review* 9 (2), 305-33.

11　経常収支の決定理論

るスウェーデンのケースなど異時点間モデルに基づいて計算された理論値の現実値への当てはまりが極めて良好なケースも数多くある。

● キーワード

> アブソープション・アプローチ　　弾力性アプローチ
> 国内アブソープション　　実質為替レート　　IMF（国際通貨基金）
> マーシャル=ラーナー条件　　Jカーブ効果　　プラザ合意
> 投資・消費の異時点間配分のモデル　　異時点間の予算制約式

● 練習問題

1．1985年9月のプラザ合意後における，日本の名目為替レート（第9章の図9-1）と日本の経常収支（第8章の図8-1）を比べなさい。その上で，
   (1) Jカーブ効果があるかどうか確認してみなさい。
   (2) 弾力性アプローチに基づいた場合，1985年の経常収支の動きをうまく説明するためには，輸出の価格弾力性と輸入の価格弾力性がどのような条件を満たしていなければならないか，述べなさい。
   (3) ここで，契約上，短期においては円建ての輸出額が一定であり，輸入額がドル建てで一定であると仮定する。すなわち，(11-2)式において輸出額と輸入額*がともに定数であると仮定する。この場合，プラザ合意直後の為替レート変化によって，経常収支がどのように変化するか述べなさい。

2．2003年時点，主要7か国財務相・中央銀行総裁会議（G7）やアジア太平洋経済協力会議（APEC）などの国際会議においては，「中国の通貨である人民元の切り上げ問題」がしばしば取り上げられている。人民元の為替相場はUSドルに対して為替レートが固定となっている。もし，人民元が切り上げられたとすると，中国の経常収支はどのように変化しうるか，議論してみなさい。

3．1986年に公表された，「国際協調のための経済構造調整研究会報告書」，いわゆる「前川レポート」では，次のように述べられている。
   「戦後40年間に我が国は急速な発展を遂げ，今や国際社会において重要な地位を占めるに至った。国際収支面では経常収支黒字が1980年代に入り傾向

的に増大し，特に 1985 年は，対 GNP 比で 3.6% とかつてない水準まで大幅化している。我が国の大幅な経常収支不均衡の継続は，我が国の経済運営においても，また，世界経済の調和ある発展という観点からも，危機的状況であると認識する必要がある。今や我が国は，従来の経済政策及び国民生活のあり方を歴史的に転換させるべき時期を迎えている。かかる転換なくして，我が国の発展はありえない。

（中略）

今後，経常収支不均衡を国際的に調和のとれるよう着実に縮小させることを中期的な国民的政策目標として設定し，この目標実現の決意を政府は内外に表明すべきである。経常収支の大幅黒字は，基本的には，我が国経済の輸出指向等経済構造に根ざすものであり，今後，我が国の構造調整という画期的な施策を実施し，国際協調型経済構造への変革を図ることが急務である。この目標を実現していく過程を通じ，国民生活の質の向上を目指すべきであり，また，この変革の成否は，世界の中の我が国の将来を左右するとの認識が必要である。」

以上のような考え方の是非について，第 7 章・第 11 章で学んだ経常収支の異時点間アプローチ，あるいは他のアプローチを用い，検討してみなさい。

第 12 章

国際マクロ経済政策

　本章では，ある国の経済が対外的に開かれた状況において，財政政策・金融政策がその国のマクロ経済に与える効果についてを学ぶ。ここで，とりわけ重要なのは，様々な経済政策の効果が，為替相場制度に依存するということである。すなわち，国家が固定相場制度を採用するか，あるいは変動相場制度を採用するかによって，財政政策・金融政策の効果が大きく異なることになる。

12 国際マクロ経済政策

12-1 マクロ経済政策

　これまで，我々はある1国経済が対外的に開かれた状況において，為替レートや経常収支がどのように決定されるのかを学んできた。以上の分析は実際の経済がどのように成り立ち，動いているのかを理論的に明らかにするという，実証論と呼ばれるものである。一方，国際金融論は，国際マクロ経済学と呼ばれる分野でもあり，マクロ経済政策によって政府が経済をより望ましい状態に移行させるという規範論ないし政策論を論ずる分野でもある。このような側面から，国際金融論では，様々なマクロレベルでの問題を解決するための財政・金融政策の役割が議論される。より具体的には，財政政策や金融政策などのマクロ経済政策が，国内の経済水準や，国際的な経済取引関係で結びついている外国の経済に対してどのように波及するのかを論ずる。ここで，重要な視点は，国内経済や外国経済に与える様々な経済政策の効果が，採用されている為替相場制度に依存するということである。すなわち，国家が固定相場制度を採用するかあるいは変動相場制度を採用するかで財政・金融政策の効果は大きく異なることになる。本章では，マンデル=フレミング・モデルと呼ばれる，基礎的な開放マクロ経済モデルに従って，経済政策の効果を学ぶことにしよう。

■ケインジアンと新古典派

　現代のマクロ経済学においては，大きく分けると，ケインジアンと新古典派と呼ばれる2つの学派がある。これら2つの学派の大きな違いは，市場の価格調整速度をどう考えるかに依存している。

　まず，ケインジアンは，市場調整メカニズムは緩やかにしか機能しないため，財の価格や賃金は，少なくとも短期的には硬直的であると考えている。その結果，短期的には，たとえば失業などで表れるような，労働市場など

様々な市場における需要と供給のギャップが生じることになる。このような緩やかな価格調整メカニズムが生ずる要因としては，たとえば，賃金については労働組合と企業経営者による労働契約が少なくとも1年から数年にわたるものとして交渉・締結されることや，雇用者と労働者が結ぶ，短期的には固定となる賃金が，生産変動リスクをシェアするという所得保険機能を提供するというやわば「暗黙の契約」となっていることなどが考えられる。いずれにしても，ケインジアンの考え方によれば，市場に任せておくと解消されない失業や不況の問題を解決するために，政府による積極的な財政・金融政策が必要であることになる。

一方，新古典派，あるいはリアル・ビジネスサイクル（実物的景気循環論＝RBC）と呼ばれる学派においては，財の価格や賃金は短期的にもすばやく調整し，様々な市場は常に需給が均衡する状態にあると考えている。このような経済においては，第3章で既に見たように，市場での自由な取引が，社会にとって最も望ましいという**パレート最適**な資源配分を達成する。したがって，マクロ経済政策は，市場の調整メカニズムが実現するパレート最適な状態から国の経済を乖離させるものとなるので好ましいとは限らないことになる。

以上の，2つの学派のどちらかが正しいかということについては，学術研究の最前線において，現在も様々な論争が続いており，一概に判断することはできない。しかしながら，次の2つの理由から，ここではケインジアンの考え方に基づいた国際マクロ経済学の代表的モデルである，マンデル＝フレミング・モデルについて学ぶことにする。

第1の理由は，現実の世界において，失業が非常に深刻な政策問題となっており，労働市場の賃金調整機能が常に有効にはたらき，完全雇用が達成されているという考え方はあまり現実的ではないということである。そして第2の理由は，実際の経済政策を担当する政府機関や中央銀行・国際金融機関などにおいて，マンデル＝フレミング・モデルに基づいた議論が現在でも幅広く見られるということである。

12-2 マンデル=フレミング・モデル

　マンデル=フレミング・モデルとは，ケインジアン・マクロ経済学の代表的モデルである，$IS=LM$ モデルを開放経済のケースに拡張したものである。そして，それは，生産物市場の需給均衡，貨幣市場の需給均衡，国際収支の均衡の3つの均衡条件から構成される一般均衡のフレームワークに基づき，財政政策・金融政策の効果を議論するものである。ここでは，基本的な仮定として，以下の4つを置く。まず第1には，ケインジアン・モデルの仮定として，短期においては価格調整が完全には行われず，財やサービスの価格は一時的に固定になっていると仮定する。第2の仮定は，国際的な資本移動が完全であるということである。第3には，自国が外国あるいは世界の金利には影響を与えることができない小国であること，第4には，為替レートについては，経済主体が，現在の為替レートが基本的には将来にも続くであろうと期待しているという静学的期待を仮定する。

■生産物市場の均衡を示す IS 曲線

　まず，生産物市場における需要と供給の均衡を考えてみよう。第8章で見たように，支出面，すなわち需要面で見た国内総生産（GDP）が，家計の消費支出（C），企業の投資支出（I），政府支出（G），そして外国の製品に対する純輸出，すなわち外国の需要に対する総輸出（EX）から外国の財に対する輸入需要（IM）を引いた「純輸出」，によって成り立っている。したがって，左辺を総供給で見たGDP，右辺を総需要と考えれば，生産物市場における需給の均衡は，

$$\text{GDP} = C + I + G + (\text{純輸出}) \tag{12-1}$$

で表されることになる。まず，（12-1）式において，消費と輸入はそれぞれ所得水準GDPの増大に従って増え，消費が増加する一方純輸出は低下する

12-2 マンデル=フレミング・モデル

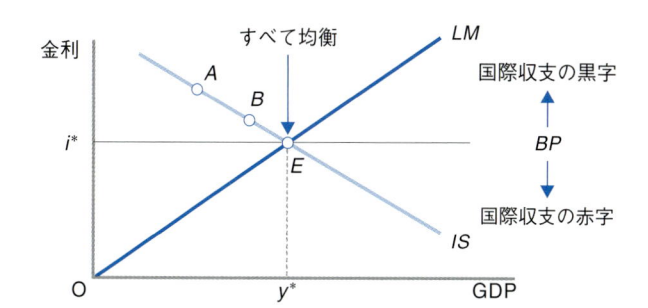

図 12-1 マンデル=フレミング・モデルの基礎設定

と考えられる。ただし，消費と輸入の増え方は GDP の増え方に比べて緩やかであるはずである[1]。一方，金利によって影響を受ける変数は投資（I）のみであろう。金利が上昇すると，企業は借入れを削減し設備投資を控えるであろうから，企業の投資水準は金利の負の関数であると考えられる。

以上の設定で，生産物市場の均衡を満たす金利と所得水準 GDP の関係はどのように描けるであろうか？ まず，市場均衡を満たすある金利と所得水準の組合せ，たとえば図 12-1 の点 A から出発してみよう。ここで，何らかの理由で金利が低下したとしてみよう。すると，右辺の企業の投資水準 I が上昇することになる。このとき，(12-1) 式で示される財市場の均衡を回復するためには，左辺の GDP が増加しなければならない。GDP が増加すると，左辺の増加とともに消費の増加を通じて右辺もさらに増加するが，右辺の消費 C と純輸出の変化は GDP そのものの変化よりも小さいはずであるから，(12-1) 式の均衡を回復するような GDP の増加水準がありうる。結局のところ，金利の低下に従って，財市場の均衡を達成するため所得水準は，たとえば図 12-1 の点 B で表されるであろう。このような論理を繰り返すと，生産物市場の均衡を満たす金利と所得水準 GDP の関係は，図 12-1 の右下がりの曲線となる。このような曲線のことを IS 曲線と呼んでいる。

---

[1] たとえば，1国全体の所得が1億円増えたとして，この所得増によって消費と輸入が合わせて1億円以上増えるとは考えにくい。

ここで,「金利が一定のまま」で政府が拡張的な財政政策を採用し政府支出 G を拡大したとしよう。そうすると,(12-1)式より,右辺の総需要が左辺の総供給より大きくなってしまうことになる。この場合,均衡を回復するためには「GDP は増大」していなければならない。すなわち,拡張的な財政政策によって IS 曲線は右にシフトするのである。一方,緊縮的な財政政策は逆に IS 曲線を左にシフトさせる。

■貨幣市場の均衡を示す LM 曲線

次に,貨幣市場における需要と供給の均衡を考えてみる。第 10 章で既に見たように,貨幣需要関数は所得水準と金利のそれぞれ正と負の関数である。マクロ経済全体の所得水準はここでは GDP で把握されるから,第 10 章の (10-16) 式で示されたように,

$$i = \frac{P \times \mathrm{GDP}}{\left(\dfrac{cd+1}{cd+rd}\right)Mh} \tag{12-2}$$

と書き表すことができる。したがって,貨幣市場の均衡を満たす金利 i と所得水準 GDP との関係は図 12-1 の右上がりの曲線として表すことができる。このような曲線のことを LM 曲線と呼んでいる。LM 曲線が右上がりとなるのは直観的には次のように説明することができる。まず,貨幣供給量が与えられた水準で一定であるとしよう。このとき,「金利の上昇」は貨幣需要を低下させる。そのため,貨幣の需給均衡を回復するためには,「GDP が上昇」し貨幣需要が増加しなければならない。したがって,貨幣市場の均衡では,金利と所得が正の関係を持つので,LM 曲線は右上がりになるのである。

ここで,政府がハイパワードマネーを増加させるなどしてマネーサプライを増やすという拡張的金融政策を取ったとしよう。そうすると,(12-2)式から分かるように,拡張的金融政策によって LM 曲線は右下にシフトすることになる。逆に,緊縮的な金融政策は LM 曲線を左上にシフトさせる。

12-2 マンデル=フレミング・モデル

■国際収支の均衡を示す BP 曲線

第8章で既に見たように,国際収支表の定義から,

$$経常収支＋資本収支＋外貨準備増減=0 \quad (12\text{-}3)$$

が満たされる。ここで,外貨準備の増減は政府によってコントロールされる政策変数であるとみなし,さらに,経常収支は金利によっては直接の影響を受けないと考える。

ここで,第10章で議論した,カバーなしの利子裁定(UIA)を思い出そう。つまり,

$$\log(E_t)=\log{}_tE^e{}_{t+1}+(i^*-i) \quad (12\text{-}3)$$

である。i^* は,外国市場における金利を示している。経済主体が,現在の為替レートが基本的には将来にも続くであろうと期待しているという静学的期待の仮定は,$E_t={}_tE^e{}_{t+1}$ で表されるから,結局,UIA で示されている外国為替市場の均衡では,$i^*=i$,すなわち外国金利と自国金利が等しくなっていなければならない。したがって,国際的な資本移動が完全であるという状況においては,自国金利と外国金利が等しくなる場合にのみ,資本収支が一定となり,国際収支の均衡が達成されることになる。すなわち,(12-3) 式で表されるような,外国為替市場の均衡が満たされていると,国際収支の均衡も同時に成立していることが分かる。国際収支の均衡は,経常収支の不均衡を持続可能な資本流出入がうまく補っており,経常収支と資本収支の和が一定に保たれる状態のことである。ここで仮に,自国金利＞外国金利であれば,資本流入が生ずるため国際収支は黒字となる。一方,自国金利＜外国金利であれば,国際収支は赤字となる。このような議論は,ある国の所得水準にかかわらず成り立つから,国際収支の均衡を示す条件である BP 曲線は,外国金利のもとで水平に表されることになる。

■マンデル=フレミング・モデルにおける均衡

以上のようなマンデル=フレミング・モデルの設定において,一国経済の均衡,すなわち生産物市場,貨幣市場,国際収支(外国為替市場)の均衡が

12　国際マクロ経済政策

図12-3　マンデル=フレミング・モデルにおける経済政策の効果（変動相場制度のケース）

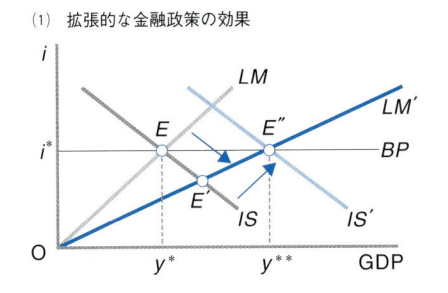

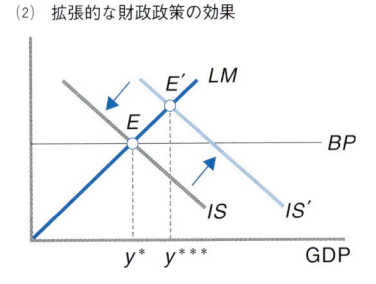

(1) 拡張的な金融政策の効果

(2) 拡張的な財政政策の効果

意味している。いずれにしても，マーシャル=ラーナー条件が満たされているとすれば，このような為替レートの減価は，純輸出を増加させるものとなる。(12-1) 式に立ち返ってみれば，純輸出の増加は，政府支出 G の増加と同様に IS 曲線を右にシフトさせるものとなる。結局のところ，国際収支の均衡が再び回復される状態は，点 E'' のようになるであろう。したがって，変動相場制度の元における拡張的な金融政策は，所得水準を増加させる有効な効果を持つことになる。ただし，完全な変動相場制度のもとでは，通貨当局は外国為替市場に対する介入を行わないため，外貨準備は一定に保たれる。また，同様の論理から，緊縮的な金融政策は所得水準を大きく低下させる。

一方，拡張的な財政政策の効果については，図12-3の(2)のケースとして表されている。まず，政府の財政支出増加は IS 曲線を右上の IS′ へシフトさせる。そうすると，均衡点は E から E' へと移動し，金利が上昇する。そのため，海外からの資本流入が生じ，国際収支は黒字となる。同時に，為替レートは増価する。したがって，マーシャル=ラーナー条件が満たされているとすると，このような為替レートの増価は，純輸出を低下させ，IS 曲線を左下にシフトさせるものとなる。そして，国際収支の均衡が維持される均衡状態においては，結局のところ均衡点は E' から E に戻っていることになる。変動相場制度のもとにおける拡張的な財政政策は，所得水準に対する効果を持たないことになる。そして，自国の通貨当局が保有する外貨準備残高も変化しない。緊縮的な財政政策の効果も同様に無効となる。

12-3　マクロ経済政策の国際的な波及

次に、以上見てきたようなマクロ経済政策の効果が、国際的にどのような影響を及ぼし得るのかを論ずる。とりわけ、ここでは変動相場制度における、ある国のマクロ経済政策が他国に対して国際的に波及するプロセスについて見てみることにしよう。まず、自国と外国の2国のみで成り立っている世界経済を考えてみる。そして、2国それぞれの物価水準は一定であると仮定する。このようなモデルは、2国ケインジアン・モデルと呼ばれるものである。

2国ケインジアン・モデルにおいては、すべての変数を自国通貨建てで見た場合、自国における生産物市場の均衡条件（12-4）式、

$$\text{GDP} = C + I + G + (純輸出) \tag{12-4}$$

に加えて、外国における生産物市場の均衡条件、

$$\text{GDP}^* = C^* + I^* + G^* + (純輸出^*) \tag{12-5}$$

が成り立っていなければならない。さらに、2国のみで世界経済が構成されているのであるから、

$$純輸出 + 純輸出^* = 0 \tag{12-6}$$

が満たされる。すなわち世界全体としての貿易収支がゼロになっていることを示している。

■金融政策の効果

次に、（12-4）式、（12-5）式、（12-6）式で記述される経済における財政・金融政策の効果について見てみよう。まず、自国が拡張的な金融政策を行ったとしよう。この場合、マンデル=フレミング・モデルで見たように、自国の為替レートが減価する。そして、このような為替レートの減価は、自国の純輸出を増加させるものとなる。この場合、（12-4）式右辺の総需要が拡大するため、生産物市場の均衡を回復するためにはGDPが増加しなけれ

ばならないことになる。一方，外国においては逆のメカニズムが生じる。自国の為替レート減価は外国にとっての為替レート増価であるため，外国の純輸出は縮小する。このことは，(12-6) 式において自国の純輸出が拡大すると外国の純輸出が縮小しなければならないことと整合的である。いずれにしても，外国における純輸出の縮小は，(12-5) 式を通じて生産物市場を均衡させる所得水準 GDP^* を低下させるものとなる。

すなわち，自国の拡張的金融政策を通じた通貨切り下げは，自国の生産水準を上昇させる一方，外国の生産水準を低めるという「負の波及効果」をもたらすものとなる。このような政策は，第6章で議論された近隣窮乏化政策と呼ばれるものの一つであるが，外国も同様の近隣窮乏化政策を用いるインセンティブがある。したがって，変動相場制には，両国がお互いに通貨を切り下げるという，通貨切り下げ競争を誘発する恐れが内在していることになる。このような状況は，第6章で見た「関税戦争」に似た，囚人のジレンマ状況にあるともいえる。

■財政政策

一方，自国が拡張的な財政政策を採用した場合，国際的な波及効果はどのようになるのであろうか。マンデル=フレミングモデルで見たように，この場合には自国の短期的に所得水準が増加した後，所得水準が元に戻ってゆく。しかし，このプロセスにおいて，短期的には自国の為替レートが増価する。そして，短期的であれ，このような自国の所得水準の増加と為替レートの増価は，純輸出を減少させるものとなる。一方，外国においては，(12-6) 式に従って短期的にせよ純輸出が拡大するため，所得水準が上昇する。外国の所得水準上昇は外国の輸入を拡大させるものであるため，自国の純輸出が増大することになる。したがって，自国の所得は上昇する。

結局のところ，自国が採用する拡張的財政政策は，自国の生産水準を上昇させると同時に，外国に対しても所得水準を増加させるという正の波及効果をもたらすものとなる。とはいうものの，見方を変えれば，このような財政

政策の波及効果とは，1国の拡張的財政政策が他国を利するものである。そのため，各国家においては，他国の財政政策にただ乗りするというフリーライダーの誘因が出てくることになる。もしも，このような財政政策のフリーライダー問題が深刻であるとすると，世界経済をより望ましい状況に誘導しうる財政政策は，世界全体として過小にしか行われなくなる可能性がある。

以上のような，経済政策の国際的な波及効果を適切に調整するためには，様々な国際協調の努力が必要とされる。実際のところ，現実の国際関係においては，2国間での経済政策に関する様々な対話や取り決め，あるいは，主要国首脳会議（G8サミット）など，多国間における政策協調と呼ばれる国際マクロ経済政策の相互調整や，IMFなど国際機関の制度を通じた，様々な国際的な経済政策の調整が図られている。

● キーワード

| 実証論　　国際マクロ経済学　　規範論　　政策論　　財政政策　　金融政策 |
| 為替相場制度　　マンデル＝フレミング・モデル　　ケインジアン |
| 新古典派　　リアル・ビジネスサイクル（実物的景気循環論＝RBC） |
| パレート最適　　静学的期待　　IS曲線　　LM曲線　　BP曲線 |
| 2国ケインジアン・モデル　　通貨切り下げ競争　　正の波及効果 |
| フリーライダー　　国際政策協調 |

● 練習問題

1. 本章で学んだマンデル＝フレミングモデルにおいては，国際資本移動が自由である場合，金融政策の独立性と為替レート変動の安定性の間には，どのような関係があるか，まとめてみなさい。また，財政政策の独立性と為替レート変動の安定性の関係についてもまとめなさい。

2. 1978年，第4回ボン・サミットに出席した福田赳夫首相（当時）は，シュミット首相（当時）らとともに，日・米・西独の3国が，適切な財政・金融・為替政策を行うことにより，世界経済の牽引車となるべきだとの「日・米・西独

機関車論」を展開した。世界経済を牽引するために、これらの国々はどのような政策を行う必要があったといえるか、2国ケインジアン・モデルを用いて議論しなさい。
3．サミットの歴史を振り返り、現実の国際マクロ経済政策協調がどのように行われてきたか調べなさい。

第 13 章

国際資本移動・国際資本市場とリスクシェアリング

　1970年代以降急速に拡大してきた，国境を超える資本の移動，そしてそのような国際資本移動をさらに拡大させるものとなった，国際資本市場の発展について概観する。その上で，国際資本市場での取引を，国際的に資産のリスクを分散する方法として理解し，現実にどの程度の国際的リスク分散が行われているのかを見てみる。

13 国際資本移動・国際資本市場とリスクシェアリング

13-1 国際資本移動の姿

　第7章では，国際要素移動，すなわち，国際的な資本や労働者の移動が各国の厚生水準や所得分配に与える影響を議論した。ここでは，国際資本移動についてより詳しく見てみることにする。まず，国際的な資本移動には様々な形態があるため，それらの諸形態を整理しておく必要がある。一般的な分類法によれば，国際資本移動には以下の5つの形態がある。(1)銀行貸借を通じたもの，(2)債券の売買という形態によるもの，(3)株式などへのポートフォリオ投資，(4)企業による経営支配権の移動を伴う直接投資，(5)公的機関，たとえば政府や国際機関による開発援助や融資，である。

　ここで，国際的な債券と株式の取引は，いずれも投資家などの資金提供者が，ある国の企業に国境を越えて投資するという点では共通している。しかしながら，債券とは，あらかじめ決められたスケジュールに従って債券購入者に支払いが行われる一方，株式は企業の成果によって配当や株価が決定されるという不確実性を伴うものである。

　まず，これら資金形態の相対的重要性について見てみることにしよう。図13-1 は，先進国と最貧困国との間にある，24 の新興市場国（エマージング市場国），すなわち中所得国について，直接投資を除く資金流入残高の内訳を，形態別に分類したものである。とくに1970 年代から80 年代初めにおいて，膨大な貿易収支黒字を計上した産油国から，オイルマネーと呼ばれる資金が先進国の銀行に流入したことを背景として，国際的な銀行貸付が増大した。その結果，80 年代初めには，新興市場諸国への資金流入残高のうち，民間銀行の融資という形態が約 50% を占めていた。一方，第Ⅲ部第 16 章で詳しく述べるように，中南米諸国において勃発した対外債務危機を皮切りに，80 年代半ば以降商業銀行融資の比率が低下し，債券を中心とする民間の資金移動の比率が増加している[210頁 1)]。

13-1 国際資本移動の姿

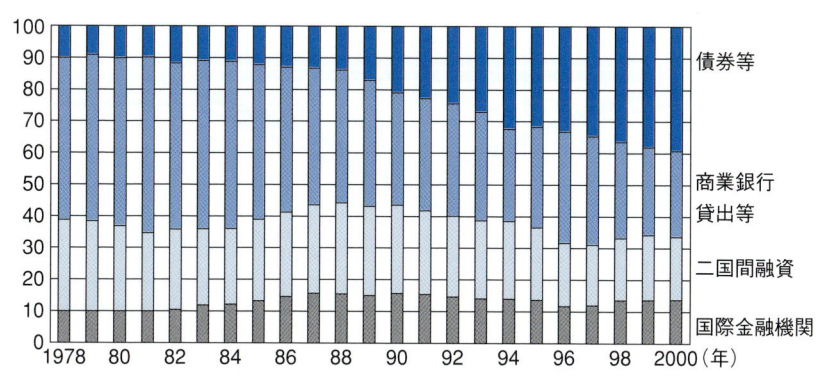

図13-1 新興市場諸国の対外債務構成（債権者別：％）

債券等
商業銀行貸出等
二国間融資
国際金融機関

（注） 新興市場国24か国の債権者別対外債務構成。商業銀行貸出等には商業銀行が保有する債券が含まれる。また債券等には商業銀行以外の民間債権者による貸出が含まれる。
（出所） 小野有人「国際金融危機における「民間セクター関与」——国際金融システム安定化のジレンマ」富士総研論集2002年Ⅱ号，図表2。

図13-2 国際的な直接投資フロー（期中平均）

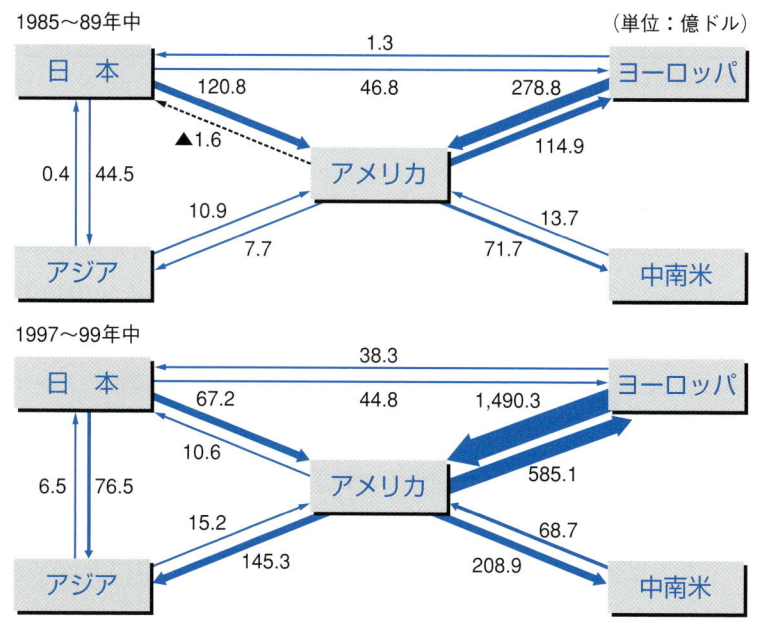

1985～89年中　　　　　　　　　　　　　　　　　　　　（単位：億ドル）

日本 →1.3→ ヨーロッパ
日本 →120.8→ アメリカ　46.8　278.8
日本 ▲1.6 アメリカ
アメリカ ←114.9← ヨーロッパ
日本 0.4 / 44.5 アジア
アジア 10.9 アメリカ
アメリカ 7.7
アメリカ →13.7→ 中南米
アメリカ →71.7→ 中南米

1997～99年中

日本 →38.3→ ヨーロッパ
日本 67.2　44.8　1,490.3
日本 10.6 アメリカ
アメリカ 585.1 ヨーロッパ
日本 6.5 / 76.5 アジア
アジア 15.2 アメリカ
アメリカ 145.3
アメリカ →68.7→ 中南米
アメリカ 208.9 中南米

（注） ▲は回収超を示す。
（出所） 日本銀行国際収支統計研究会『入門国際収支』東洋経済新報社，2000年，図表8-8。

13 国際資本移動・国際資本市場とリスクシェアリング

図13-3 国際的な証券投資フロー（期中平均）

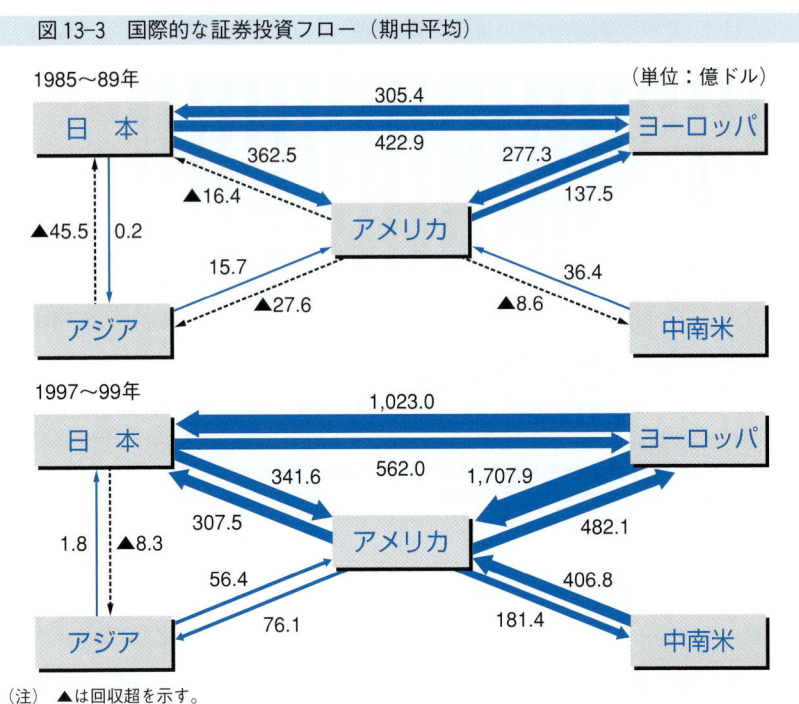

1985〜89年　　　　　　　　　　　　　　　　　　　　　　（単位：億ドル）

```
                       305.4
       日本 ←────────────────────────→ ヨーロッパ
              362.5   422.9   277.3
                ▲16.4        ↘    ↙   137.5
     ▲45.5  0.2        アメリカ
       アジア    15.7        36.4
              ▲27.6        ▲8.6       中南米
```

1997〜99年

```
                      1,023.0
       日本 ←────────────────────────→ ヨーロッパ
              341.6   562.0   1,707.9
                307.5        ↘    ↙   482.1
       1.8 ▲8.3      アメリカ
       アジア    56.4         406.8
              76.1          181.4     中南米
```

（注）　▲は回収超を示す。
（出所）　日本銀行国際収支統計研究会『入門国際収支』東洋経済新報社，2000年，図表 8-11。

　一方，図13-2は，日本，アジア，アメリカ，ヨーロッパ，中南米の5地域・国の間における直接投資，図13-3は証券投資（直接投資以外の株式や債券への投資），図13-4はその他の資金移動のフローの規模を，1985-89年の平均と97-99年の平均とで見たものである。まず，図13-2の直接投資については，90年代後半に欧州とアメリカとの間の相互の直接投資がともに大きく増えていることがわかる。一方，図13-3の証券投資については，ヨーロッパから日本・アメリカへの投資が顕著に増加しており，図13-4の銀行貸借などその他の投資フローについては，やはりヨーロッパとアメリカの間での相互の資金移動が増えている。また，アジア地域から日本への資金の

---

1)　国際的な債券投資は，戦間期においても非常に盛んであったことが知られている。

図13-4 国際的なその他投資フロー（期中平均）
（単位：億ドル）

（注）▲は回収超を示す。
（出所）日本銀行国際収支統計研究会『入門国際収支』東洋経済新報社，2000年，図表8-13。

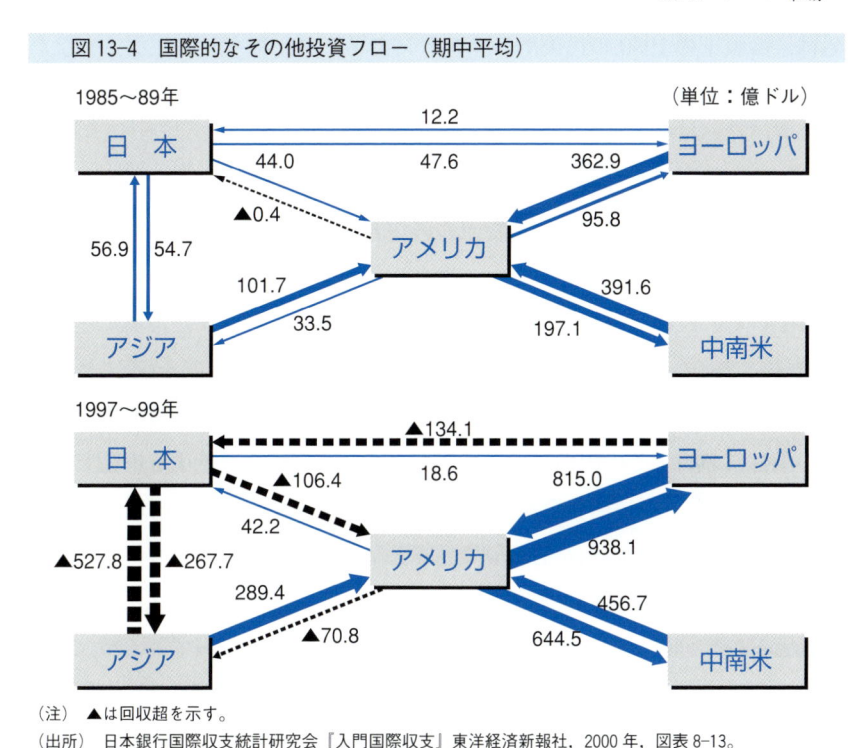

回収が見られるが，これは1997-98年の通貨危機時に生じていた，アジア諸国からの資金の流出を反映したものであると考えられる。いずれにしても，第7章で既に見たことではあるが，これら5地域・国をまたがる国際的な資本移動が，90年代に急速に拡大したことがわかる。

□ 13-2 ユーロ市場 □

　各国通貨建て銀行預金，各国の株式・債券などが国境を越えて取引されている国際資本市場のことをユーロ市場と呼んでいる。「ユーロ」という呼び

名は，冷戦下の1950年代後半のロンドン市場においてドルの取引，すなわちユーロドル市場が出現したことに起源がある。したがって，通貨「ユーロ」とは無関係であることに留意しなければならない。

　ユーロ市場の，より厳密な定義は次のようなものである。まず，アメリカにおける円の保有など，自国通貨が非居住者によって保有され，あるいは自国以外の金融機関に預けられている場合，そのような通貨をユーロマネーと呼んでいる。このユーロマネーを様々な形態によって取引する市場が「ユーロ市場」である。ユーロ市場の中身としては，「預金」という形態によって約6ヶ月以下の短期の資金貸借を行う取引市場であるユーロ通貨市場，ある国の国外においてその国の通貨建て債券（ユーロ債）を発行する市場であるユーロ債市場[2]，中長期資金を貸借する市場であるユーロ貸付市場などがある。それぞれの市場の相対的規模で見ると，ユーロ通貨市場がもっとも大きく，2002年末の残高は13兆4256ドルにも上っている。次いで，ユーロ債市場とその半分ほどの規模であるユーロ貸付市場の順になっているが，後者2つの市場の取引を合わせても，ユーロ通貨市場の半分にも満たない規模となっている。

　いずれにしても市場取引の参加者は，第9章で見た外国為替市場の参加者と同様である。ユーロ市場は，その市場が存在する国家における法定通貨以外の外貨を取引する市場であり，そのため国内の金融取引の規制を受けないという重要な特徴を持っている。したがって，事実上の規制が存在しないユーロ市場においては極めて効率的な資金・資産の取引がなされていると考えられる。

　また，1980年代以降，各国がユーロ市場を自国内に創設するという動きが見られる。そのような市場は，自国内にありながら，各国政府が非居住者

---

[2] たとえば，日本の非居住者が円建て債券を日本において発行する場合，その債券は「サムライ債」と呼ばれる。もし，そのような債券が円建てではなく，外貨建てであった場合には，これを「ショーグン債」と呼んでいる。最後に，日本の居住者が外国において外貨建て債券を発行する場合，それを「スシ債」と呼んでいるが，とくにドル建て債券をアメリカで発行する場合には，それを「ヤンキー債」と呼んでいる。

のみを対象とする取引を許可し、金利などの規制の緩い市場取引が行われている市場であり、特にオフショア市場と呼ばれている。「東京オフショア市場（JOM）」や通貨危機の原因となったともいわれるバンコクオフショア市場（BIBF）などが代表的なオフショア市場である。

国際通貨としての「円」の役割

第10章において見たように、貨幣の基本的機能には、交換手段、計算単位、価値保蔵手段、の3つがある。したがって、国際資本市場の取引において利用される国際的な通貨の役割も、これら3つの機能から理解することができる。第9章で見たように、交換手段の観点については為替の取引費用のために「雪だるま効果」が存在するから、媒介通貨としてのドルの圧倒的な優位性が確立されている。また、計算単位の観点においては、日本の貿易の円建て比率がドルに比して低いという特徴が見られる。これは、取引慣行や円建て資金調達の制約などが理由と見られる。最後に、価値保蔵手段については、企業の金融機関の為替リスクや外貨流動性リスクの削減という観点からすれば、ドルのみならず国際通貨としての円の役割は大きいと考えられる。事実、国際的な資産市場において、円は世界第三位のシェアを占めている。

いずれにしても、日本と経済的な関係の深いアジア地域における国際経済の安定や発展のため、さらには国際通貨体制の更なる安定や国際資本市場の発展を促進するために「円の国際化」の必要性が広く議論されている。

［参考文献］　財務省ホームページ「円の国際化」(http://www.mof.go.jp/yen-itiran.htm)

13-3　国際資本市場の機能

既に第7章において述べたように、国際的な資本移動には、異時点間の貿易を可能とするという利益が存在する。さらに、国際資本市場における国際的な資産の取引には、投資家にとっては、保有する資産に対する収益リスクの国際的な分散を可能とするという便益をもたらす。

このことを見てみるための例示として、3億円という水準の資産を持つ、

13 国際資本移動・国際資本市場とリスクシェアリング

▶表13-1　3億円の資産を投資した場合の収益額（仮設例）

(単位：億円)

	円建て資産に投資	ドル建て資産に投資	両資産に半分ずつ投資
アメリカ経済ブーム	1	9	5
アジア経済ブーム	7	1	4

　ある日本の投資家が直面する問題を考える。この投資家は日本の円建て株式に投資するか、あるいは国際資本市場での取引を通じてドル建て株式に投資するかというポートフォリオ投資の選択肢を持っている。このとき、経済のブームがアジアで起こるかアメリカで起こるのかが50％であるとし、2つの地域での経済ブームが同時に起こることはないと仮定しよう。この投資家の円建ての収益が表13-1で与えられているとする。

　まず、この投資家が全ての資産3億円を円建て資産に投資したと考えよう。そうすると、アメリカで経済ブームが起こった場合、この投資家は1−3＝−2億円の損失を被る。一方、アジアで経済ブームが起こると7−3＝4億円の純収益を得る。すなわち、この投資家はそれぞれ50％の確率で−2億円の損失と4億円の純収益を得ることになる。一方、この投資家がドル建て資産に投資すると、今度は、それぞれの経済ブームに従って、50％の確率で6億円の収益と−2億円の損失を得ることになる。

　一般に、投資家のみならず人々はリスク回避的であると考えられるから、経済ブームがどこに生じるのかに従って収益が不確定になる投資リスクをできるだけ分散しようとするであろう。具体的には、日本の投資家は自国の株式だけではなくアメリカの株式を保有し、一方アメリカの投資家は自国株式だけでなく日本株式も保有しようとするであろう。確かに、この日本の投資家が全資産の半分ずつを円建て資産・ドル建て資産に投資すると、アメリカ経済ブームの場合には5−3＝2億円の純収益が得られ、アジア経済ブームの場合には4−3＝1億円の純収益が得られる。したがって、経済ブームがどの

▶表 13-2　自国マーケットバイアス

資産構成	アメリカの投資家	日本の投資家	イギリスの投資家
アメリカ	.938	.0131	.059
日　本	.031	.9811	.048
イギリス	.011	.0019	.820
フランス	.005	.0013	.032
ドイツ	.005	.0013	.035
カナダ	.010	.0012	.006

（出所）　French, Kenneth and James Poterba（1991）"Invester Diversification and International Equity Markets," *American Economic Review* 81（2）, 222-26, Table 1.

地域に起ころうと，この投資家は常に正の収益を確保できることになる。

　ところが，フレンチ=ポタルバ（K. French & J. Poterba）の研究は，収益を確保しつつリスクを軽減するための投資の国際的分散が極めて不十分にしか行われていないことを明らかにした。表 13-2 にまとめられている彼らの研究では，アメリカの投資家・日本の投資家・イギリスの投資家の全株式投資に占める自国株式のシェアは，それぞれ 93.8％・98.1％・82％ にも上っており，極めて高くなっている。このような観察事実は，自国市場バイアスと呼ばれ，国際金融における謎の一つとされている。

　さらに，第 7 章で見たフェルドシュタイン=ホリオカのパラドックスとして知られる投資と貯蓄の高相関の存在は，株式投資のみならず，国際資金移動全体において自国に対する投資バイアスが存在することを示唆している。ここでは，このようなバイアスを異なる側面から考察してみよう。表 13-1 で見たような投資家のリスク分散行動が日本とアメリカの投資家の間で同時に行われているとすれば，それは，あたかも両国の投資家がお互いにリスクを分け合っている状況とみなすことができる。このような状況を国際的なリスクシェアリングと呼んでいる。しかしながら，「自国マーケット・バイアス」と「フェルドシュタイン=ホリオカ」の 2 つのパラドックスの存在は，国際的資金市場が完全なリスクシェアリング手段を提供していないことを示

13 国際資本移動・国際資本市場とリスクシェアリング

▶表13-3 国際リスクシェアリングが恒常所得に与える効果

	非貿易財がない場合	非貿易財がある場合
大 国	0.017%–0.022%	0.003%–0.113%
小 国	0.097%–0.251%	0.001%–0.493%

（注） 相対的リスク回避度が2のケース。
（出所） Tesar, Linda L. (1995), "Evaluating the Gains from International Risksharing," *Carnegie-Rochester Conference Series on Public Policy* 42, 95–143, Table 1.

唆している。

　リンダ・テサー（L. Tesar）は，国際比較可能な各国のマクロデータを分析することによって，リスクシェアリングの現実妥当性を分析している。彼女は，国全体として，国際的にリスクを完全に分散することができるという「完全なリスクシェアリング」が行われた場合に，恒常所得（国民の生涯を通じた平均的な所得）の何％が向上し得るかを推計している。その結果をまとめた表13-3によると，リスクシェアリングによる便益は，国民の生涯を通じた平均所得の0.1％にも満たず，極めて小さいことがわかる。つまり，国際的なリスクの分散が完全に行われたとしても，それによって得られる人々の便益がそもそも小さく，このことが，不十分な投資の国際的分散という自国市場バイアスを説明できる可能性がある。

●キーワード

国際資本移動　銀行貸借　債券　株式　ポートフォリオ投資
直接投資　開発援助　オイルマネー　対外債務危機　ユーロ市場
ユーロドル市場　ユーロマネー　ユーロ通貨市場　ユーロ債券市場
ユーロ貸付市場　オフショア市場　投資の国際的分散
自国市場バイアス　フェルドシュタイン=ホリオカのパラドックス
国際的なリスクシェアリング

●練習問題

1. 国際資本移動が進展することは，望ましいといえるだろうか？ 次に挙げてあるそれぞれのヒントを軸として，それぞれ異なる側面から考察してみなさい。
   (1) 国際資本移動は，財・サービスの国際貿易の裏側で決済のために行われるものである。したがって，国際貿易が進展すれば，同時に国際資本移動も進化する。
   (2) 先進国の企業が発展途上国に直接支社や工場を設立し，投資するという「海外直接投資」を行う場合，受入国側で直接投資のための資金調達が十分にできないとすると，直接投資とそれに伴う金融取引などの国際資本移動は重要な役割を果たす。
   (3) ユーロ市場やオフショア市場での金融取引は，政府の規制の外側にあり，規制を受けないものである。したがって，国際資本移動の進化は，政府の規制の外にある取引を増大させることになる。
2. 「国際的なリスクシェアリング」とは何かを説明しなさい。その上で，表13-2と表13-3にまとめられている2つの研究結果を統合すると，どのような結論に達しうるか，説明しなさい。
3. リスクシェアリングは，国家の間のみならず，個人間でも成立し得る。身の回りの例を考えてみなさい。

第 14 章

様々な為替相場制度とその選択

　第10章では，為替レートの決定方法を理論づける様々な考え方を学んだ。では，ある国家にとって望ましい為替制度とは何であろうか？　本章では，まず様々な為替相場制度について学ぶ。その上で，望ましい為替相場制度とは何かを明らかにし，様々な為替相場制度の長所と短所を比較しながら，政府による外国為替市場介入の方法とその役割について概観する。

14-1　様々な為替相場制度

　為替相場制度には，大きく分けて3つの制度がある。すなわち，為替レートの決定を，外国為替市場での需要と供給の均衡に委ねる変動相場制度と，政府が為替レートを固定し，それを維持するために必要な介入を行うという固定相場制度，そして最後は両者の間にある中間的制度である。より，詳細には，表14-1に示すように，主として9つの為替相場制度がある。ここでは，これら9つの為替相場制が，それぞれどのような制度であるのかをまず見てゆくことにしよう。

■変動相場制度

　まず，完全な変動相場制度（クリーン・フロート制度）とは，通貨当局が外国為替市場に対する一切の介入を行わないというものである。このような制度においては，外国為替市場の需要と供給によって為替レートが決まることになる。アメリカ合衆国の為替相場制度はこれに近いとされている。

　また，管理フロート制度（ダーティ・フロート制度）と呼ばれる，多くの国で採用されている代表的な為替相場制度がある。この制度のもとでは，通貨当局が，固定相場の維持ではない他の理由に基づいて為替レートを誘導するために適宜外為市場介入を行う。典型的には，通貨当局が自国通貨が減価したときには自国通貨を買い，増価したときに自国通貨を売ることにより為替レートの動きを和らげるようにする介入，すなわち風向きに逆らう介入を行う。より抽象的には，外国為替市場において自国通貨に対する需要が1単位増加（減少）したときに，それを埋め合わせるようにK単位（ただし$0<K<1$）の自国通貨を売り（買い），貨幣供給を増やす（減らす）介入のことを風向きに逆らう介入と呼ぶ。ここで，$K=0$の場合が「純粋な変動相場制度」，$K=1$が「固定相場制度」である。日本においては，1973年2月

▶表 14-1　様々な為替相場制度

大分類	様々な為替相場制度
A．変動相場制度	1．完全な変動相場制度（クリーン・フロート制度）
	2．管理フロート制度（ダーティ・フロート制度）
B．中間的制度	3．目標為替相場圏（ターゲットゾーン制）
	4．バスケット・ペッグ制
	5．クローリング・ペッグ制
	6．アジャスタブル・ペッグ制
C．固定相場制度	7．固定相場制度
	8．カレンシーボード制・ドル化
	9．通貨同盟

（出所）Frankel, Jeffrey A.（1999）, "No Single Currency Regime is Right for all Countries or All Times," *NBER Working Paper* 7338.

14日の変動相場制度移行後，通貨当局が基本的に円安時には円を買い，円高時には円を売ることにより為替レートの動きを和らげるようにする，風向きに逆らう介入を行ってきたことが知られている。

■中間的制度

　既に第12章で見たように，変動相場制度のもとでは財政政策の有効性は損なわれる一方，固定相場制度では金融政策は内生的に決まってしまい，その独立性が損なわれる。このような理由もあり，現実の多くの国において採用されている為替相場制度は，これら2つの制度を折衷した中間的なものとなっている。

　中間的な制度として代表的なものは，ターゲットゾーン（目標為替相場圏）を設ける制度である。この「ターゲットゾーン制」とは，為替レートの上限と下限を設定し，その範囲内では，為替相場に対する介入は行われず，自由にレートが変動するものの，これらの上限や下限に為替レートが到達した場合にはその変動を範囲内に抑えるための介入が行われるというものである。

14 様々な為替相場制度とその選択

図 14-1 ターゲットゾーン制

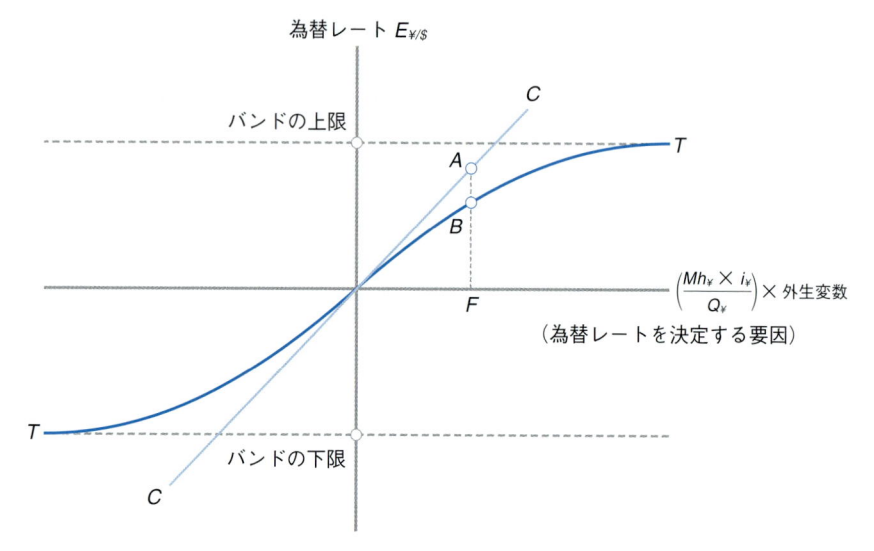

（出所）Krugman, Paul R.（1991）, "Target Zones and Exchange Rate Dynamics," *Quarterly Journal of Economics* 56（3）, 669–682, Figure 2 を書きかえたもの。

ここで，第 10 章で学んだ，為替レート決定のマネタリーアプローチ（10-25）式を思い出そう。このアプローチでは，自国のハイパワードマネーの増加・利子率の上昇・所得の低下が為替レートの減価をもたらす要因であった。他の変数を外生変数とみなせば，たとえば円の対ドル為替レートは，

$$E_{¥/\$} = \frac{Mh_{¥} \times i_{¥}}{Q_{¥}} \times 外生変数 \tag{14-1}$$

と表すことができる。この式は，「完全な変動相場制度」のもとにおける為替レートの変動が，図 14-1 の CC 直線のように表されることを示している。

クルーグマンは，確率微分方程式という数学の手法を応用し，ターゲットゾーンが設定されている場合には，為替レートの変動が，図 14-1 の TT 曲線のようになり，横軸の決定要因の変動に比べてよりスムーズになることを示した。すなわち，理論的には，変動相場制に比べてターゲットゾーン制での為替レートの動き（横軸方向の変動に対する縦軸方向の変動幅）はより安

定的になる。このことは，次のように説明される。たとえば，横軸が F の水準にあったとしよう。すると，変動相場制度における為替レートの水準は点 A の縦軸方向の水準となる。一方，変動幅が公表されているようなターゲットゾーン制においては，点 A がバンドの上限に非常に近いことを市場参加者が知っており，そのために為替市場への通貨当局の介入が近いことを織り込んだ取引が行われる。したがって，F の水準に対応する為替レートは点 B となるのである。

代表的なターゲットゾーン制には，1979 年に開始された欧州通貨制度（EMS）がある。また，船橋洋一の詳細なインタビュー調査から，1987 年のルーブル合意以降，G7 諸国がターゲットゾーンを設定したであろう可能性が知られている[1]。さらに，2001 年末には，日本においてターゲットゾーンが設定されていることが明確にされた（次頁の囲み記事参照）。

その他の中間的な為替相場制度には，複数の通貨の組合せ（バスケット）に対して為替を固定にするというバスケット・ペッグ制，予想インフレ率やあるいはそれを若干下回る率で定期的（典型的には毎週）に小刻みな通貨切り下げを行うというクローリング・ペッグ制，あるいは必要に応じて調整が可能となっている固定相場制度であるアジャスタブル・ペッグ制がある。

■固定相場制度

第 3 の為替相場制度は，政府が為替レートを固定し，それを維持するために必要な介入を行うという固定相場制度である。厳格な固定相場制度としては，カレンシーボード制・ドル化・通貨同盟などがある。カレンシーボード制とは，固定相場制度を法律的に取り決め，それを守るために通貨当局が，バランスシート上でハイパワードマネーを外貨準備の増減と完全にリンクさせるという制度のことである。このような制度は，ハイパーインフレーションを抑え，安定的な為替レートをもたらすという効果がある一方，金融政策

---

[1] 船橋洋一『通貨烈々』朝日新聞社，1988 年。

日本におけるターゲットゾーン制

財務省・日銀

円安140円まで容認　目標相場圏を設定

財務省・日銀の通貨当局が、現在の円相場の適正水準を「1ドル＝120〜140円」に設定し、～140円に設定していることが30日、明らかになった。国際金融筋によると、ほぼ3年ぶりの円安水準となる現在の円安水準も「日本経済の実態を反映しているもの」と過度する。「120〜140円」での目標相場圏は事実上、適正水準を割って円安定着が進んでいる。円相場は、9月の米同時多発テロ事件後に外国為替市場で一時、1ドル＝116円台まで急伸、通貨当局は断続的に円売り・ドル買い介入して、1ドル＝120円台まで押し下げた。12月初めに準大手ゼネコンの青木建設が破たんしたことをきっかけに円買いの地合いになり、円安が進行し、現在は1ドル＝130円台の水準まで急伸している。しかし、通貨当局は市場介入を実施していない。同筋は「1ドル＝110円台は日本経済のファンダメンタルズ（経済の基礎的諸条件）からみて、高過ぎる」と指摘する一方、「1ドル＝140円台を割り込んで円安に傾斜が進めば、思わない事態になれば、円買いの市場介入に踏み切る可能性もある」ことを明らかにしている。ただ、「1ドル＝120～140円」は、日本独自の目標相場圏となっているが模様で、欧米諸国にもこれを是認する形を取っているものとみられる。

（出所）毎日新聞 2001年12月31日朝刊（毎日新聞社提供）

の自由度を奪うというデメリットもある。実際のカレンシーボード制は，香港において 1983 年以来導入されており，アルゼンチンにおいても 1991 年から約 10 年にわたって採用された。深刻な投機攻撃を受けたにもかかわらず，香港が固定相場制度を維持し得たということや，80 年代にアルゼンチンを苦しめたハイパーインフレーションを収拾したという点でカレンシーボード制は，積極的に評価されてきた。

　ドル化とは，法的に義務付けられた固定相場制をさらに推進し，ドルを法定通貨として採用することにより，完全な固定相場制度を実現することである。現在，パナマ・ボリビア・エルサルバドルなどの国で採用されている。

　最後に，通貨同盟とは，その同盟に加盟する複数の国家間で「共通の法定通貨」を流通させるというものである。したがって，同盟の内部における為替レートは制度上完全に固定となるため，厳密な固定相場制度の一つである

と考えられる。具体的な例としては，欧州において1999年に導入された単一通貨ユーロがある。

「通貨同盟」の合理性に理論的根拠を与える考え方が「最適通貨圏」の理論である。同盟内における固定相場制度のメリットとは，金融政策の安定性と為替レートの安定性によって貿易や投資などの経済取引が促進されるという点である。このようなメリットは，当該国が通貨同盟を結ぼうとする国々と経済的に統合されているほど大きい。一方，同盟内での固定相場制度は金融政策の自由度を低めるというデメリットも併せ持っている。しかし，同盟国との経済的統合度が高く，財や労働力の価格・賃金調整が国際的にすばやく行われる場合には，そのようなデメリットはより低くなるであろう。したがって，通貨統合に参加するメリットがデメリットを上回る経済統合度の下限が存在することになる。このような経済統合度の基準を満たす通貨同盟のことを最適通貨圏と呼んでいる。

欧州経済通貨同盟（EMU）に関する年表

1. EMU準備段階（1969-90年）
    - 1972年4月　「トンネルの中のスネーク」と呼ばれる，共同フロート制度が始動。
    - 1979年3月　欧州通貨制度（EMS）が発足。基本的にマルク本位制。
2. EMU第一段階（1990-93年）
    - 1990年7月1日　資本移動の自由化。
    - 1991年12月10日　欧州理事会がマーストリヒト条約を批准し，EMUに合意。
    - 1992年9月　通貨危機が勃発。多くの参加国が固定相場を防衛しきれず，為替レートを切り下げる。イギリスはEMS離脱・ポンドは変動相場制度へ移行。
    - 1993年11月1日　マーストリヒト条約発効。
3. EMU第二段階（1994-98年）
    - 1994年1月　欧州通貨機関（EMI）設立，経済のコンバージェンスを促進するための新しい監視手続きが導入される。
    - 1998年5月　欧州理事会，欧州中央銀行（ESCB）を設立する法律を採択。
4. EMU第三段階（1999年-）
    - 1999年1月1日　参加11か国で単一通貨「ユーロ」が誕生し，欧州通貨同盟

(EMU）始動。
2001 年 1 月 1 日　ギリシャにユーロが導入される。
2002 年 1 月 1 日　ユーロ紙幣・硬貨の流通開始。
2002 年 3 月 1 日　旧各国通貨とユーロの併用期間が終了し，ユーロが通貨同盟加盟国における唯一の法定通貨となる。

[参考]　駐日欧州委員会代表部ホームページ（http://jpn.cec.eu.int/）

■国際通貨制度

　固定相場制に関連する制度として，全ての通貨間の為替レートを固定するという国際通貨制度について簡単に触れておくことにしよう。そのような通貨制度には2つがある。すなわち，準備通貨本位制と金本位制である。

　まず，準備通貨本位制とは，N 国の N 通貨で構成される世界経済において，1つの国の通貨を準備通貨（基軸通貨）とし，そのような準備通貨国に対して残りの $N-1$ の非準備通貨諸国が為替レートをそれぞれ固定するという制度である。このような制度において，非準備通貨諸国にとっては固定相場制度の制約から金融政策の自由度が失われるというコストをもたらす一方，準備通貨国は固定レート制度のもとでも金融政策を使うことができる。そして，そのような準備通貨国の金融政策は，自国のみならず外国経済にも影響を及ぼすものとなる。他方，その他の非準備通貨国は準備通貨国の金融政策を受身で輸入しなければならないことになる。このような非対称性の問題は，第2次大戦後1971年まで維持された，ドルを基軸通貨とした準備通貨本位制，いわゆる「ブレトンウッズ体制」のもとでしばしば問題とされたものであった。

　一方，金本位制においては，世界経済において全ての N 国が金で測った自国通貨の価値を固定することで為替レートを固定する。このような制度は，準備通貨制度と異なり，N 国全てにとって対称的なシステムであり，また，貨幣供給の伸びが金利の変化と国際資本移動を通じて自動的に調整されるという利点を併せ持っている。

　ただし，金本位制にはデメリットもある。第1の欠点は，世界全体で流通

しうる資金の総量が金の供給量によって制約されてしまうという点である。第2の欠点は，貨幣供給が内生的に決定されるため，金融政策によってマクロ経済の運営をはかることが難しくなってしまう点である。

14-2　望ましい為替制度のあり方

　さて，表14-1に示された様々な為替相場制度の中で，一体どのような制度がもっとも望ましいものであろうか？　現在，このような問いに対してもっとも明快な答えを与える考え方は，二極的為替制度観（bipolar view ないし two corner solutions）と呼ばれるものである。この考え方は，国際資本移動が自由である国家において，維持可能な為替相場制度とは，厳格な固定相場制度ないしは変動相場制度であり，中間的な為替相場制度はあり得ないとするものである。確かに，「法律上」ではなく「事実上」の為替制度の分類によれば，現実に多くの国が中間的為替相場制度から両極の制度へと移行してきたことが見て取れる（図14-2）[2]。

　この「二極的為替制度観」が市民権を得た理由として，IMFやアメリカ財務省によってそれが広められたとする見方もあるが，より適切には，開放経済においては，「政策のトリレンマ」（インポシブル・トリニティ）が存在するからであろう。政策のトリレンマとは，いかなる国家も，「為替レートの安定」・「金融政策の独立性」・「自由な国際資本移動」を同時に達成することはできないというものである。したがって，これらの3つのうち1つをあきらめなければいけないことになる。図14-3は，このようなトリレンマを図示したものである。第12章のマンデル=フレミング・モデルを用いて既に学んだように，(1)固定相場制度を採用し，国際資本移動を完全に自由にした

---

[2]　ここで，「法律上」の為替相場制と「事実上」のそれを区別することは重要である。

14 様々な為替相場制度とその選択

図14-2 為替相場制度の変遷

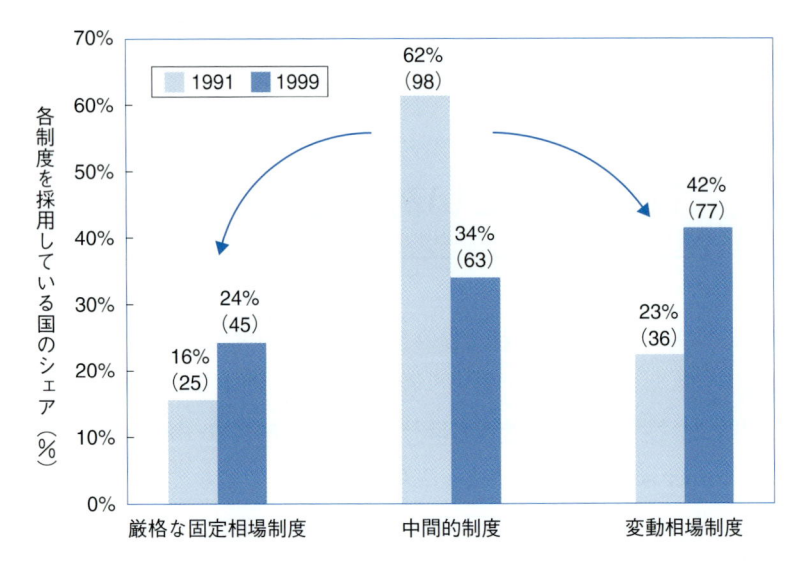

各制度を採用している国のシェア（%）

- 厳格な固定相場制度: 1991年 16%（25）、1999年 24%（45）
- 中間的制度: 1991年 62%（98）、1999年 34%（63）
- 変動相場制度: 1991年 23%（36）、1999年 42%（77）

（出所）Fischer, Stanley (2001), "Exchange Rate Regimes: Is the Bipolar View Correct? ," *Journal of Economic Perspectives* 15 (2), 3-24, Figure 1.

図14-3 開放経済における政策のトリレンマ（インポシブル・トリニティ）

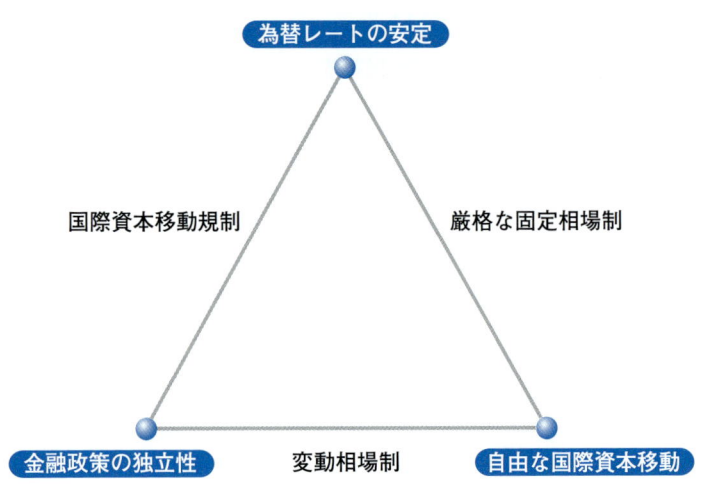

頂点：
- 為替レートの安定
- 金融政策の独立性
- 自由な国際資本移動

辺：
- 国際資本移動規制
- 厳格な固定相場制
- 変動相場制

（出所）Krugman, Paul R. and Maurice Obstfeld (2003), *International Economics*, 6th edition, Addison Wesley, Figure 22-4.

場合，金融政策の独立性が失われることになる。一方，(2)固定相場制度と金融政策の独立性を同時に達成するためには，金融政策によって不可避的に生ずる内外金利格差に反応する，国際資本移動の規制を行う必要がある。なぜなら，そのような金利格差を縮小するような国際資本移動は，固定相場制の維持と相容れないものであるからである。最後に，(3)資本が自由化されたもとで，金融政策の有効性を確保し政策の自由度を保つためには，変動相場制度を採用するしかないのである（第12章のマンデル＝フレミング・モデルを見よ）。そして，「二極的為替制度観」は，中間的な為替相場制度がこれら2つの為替相場制のメリットを併せ持つというよりは，これらメリットの全てが満たされないとする考え方でもある。

しかしながら，このような「二極的為替制度観」に対する反論も拡大しているようである。1990年にメキシコやアジア諸国を代表として数多く生じた通貨危機は，いずれも「事実上の」固定相場制度に対して生じたものである。さらに，2001年末から2002年にかけて，社会の大規模な混乱を伴いつつ生じたアルゼンチン危機は，「厳密な固定相場制度」であるカレンシーボード制ですら，危機に対する不安定性という問題から逃れられないことを示したのである。

そもそも銀行制度には，銀行の資産（貸し付け）が長期である一方，負債（預金）は要求払い預金であり短期でありうるという，満期のミスマッチが存在している。このため，

預金引出し要求総額＞銀行が資産を直ちに現金化した場合の価値

という状況，すなわち流動性不足の問題から銀行取り付けが起こる可能性が内在している。このような金融危機に対処するもっとも重要な手段は，中央銀行が最後の貸し手（Lender of Last Resort; LLR）として緊急融資を行い，潤沢な流動性を提供することで取り付けを沈静化することである。

アルゼンチン危機の教訓は，カレンシーボード制が，厳格な固定相場制度として金融政策の自由度を奪うのみならず，ハイパワードマネーが外貨準備にリンクしていることから，中央銀行の「最後の貸し手」機能に深刻な制約

をもたらしており，国内金融危機の危険を内在しているものであることを示したことにあるといえる。

確かに，もう一方の「極」である変動相場制度のメリットとしては，何よりもまず，金融政策の自立性が確保され，中央銀行の機能も有効に働き得るということが挙げられる。とはいうものの，変動相場制度のデメリットとしては，金融政策の節度が失われ，インフレがもたらされるという危険がある。したがって，アルゼンチン危機の教訓は，必ずしもインフレを沈静化するという経済の安定化における，厳格な固定相場制度の有効性を否定するものではない。さらに，変動相場制度には，投機やそれに関わる様々な群集行動を通じて外国為替市場に不安定性が生じるという問題もある。そのような為替レートの不安定性は，国際貿易や投資を阻害してしまうかもしれない。以上に加えて，変動相場制度のもとでは，第12章で見たように，金融政策を通じた「為替レート切り下げ競争」が深刻化する恐れもある。

以上をまとめると，「望ましい為替相場制度」に対して明確な解を与えることは容易ではない。ただし，為替相場制度のあり方は，当該国自身の経済状況や国際的な経済環境などに依存しており，「全ての国においてあらゆる時点で当てはまる，最適な為替相場制度は存在しない」ということはできるのかもしれない。

■通貨当局と外為市場への介入

図14-2で見たように，為替相場制度が2極に分化する傾向が見られるとはいうものの，現在の世界における多くの国々では，事実上何らかの形での通貨当局による外国為替市場公的介入が行われている。通貨当局が為替レート操作の目的での外貨建て通貨の売買を行えば，公的外貨準備は変化する。したがって，それに対応してハイパワード・マネーが増減するため，外為政策と金融政策は相互に関連しているということになる。ここでは，外国為替市場に対する政府の介入について詳しく見てみることにしてみよう。

外国為替市場への介入（為替介入）とは，正確には外国為替平衡操作とい

われるものであり，中央銀行や財務省等の通貨当局が，外国為替レートに影響を与えることを目的に，外国為替市場で通貨間の売買を行うことである。日本では，円相場の安定を実現するための為替介入は，財務大臣の所管となっており，介入実施のタイミング・規模などの決定は財務大臣が行う[3]。日本銀行は，財務大臣の代理人として，財務大臣の指示に基づいて為替介入の実務を行っている[4]。実際の介入は日本銀行国際局の市場担当者が直接（外為ブローカーに注文を出す）・間接（外為銀行を通して注文を出す）に介入するという形で行われる。

為替介入は，通貨の売買であるから，その遂行には資金（ドルや円）が必要となる。日本の為替介入には，財務大臣が管理する政府の外国為替資金特別会計（外為会計）の資金が使われる。たとえば，急激な円安に対応し，為替市場でドルを売って円を買う「ドル売り・円買い介入」を行う場合は，外為会計の保有するドルを取り崩して売却し，円を購入する。一方，急激な円高に対応し，為替市場で円を売ってドルを買う「ドル買い・円売り介入」の場合は，政府短期証券を発行して調達した円資金を対価にドルを買い入れる。中央銀行の貸借対照表において，正味資産が無視できるものとすれば，資産のいかなる変化も自動的に同額の負債変化を引き起こすのであるから，円売り介入は中央銀行の外国資産を増加させ，ハイパワードマネーを介入額だけ増加させる。一方，外国資産の売却という形での円買い介入は貨幣供給を減少させることになる。

中央銀行の独立性と金融政策

財政赤字を抱えるある国家において，財政をコントロールする財務省と，ハイパワードマネーをコントロールする中央銀行とが，一体化しているケースを見て

---

[3] 『外国為替及び外国貿易法』（いわゆる外為法）においては，「財務大臣は，対外支払手段の売買等所要の措置を講ずることにより，本邦通貨の外国為替相場の安定に努めるものとする」（第7条第3項）と定められており，為替介入は正式には財務大臣の権限において行われる。
[4] こうした仕組みは，関係する法律，「外国為替及び外国貿易法」，「外国為替資金特別会計法」，「日本銀行法」に定められている。

みよう。この場合，財務省の異時点間予算制約と中央銀行のバランスシートを統合した，「連結政府部門の予算制約」は以下のように表される。

> （財政赤字）＝（国債残高増のうち民間部門が保有するもの）
> ＋ハイパワードマネー増＋外貨準備の取り崩し

この連結政府部門予算制約式に基づくと，民間部門が新しい国債を購入せず，外貨準備が既に取り崩されているような状況においては，財政赤字をハイパワードマネーの増加でまかなうという，財政赤字の貨幣化が行われざるを得ない。この場合，究極的にはハイパーインフレーションが生み出されてしまうことになる。

ここでは，中央銀行の独立性が保たれず，財務省と中央銀行が一体化していることに問題があるのかもしれない。確かに，下表に示されているように，中央銀行の独立性とインフレ率との間には明確な相関関係がある。

中央銀行の独立性指標と1973年から86年までの年平均インフレ率

	イタリア	スペイン	イギリス	アメリカ	日本	ドイツ
年平均インフレ率(%)	13.7	13.6	10.7	6.9	6.4	4.1
中央銀行独立度指標	0.5	1	2	3	3	4

(出所) Alesina, Alberto and Lawrence H. Summers (1993), "Central Bank Independence and Macro-economic Performance: Some Comparative Evidence," *Journal of Money, Credit and Banking* 25, 151–62.

■不胎化外国為替介入

中央銀行が，自らの外国為替操作によって生じる国内貨幣供給への影響を打ち消すために，同額の外国資産と自国資産を逆方向に取引することを不胎化介入と呼んでいる。変動相場制度下での介入の多くは，実際には，不胎化された介入である。完全な不胎化介入においては，ハイパワードマネーは不変に保たれるため，マネーサプライは一定となる。

不胎化介入はハイパワードマネーの総額を変えないが，その内訳である内対外資産と国内資産の比率を変える点が重要である。たとえば，表14-2に示されているように，通貨当局が100億円の円売り外貨買い介入の不胎化を国債の売却（売りオペ）によって行ったとすれば，通貨当局の対外資産・国内資産比率は上昇し，逆に民間部門における対外資産・国内資産比率は低下する。ここで，自国と外国の資産が完全代替であり保有リスクに違いがない場合，資産構成の変化はいかなる影響をもたらさないため，不胎化介入はな

▶表14-2 中央銀行のバランス・シート上における不胎化介入

資　産	負　債
外国為替準備　＋100億円	ハイパワードマネー（マネタリー・ベース）
国債　　　　　－100億円	現金通貨発行高　100億円＋（−100億円）＝0
金準備	円売り介入の効果　　売りオペの効果
金融機関（預金通貨銀行）への貸付金	民間金融機関からの預金（準備金）

んら効果を持たないことになる。

　一方，外国通貨建て資産と国内通貨建て資産の代替性が不完全であるケースを考えてみよう。この場合，市場参加者の目から見て外国資産と自国資産の相対的リスクが異なることになる。したがって，通貨当局の資産構成が変化すると，民間部門での資産構成が同時に変化することを通じて，通貨に対するリスクプレミアムが変化することを示している。たとえば，中央銀行のバランスシートにおける外国資産の割合が高くなると，逆に民間の投資家にとっては，自国資産（自国政府国債）の保有比率が高くなり，自国通貨の為替レート変動への脆弱性が高まってしまう。この場合，民間投資家が要求する，自国通貨に対するリスクプレミアム，すなわち外国通貨1単位に対して要求される自国通貨の等価交換額が上昇すると考えられるため，自国通貨は減価することになる。以上をまとめれば，資産代替性が不完全である場合，中央銀行の外国資産購入は不胎化されていても自国通貨の減価をもたらす可能性がある。ただし，これまでの実証研究においては，不胎化介入の効果についてのコンセンサスは形成されていない。

14　様々な為替相場制度とその選択

● キーワード

変動相場制度　　固定相場制度　　中間的制度
完全な変動相場制度（クリーン・フロート制度）
管理フロート制度（ダーティ・フロート制度）
風向きに逆らう介入　　ターゲットゾーン（目標為替相場圏）
欧州通貨制度(EMS)　　クローリング・ペッグ制　　アジャスタブル・ペッグ制
カレンシーボード制　　ドル化　　通貨同盟　　最適通貨圏
準備通貨本位制　　金本位制　　二極的為替制度観　　政策のトリレンマ
インポシブル・トリニティ　　銀行取り付け　　最後の貸し手（LLR）
外国為替平衡操作　　外国為替資金特別会計（外為会計）　　不胎化介入

● 練習問題

1．発展途上国あるいは先進国を一つ取り上げ，以下の質問に答えなさい。
　(1)　あなたが選んだ国が「法律上」，どのような為替レート制度を採用しているか調べなさい。
　(2)　あなたが選んだ国が「事実上」，どのような為替レート制度を採用していると考えられるか調べなさい。
　(3)　この国の経済にとって，現在採用されている為替レート制度が望ましいものであるかどうか，考察しなさい。
2．通貨当局による外国為替市場への介入について，以下の質問に答えなさい。
　(1)　外国資産と国内資産が完全代替である場合の不胎化介入の効果を述べなさい。
　(2)　外国資産と国内資産が不完全代替である場合の不胎化介入の効果を述べなさい。
　(3)　資産の不完全代替性とリスクプレミアムの関係について説明しなさい。
　(4)　日本の通貨当局による外為市場介入の変遷について調べなさい。

第Ⅱ部　国際金融論編のまとめ

　第Ⅱ部の内容をまとめると，以下のようになる。まず第8章では，国民所得統計・国際収支統計の概念や実際のデータの動き，そして第9章では外国為替取引について概観した。その上で，為替レートや経常収支の決定に関する様々な理論について，そして開放経済におけるマクロ経済政策の役割について学んだ。さらに最後に，現実の国際資本市場や為替レート制度とその課題について概観した。

　第Ⅱ部における議論のうち，為替レートの決定理論，経常収支決定のモデル，経済政策効果についてのマンデル゠フレミング・モデルと2国ケインジアン・モデルの結果をまとめておくと以下のようになる。

▶為替レートの決定理論（第10章）

モデル	為替レートの決定要因	内生変数	備考
アセットアプローチⅠ 外国為替市場の均衡のみ（短期）	カバーつき・カバーなし金利裁定 （CIA・UIA）	為替レート	CIAとUIAの関係＝リスクプレミアム
アセットアプローチⅡ 外国為替市場均衡＋貨幣市場均衡（短期）	カバーつき・カバーなし金利裁定条件＋貨幣市場均衡条件	為替レート・自国利子率	金融政策や期待の変化が為替レートに与える影響を分析できる
購買力平価（長期）	購買力平価 （一物一価の法則）	為替レート・物価	絶対的PPP・相対的PPP
為替レートのマネタリーアプローチ（長期）	購買力平価＋貨幣市場均衡条件	為替レート・物価	利子率変化の効果が短期のモデルと逆になっている（物価が内生になっている点が異なる）
バラッサ・サミュエルソン効果	貿易財部門での先進国と途上国の生産性格差	貿易財・非貿易財価格，そして全体の物価	途上国の物価＜先進国の物価
実質為替レート	自国と外国における貨幣需要・供給や財サービスの需要・供給	物価	為替レートとPPPの乖離を示す変数

▶経常収支の決定理論（第11章）

モデル	経常収支の決定要因	内生変数	備考
アブソープションアプローチ	所得と国内需要の差	国民所得・国内需要	IMFの政策勧告に大きな影響を与えた
弾力性アプローチ	輸出と輸入の差	輸出・輸入	マーシャル=ラーナー条件，Jカーブ効果
異時点間アプローチ	生産と消費の差	投資（生産）・所得	モデルの詳細については第7章を参照のこと

▶国際マクロ経済政策の効果（第12章）

モデル	固定相場制度の場合		変動相場制度の場合	
	金融政策	財政政策	金融政策	財政政策
マンデル=フレミング・モデル	効果なし（金融政策の自由度がない）	正の効果あり	正の効果あり	効果なし
2国ケインジアン・モデル			自国に対して正の効果・外国に対して負の効果（近隣窮乏化政策）	自国・外国に対してともに正の効果（波及効果）

第III部

開発経済学

第 15 章

開発経済学へのいざない

　開発経済学は経済発展論と呼ばれることもあるが，発展途上にある国家が経済的に発展するプロセスを分析し，低所得国の経済的な発展戦略を明らかにすることを目標とする研究分野である。計測・比較可能性の理由から，一国の経済発展はしばしば，「1人当たり所得水準の増大」すなわち経済成長，あるいは一次産品生産主体の経済から工業化が進展するという産業構造の高度化から捉えられるとみなされている。したがって，経済成長率を向上させ，工業化を進めるための政策を識別することは，開発経済学の重要な課題の一つとなっている。ここでは，まず，経済発展をどのように捉えるかを学ぶ。その上で，開発経済学の歴史を振り返りながら，途上国の経済開発問題を解決するためのいくつかの考え方について見てみる。

15 開発経済学へのいざない

15-1 経済発展をどう捉えるか

　開発経済学（Development Economics）とは，「国家が経済的に発展する様々なプロセスを分析し，低所得国の発展戦略を明らかにすることを目標とする研究分野」である。第Ⅲ部においては，「開発経済学」の分析対象とその成果・現在の課題について概観する。ここで，経済発展（Economic Development）とは，ある国の経済が「より望ましい状態」へと移行する「動態的な変化」のことを指している。では，「より望ましい状態」，そして「経済発展」とはどのように捉えることができるのであろうか？

■1人当たり GNP・GDP

　経済発展を捉えるためのアプローチとしてもっとも重要なものは，第8章で既に見たような，「国民経済計算（System Of National Accounts; SNA）」体系によって収集される，マクロ経済を記述するための標準的変数を用いる方法である。これらの概念に基づけば，「一国の経済発展とは GDP ないし GNP が成長する状況」と定義することができる。

　しかしながら，GNP や GDP は，経済全体の規模を数量化するものであって，マクロ経済を構成する国民の1人当たり配分の大きさを記述するものではない（コラム参照）。したがって，一般的に，経済発展の尺度として GNP や GDP を人口で割った1人当たり GNP や1人当たり GDP が用いられる。さらに，これら変数の成長率は，経済発展の速度を示していることになる。

シドニー五輪における真の勝利国

2000年のシドニー夏季五輪では，アメリカ・ロシア・中国といった国が獲得金メダル数の上位を占めた。しかし，人口規模が巨大なこれらの国が，多くのメダルを獲得できるのは，当然かもしれない。より正しいランキングの方法は，人口当たりのメダル獲得数を見てみることであろう。下表によれば，人口1000万人あたりの金メダル獲得数で上位となったのは，バハマ・スロベニア・キューバであった。これらの国家こそ，真の勝利国といえるのかもしれない。

シドニー夏季五輪金メダル獲得数

国	合計	国	合計	人口1000万人当たり	GDP1000億円当たり
アメリカ	39	バハマ	1	33.3	20.0
ロシア	32	スロベニア	2	10.0	10.0
中国	28	キューバ	11	9.9	50.0
オーストラリア	16	ノルウェー	4	9.1	2.6
ドイツ	14	オーストラリア	16	8.6	4.1
フランス	13	ハンガリー	8	7.9	16.7
イタリア	13	オランダ	12	7.6	3.0
オランダ	12	エストニア	1	7.1	20.0
キューバ	11	ブルガリア	5	6.0	41.7
イギリス	11	リトアニア	2	5.4	18.2
EU15	80	EU15	80	2.1	0.9
旧ソ連	48	イギリス	11	1.9	0.8
		旧ソ連	48	1.7	16.2
		アメリカ	39	1.4	0.4

（出所）*The Economist*, 2000年5月号

■国民経済統計の問題点

「1人当たりGDP」を，「経済発展」の指標とするアプローチには，以下に述べるように，留意すべき問題点がいくつかある。まず第1に，1人当たりGDPの指標には，主として市場で取引されている経済活動のみが含まれており，家事労働によって生み出されたサービスの生産や農家の自家消費目的の生産が正確には含まれていないため，生産の社会的価値を過小評価する

という問題が指摘されている。このことは、とりわけ農業部門や自営業、さらにはインフォーマルセクターの比重が大きい発展途上国のデータにおいては問題となり得る。

この点について、チャールズ・ジョーンズ（C. I. Jones）は、労働者1人当たり GDP を経済発展の指標として用いることを提唱している[1]。これは、GDP には、農家の自家消費などについては帰属計算による修正が施されているとはいえ不十分であり、さらにインフォーマル部門の生産などが含まれていないと考えられることから、人口1人当たり GDP で示される指標が、開発途上国における経済発展の程度を過小評価する恐れがあるためである。経済全体において、ある程度の賃金の裁定が働いているとすれば、フォーマル部門を対象として計算される「労働者1人当たり GDP」は、ある程度代表性を持つ指標という可能性がある。

■国際比較上の問題点

第2に、国際経済学の文脈で1人当たり GDP を経済発展の尺度として国際比較を用いる場合には、それぞれの国家において用いられる通貨表示となっている生産価値をどのようにして比較するかという問題がある。第10章で見たように、バラッサ=サミュエルソン効果から、発展途上国においては先進国よりも物価水準が低い傾向がある。そのため、名目為替レートで換算された1人当たり GDP が低くとも、購買力平価で換算された家計の実質的な所得水準はそれほど低くない可能性がある。確かに、表15-1 に見るように、名目為替レート換算ではアメリカの1人当たり GNP はインドのそれの68倍にもなるが、PPP で換算した場合には、14倍へと格差が大幅に低下する。

さらに、政府の為替政策を通じ、多くの発展途上国における名目為替レートは人為的に歪められている。このことも、名目為替レートを国際比較のための換算値として用いる問題点を示している。

---

1) Jones, Charles I. (2002), *Introduction to Economic Growth*, 2nd. edition, Norton, pp.6-7.

▶表 15-1　インドとアメリカ合衆国の経済発展の格差

(1999 年，US＄表示)

	名目為替レート換算	PPP 換算
インドの 1 人当たり GNP	450	2,149
アメリカの 1 人当たり GNP	30,600	30,600
インドに対するアメリカの 1 人当たり GNP の比	68	14

(出所)　World Bank, *World Development Report 2000/2001*.

■窮乏化成長

　第 3 に，一国の経済発展とは，「国民の厚生水準がより望ましい状態へ移行する状況」として定義されるべきものであり，国全体として選択された消費の組合せに対応する社会の無差別曲線が右上にシフトする状況として定義されるべきものである。この点について，第 3 章において解説したように，1 人当たり所得水準が成長するにも関わらず，無差別曲線が左下にシフトしてしまい，厚生水準が低下するという**窮乏化成長**というケースの存在が知られている。とはいうものの，第 3 章で見たように，現実の世界において「窮乏化成長」が起こる確率はゼロではないものの，非常に小さいのかもしれない。

■構造変化

　第 4 に，GDP と 1 人当たり GDP は，それぞれ「集計的」・「平均的」概念であるため，生産面で見た場合には産業構造の変化を捉えることができないという問題点があり，所得面で見た場合には貧富の格差・貧困の深刻度など所得分配上の情報を含んでいないという問題点がある。

　前者については，経済発展を農業主体の社会から工業あるいはサービス業主体の社会への産業構造の動的変化として定義する見方がある。すなわち，経済発展とは生産や雇用の比重が第一次産業から第二次・第三次産業へシフトして行くパターンとして見ることができる。このような発展プロセスはペティ=クラークの法則として経験的に知られた現象である。図 15-1 は，1960 年以降における韓国の GDP に占める農業・工業・サービス業のシェアの変

15 開発経済学へのいざない

図 15-1 韓国における生産構造の変化

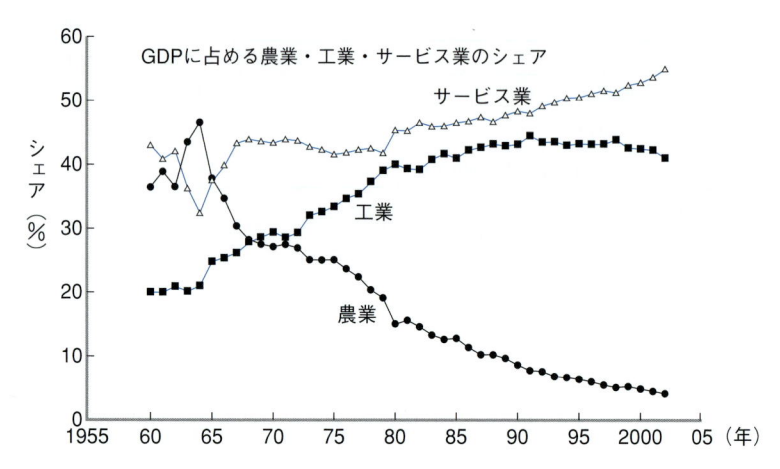

(データ出所) World Bank, *World Development Indicators*.

図 15-2 韓国における農業部門流出労働力と実質賃金（1964-79 年）

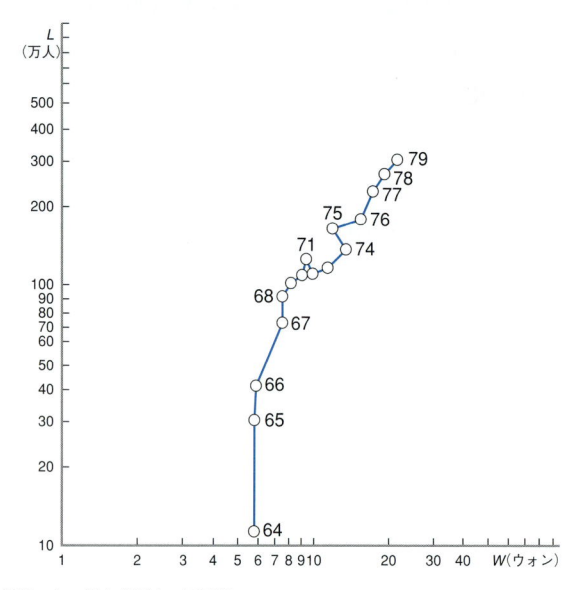

(注) L：農業部門からの流出労働力の累計値
　　W：繊維部門の 1 人 1 日当たり実質賃金（1975 年価格）
(出所) 渡辺利夫『開発経済学——経済学と現代アジア（第 2 版）』日本評論社、1996 年、77 ページ。

図 15-3 労働市場の需要と供給

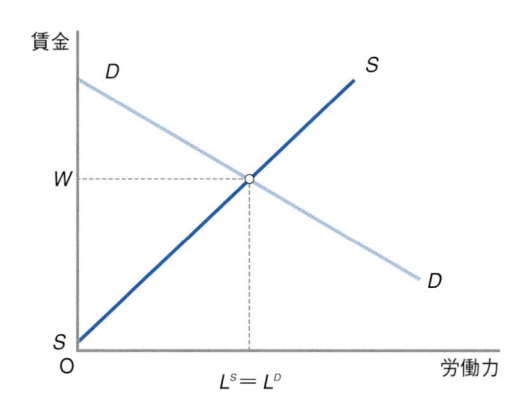

化を見たものである。明らかに農業部門から工業・サービス業へと経済の比重が移行するという構造変化のパターンが観察される。さらに，図 15-2 の縦軸は，農業部門から工業・サービス部門に流入した人口の累計値を取っている。60 年代・70 年代の韓国において雇用の比重が急速に農業部門から非農業部門にシフトしていることが分かる。

このような産業構造変化としての経済発展を記述するモデルとして，アーサー・ルイス（W. A. Lewis）によって開発されたルイス・モデルがある。ルイス・モデルは，工業部門あるいは近代部門における労働市場に注目する。労働市場では，他の財の市場と同じく，「労働サービス」が取引され，その価格である「賃金」が決定される。そのような価格決定は，労働を雇う側である工業部門の事業主らが持つ「労働需要曲線（図 15-3 の DD 曲線）」と，労働を供給する主体である労働者の行動を積み上げて導かれる「労働供給曲線（図 15-3 の SS 曲線）」によって決定される。図 15-3 では，そのような労働市場における需要 L^D と供給 L^S が均しくなるという均衡賃金が W で示されている。

ここで，ルイスは，発展途上国においては農業部門において大規模な余剰労働力が存在するため，労働供給曲線は図 15-4 の水平線 SS のように描け

15 開発経済学へのいざない

図 15-4 ルイス・モデル

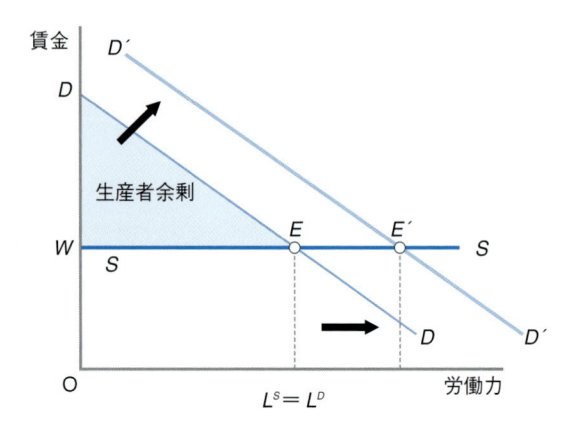

ると考えた。いいかえれば，彼は一定の賃金水準で農村の余剰労働力が工業部門において雇用可能であると考えたのである[2]。このような考え方を無制限労働供給の理論と呼んでいる。そして，経済発展とは，色アミ部分で示される生産者余剰が再投資され，それを通じて労働需要曲線が右にシフトし，工業部門の雇用や生産水準が拡大するプロセスであると考えたのである。このようなモデルは，確かに多くの発展途上国が共通して余剰労働力や半失業者の問題を経験してきた事実に当てはまるものであり，ルイスにノーベル経済学賞をもたらすものとなった。

しかしながら，このルイス・モデルには，大きく分ければ2つの問題点がある。まず第一に，図 15-4 で示されるような経済発展のメカニズムが進行すればいつかは，農村の余剰労働力が枯渇する状況が生まれるはずである。いいかえれば，経済発展に従って労働過剰経済が労働不足経済に転換する転換点がどこかで生ずることになろう。このような「転換点」は，日本経済の発展過程を事例として 1960 年代・70 年代にグスタフ・ラニス（G. Ranis），ジョン・フェイ（J. C. H. Fei），大川一司，南亮進らによって議論された。図 15-5 はそのような議論を明確にしたラニス＝フェイ・モデルを簡略化して

---
2) これは，労働供給が賃金の変化に対して無限に弾力的であることを示している。

15-1 経済発展をどう捉えるか

図15-5 ラニス=フェイ・モデル

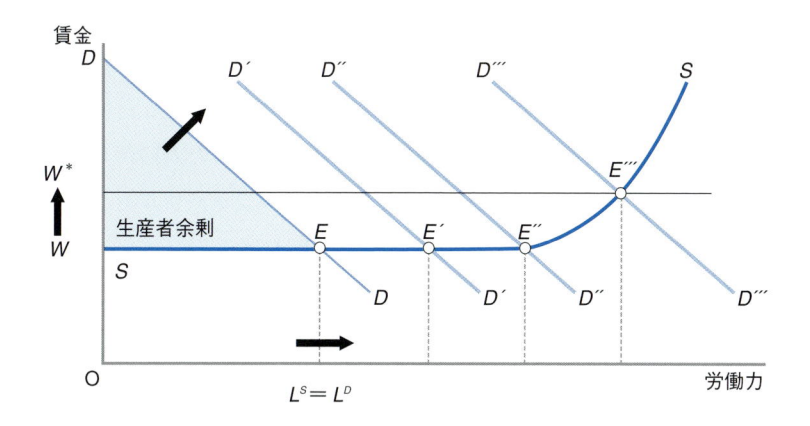

図15-6 全雇用に占めるインフォーマル部門の雇用シェア

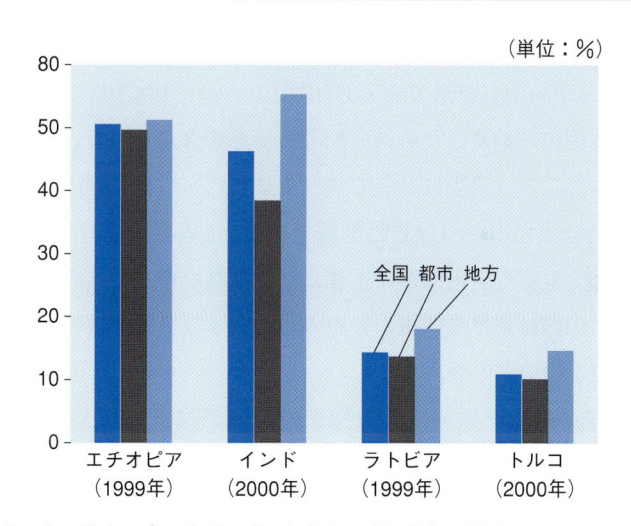

（出所）International Labour Organization, *Key Indicators of the Labour Markets*.

示したものである。この図において，E''点より右側に労働需要曲線DDがシフトすると，均衡点は$E''\rightarrow E'''$へと移動し，それに従って賃金が上昇することになる。このような転換点のパターンは，韓国や台湾でも見ることができる。図15-2によれば，1970年頃以降の韓国において，農業労働力の流

247

出に伴って工業部門の賃金が上昇しており，韓国が労働過剰経済から労働不足経済へと転換したことが示唆されている。

ルイス・モデルの第2の問題点は，農業部門から押し出された**余剰労働力**が必ずしも工業部門においてすべて雇用されるとは限らないことである。むしろ，多くの途上国においては，農村から都市に流出した人口がスラム街に滞積し，非公式な生業を営むという巨大な**都市インフォーマルセクター**が形成されている。事実，図15-6は，発展途上国におけるインフォーマル部門の比重が極めて大きいことを例示している。マイケル・トダロ（M. P. Todaro）らは，既に見たような，ルイス，ラニス=フェイらによって開発・拡張されてきた2部門経済発展モデルに「都市インフォーマルセクター」を組み込むことによって拡張した。

■貧困と所得分配

「集計的」・「平均的」概念であるGDPと1人当たりGDPには，さらに**貧富の格差・貧困の深刻度**など所得分配上の情報を含んでいないという問題点がある。実のところ，以下において述べるように，現代の国際開発におけるもっとも重要な課題の一つは**貧困削減**であり，1人当たりGDPを用いることによってはそもそも貧困問題が正確に把握されないという問題が生じる。したがって，国内における所得の分布の形状をより詳細に情報として含む経済発展の指標を用いる必要がある。

貧困の数量的把握に用いられる指標の代表例は，**貧困人口比率**（Head count ratio），すなわち貧困線以下の人口比率である。貧困人口比率は，図15-7に示されているように一国の所得の分布関数を前提として，最低限の生活水準を保証する所得水準である**貧困線**（Zで示される）以下の面積で示される。

世界銀行は，1人1日約1ドルを貧困線Zとして用いた場合の，国際比較可能な**貧困人口比率**を世界各国について計算している（表15-2）。この貧困線の根拠は，低所得国政府がそれぞれ独自に定義し，用いている貧困線（購

15-1　経済発展をどう捉えるか

図 15-7　貧困人口比率

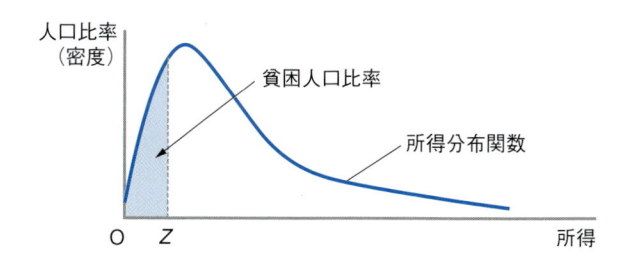

▶表 15-2　地域別貧困人口

(貧困線 $Z=\$1.08/$日，1993 年購買力平価換算)

	貧困人口比率			貧困人口（百万人）		
	1987	1990	1998	1987	1990	1998
東・東南アジア・太平洋地域	26.6	27.6	15.3	415.13	452.45	278.32
（中国を除く）	23.9	15.0	9.6	109.22	75.99	55.59
東ヨーロッパ・中央アジア	0.2	1.6	5.1	1.07	7.14	23.98
ラテンアメリカ・カリブ海諸国	15.3	16.8	15.6	63.66	73.76	78.16
中東・北アフリカ	11.5	9.3	7.3	24.99	21.99	20.85
南アジア	44.9	44.0	40.0	474.41	495.11	522.00
サブサハラアフリカ	46.6	47.7	46.3	217.22	242.31	290.87
世界全体	28.7	29.3	24.3	1196.48	1292.74	1214.18
（中国を除く）	29.6	29.3	27.3	890.57	916.29	991.46

（出所）　筆者作成。
（データ出所）　"Global Poverty Monitoring" of the World Bank（http://www.worldbank.org/research/povmonitor/index.htm）

買力平価レートによるドル換算値）の代表値であることにある。

　表 15-2 によれば，サブサハラアフリカにおいて貧困人口比率がもっとも高くなっており，貧困人口の絶対値で見ると南アジアが最大となっている。これら 2 つの地域と中南米諸国においては，貧困人口比率の大きな低下は見られず，その結果，貧困線以下人口の絶対数が増加している。たとえば，南アジアにおいて貧困人口比率は，過去 10 年間に約 5％ポイント低下したものの，人口増加率が貧困人口比率の低下を上回ってしまい，結果として

図 15-8　ローレンツ曲線

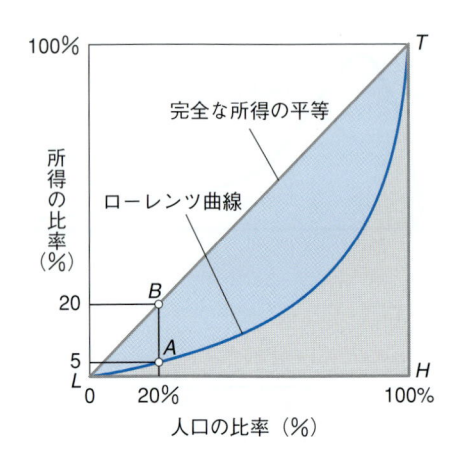

10％以上の貧困人口増がもたらされることとなった。その結果，世界の貧困人口の約 40％が南アジア地域に集中している。

　一方，所得分配の指標として幅広く用いられている指標としてジニ係数がある。直接的には，ジニ係数は，図 15-8 に示されるようなローレンツ曲線を前提として計算されるものである。図 15-8 の横軸は，最低所得層から高所得層まで所得順に人口を並べた場合の人口比率を示している。そして，縦軸はそれぞれの人口の比率に対応する累積所得の比率を示している。たとえば，点 A は，所得で見た最下層 20％の人口がこの国の所得の 5％を得ているということを示している。もし，この層が B 点で示されるように 20％の所得を得ているとすれば，所得分配は完全に平等であるということになるから，45 度線は完全な所得の平等を示すものとなる。したがって，45 度線と実際の不平等なローレンツ曲線で囲まれる三日月形の面積が不平等度を示すものとなる。この三日月形の面積を三角形 TLH の面積で割った比率をジニ係数と呼んでいる。ジニ係数は，所得分配が完全に平等の場合にはゼロを取り，完全に不平等な場合に 1 をとる変数である。

15-1 経済発展をどう捉えるか

図15-9 クズネッツ・カーブ

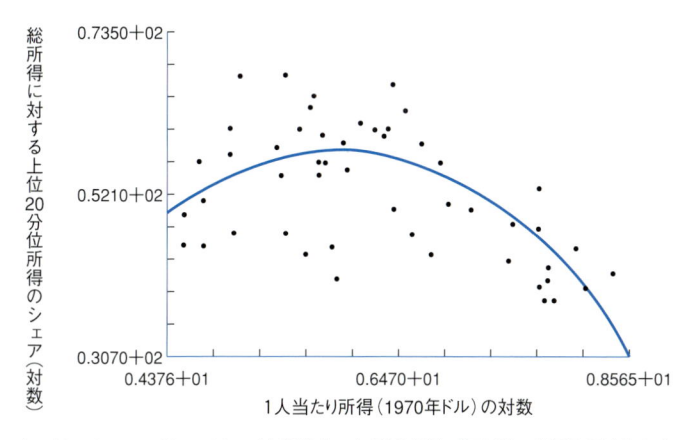

縦軸：総所得に対する上位20分位所得のシェア（対数）
横軸：1人当たり所得（1970年ドル）の対数

（出所）ウィリアムソン，ジェフリー（安場保吉・水原正亨訳）『不平等，貧困と歴史』ミネルヴァ書房，2003年，図1-1。
（元データ出所）Lindert, P. H. and J. G. Williamson（1985），"Growth, Equality, and History," *Explorations in Economic History* 22（4），pp. 341-77。

■クズネッツの逆U字カーブ

　所得の不平等と経済発展の関係を論じた極めて重要な議論として，サイモン・クズネッツ（S. S. Kuznets）による逆U字仮説がある。逆U字仮説とは，横軸に経済発展の指標，縦軸に所得不平等度の指標をとると，両者の関係が「逆U字」になるというものである。クズネッツは，経済発展の初期段階においては，所得分布が比較的平等な農業部門の比重が高く，したがって国全体の平等度も高いが，工業化・都市化が進むにつれて不平等が高まると考えた。確かに，中程度の発展段階においては，各部門内における不平等に加えて農業・工業あるいは農村・都市間での部門間不平等が顕在化するため全体としての不平等が高まるといえる。しかし，さらに経済発展が進むと，部門間不平等の重要性が低下し，さらに工業・都市部門において様々な政府の再配分政策が行われるようになるであろうから，最終的に所得は再び平等化の方向へ向かうと考えられる。以上のようなプロセスによって「逆U字」が生み出される可能性がある。たしかに，図15-9に見るようにクロス

カントリー（国際比較）のデータを用いると，逆U字が見られるとする研究がある。とはいうものの，より質の高いデータを用いた最近の研究では，逆U字が見られないとするものもある[3]。

■経済発展の質的側面

最後に，そもそもGDPやGNPの統計は，経済の量的側面を集約する変数であり，質的な変化を情報として取り入れていないために，不適切であるとみる考え方がある。たとえば，人々の生活の質を捉えるためには，アマルティア・セン（A. K. Sen）がいうような，「社会生活の中で実際に機能しうる，人々の潜在的な能力（ケイパビリティ）」や権原（エンタイトルメント），すなわち「個人が所有するすべての権利と機会を用いて支配することのできる資源」といった概念を取り入れる必要がある。実質所得だけではなく，平均余命・成人識字率・就学年数といった社会指標を取り入れることによって，このような経済発展の質的側面を取り入れた「発展の指標」として，国連開発計画（UNDP）が作成した人間開発指数（Human Development Index; HDI）というものがある。

HDIは，1人当たりGDPで示される「経済的な生活水準」に加え，「健康で永い人生が送れるかどうか」ということと，「知識へのアクセスがあるかどうか」という側面を総合的に評価したものである。健康の側面は「出生時における平均余命」，知識へのアクセスという側面については成人識字率と就学率によって数量化している。

世界各国における経済発展の程度を，それぞれ2001年のHDIランキングと1人当たりGDPのランキングによって見てみると，スリランカのように1人当たりGDPが比較的低いものの（112位），HDIランキングではより高くなる（99位）という国家もあれば，逆に南アフリカ共和国のように1人当たりGDPのランキングが高い（46位）一方，HDIランキングが非常に低

---

[3] Deininger, Klaus and Lyn Squire (1998),"New Ways of Looking at Old Issues: Inequality and Growth," *Journal of Development Economics* 57 (2), 259–87.

図15-10 1人当たりGDPとHDIの関係

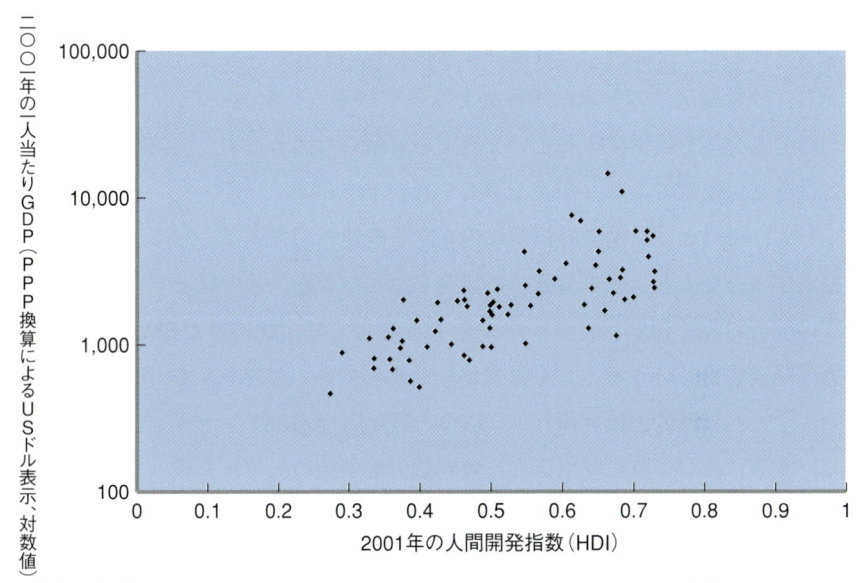

縦軸：二〇〇一年の一人当たりGDP（PPP換算によるUSドル表示，対数値）
横軸：2001年の人間開発指数（HDI）

（データ出所） United Nations Development Programme, *Human Development Report 2003*.

くなっている（111位）という国家もある。しかしながら，全体としてみると，HDIと1人当たりGDPの間には強い正の相関関係があることが見て取れる（図15-10）。したがって，開発経済学では，以上のような1人当たり所得水準の問題を認識しながらも，それを重要な変数として分析するのである。

□ 15-2 開発経済学の歴史 □

　既に述べたように，開発経済学とは，「国家が経済的に発展する様々なプロセスを分析し，低所得国の発展戦略を明らかにすることを目標とする研究分野」であるが，それは必然的に，マクロ経済学・ミクロ経済学を基本とし

253

て国際金融論・国際貿易論・農業経済学・都市経済学等あらゆる分野の成果を踏まえる必要が出てくる。さらに，現実的な政策の要請から，フィールド調査やそのデータを用いた計量的な分析が幅広く行われてきた分野でもあるから，計量経済学の知識は不可欠となっている。したがって，「経済発展のための処方箋を提供する」という現実の要請にも関わらず，開発経済学の学習は非常に困難であり，多大な努力を必要とする。

一方，このような開発経済学に内在する難題への挑戦が，しばしば既存の経済学の枠を大きく広げる斬新な研究を生んできた。その証として，過去にこの分野に深く関わったノーベル賞受賞者として，既に見た**逆U字仮説**や**近代経済成長**という考え方を定式化したサイモン・クズネッツ，第5章において学んだ**累積的因果関係**という概念の創始者であるグンナー・ミュルダール，本章において既に見たように**無制限労働供給**のモデルを組み立てたアーサー・ルイス，HDIの理論的背景となった貧困や社会的厚生の概念を精緻化したアマルティア・セン，**情報の経済学**の創始者の一人であるジョゼフ・スティグリッツ（J. E. Stiglitz）らがいる。さらに，以下に見るように，ポール・ローゼンシュタイン・ロダン（P. N. Rosenstein-Rodan）やラグナー・ヌルクセ（R. Nurkse）が提唱した**均斉成長**の議論やアルバート・ハーシュマン（A. O. Hirschman）による**不均斉成長**の理論など，現代の経済学に強い影響を及ぼした様々な斬新な考え方が生まれたのである。

ここでは，まず「均斉成長」「不均斉成長」などの考え方を順番に見てゆくことによって，開発経済学の歴史を振り返り，現在の経済学がどのようにして開発問題に取り組んでいるかを，いくつかの例示を通じて概観することにしよう。

■ 開発経済学の黄金時代

まず，「固有」の開発経済学の多くは1950年代に形成された。第2次世界大戦後の復興と旧植民地諸国の政治的独立という背景のもと，アメリカ合衆国を中心として生み出された膨大な開発援助をいかに配分するかという理論

的根拠として開発経済学の進展が要請されたのである。この時代には，ケインズ経済学が先進資本主義諸国を分析する枠組みとして支持される一方，政府による積極的な工業化政策を主張する，固有の開発経済学が途上国経済を分析する経済理論として受け入れられた。

■均斉成長

まず第1に，「途上国はなぜ発展できないのか」という包括的な問題に対し有力であった考え方として，ラグナー・ヌルクセの貧困の悪循環の考え方を挙げることができる。ヌルクセは，図15-11に示されているような，供給・需要の両面において貧困が貧困を生み出すという途上国経済における「貧困の悪循環」の存在を指摘したのである。

ヌルクセは，貧困の要因が技術水準の停滞と市場の狭隘性の相互作用にあると考えており，市場の全面的かつ相互補完的需要創出を通じて悪循環からの脱却を目指すために，均斉成長の必要性を主張した。また，発展途上国においては企業家精神を有する人的資源の源泉となる中産階級が欠如しており，先進国のようなシュムペーター流の企業家による革新が不在であるため，貧困の罠から脱却し，均斉成長経路を達成するには，明治期の日本がそうであったように，政府が革新者の役割を担わなければならないと考えた。

また，ヌルクセの「貧困の悪循環」に加えて，代表的な「均斉成長論」として，ローゼンシュタイン・ロダンによる，東ヨーロッパ工業化に関するビッグ・プッシュの理論がある。彼は小作農民を熟練労働力に転化するための

図15-11 貧困の悪循環

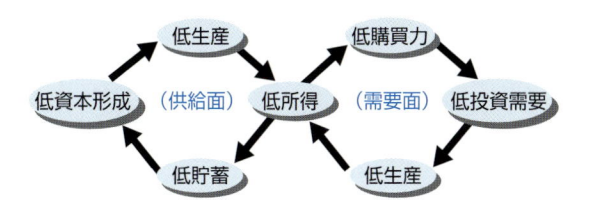

低資本形成 →（供給面）→ 低生産 → 低所得 → 低購買力 →（需要面）→ 低投資需要 → 低生産 → 低貯蓄 → 低資本形成

工業化の責務を重視し，「多数の企業が同時多角的に投資・生産を開始するならばそれによって相互に需要が拡大されると同時に，企業相互の外部性すなわち補完性と収益の逓増性という工業化の性質から急速に経済成長が進展する」と考えた。つまり，ヌルクセと同様に「均斉成長」の重要性を主張したのである。この考え方は，工業部門における企業レベルでの収穫逓増の技術の存在が，市場を通じた外部性である金銭的外部性を生み出すため，企業それぞれの行動に基づくと投資が過小になってしまうことに注目している。したがって，工業化の初期段階にある途上国においてはすべての投資計画が大規模投資計画の一環として企画されることが不可欠であり，そのような計画を組織する政府の「ビッグ・プッシュ」が必要であるという政策論を展開した。

　いずれにしても，均斉成長の考え方は，政府による開発政策の資金を調達するための開発援助が理論的に必要である考え，開発援助の理論的根拠を提示することとなった。

ビッグ・プッシュ

　ローゼンシュタイン・ロダンは，異なる産業間での補完性を示すために以下のような例を用いた。まず，農村に居住する2万人の実質的な失業者が，巨大な靴工場の労働者として雇われたとしてみよう。すると，これらの労働者は，農村において受け取っていた生存水準ぎりぎりの分け前よりもはるかに高い賃金を受け取ることができるであろう。もし，これら労働者が賃金をすべて靴に費やすとすれば，既存の農業市場に影響を与えることなく，製靴産業を通じた工業化が可能となる。しかし問題は，労働者が賃金をすべて靴に費やすということはありえないため，そのような製靴を通じた工業化は実現しないということである。ここで，かりに100万人の農村失業者が多数の異なる産業における労働者として同時に雇われたとしてみよう。これらの産業群が，労働者が購入するであろう財の種類と規模に見合うようにうまく計画されれば，このような同時多角的な工業化は，雇用される労働者が新たに生み出す需要を通じて，それ自体が新たな市場を創出するであろう。これは，「金銭的外部性」と呼ばれるものである。すなわち，個々の産業の立場から見ると，お互いの生産が市場を開拓しあうことを通じ，相互の補完性が存在するということになる。ローゼンシュタイン・ロダンは，政府が，

> このような補完性を経済全体として周到にデザインすべきであると考え，そのような政府の役割を「ビッグ・プッシュ」と呼んだのである。
> （参考文献）Rosenstein-Rodan, Paul N. (1943), "Problems of Industrialisation of Eastern and South-Eastern Europe," *Economic Journal* 53, 202–211.

■不均斉成長

　一方，「均斉成長」を達成するために必要な膨大な量の企業者能力・経営能力が発展途上国においては極めてわずかにしか供給され得ない点，および途上国政府の資金調達能力面から「均斉成長」の非現実性を指摘したのがハーシュマンであった。ハーシュマンは，民間企業や市場的諸力によって達成されない均斉成長の経路は，政府にとっても実現困難なものであり，もしある国家が均斉成長論を適用されるほどであるならば，その国は初めから低開発国ではないと考え，均斉成長論を批判した。そして，ハーシュマンは，経済発展にとって重要な意思決定である投資決定を誘発・推進する諸力を作用させるのは不均衡の状態であり，不均等な発展経路をたどることによって主要な希少資源の節約がなされるものと考えた。具体的には，「中間投入財生産産業が，その産出物を別の新しい経済活動の投入物として使用させること」を誘発する効果（前方連関効果），および「自己の生産活動に必要な投入物を国内生産によって供給させようとする努力」を誘発する効果（後方連関効果）の2つの連関効果が大きい産業に対して政府が投資することを通じてより効率的な既存資源の活用がはかられると考えた。そして，以上のような**不均斉成長**的な発展の有効性を主張したのである。そして彼は，開発政策とは，前方連関効果と後方連関効果の総連関効果を誘発させる政策でなければならないとした。

■輸入代替工業化政策

　「固有の開発経済学」では「均斉成長」と「不均斉成長」の2つの議論の間で論争が起こった。しかし，これら2つの考え方は，途上国経済が直面す

る問題が，生産技術の非効率性よりはむしろ市場・需要の制約や価格調整メカニズムの「構造的」硬直性である，との共通認識を持っており，政府による需要拡大政策を重視していた。すなわち，均斉成長にせよ，連関効果にせよ，優位にある開発戦略は工業化であり，工業化を推進するための需要の制約を克服する必要があるという点では一致していたのである。

　さらに，1950年代から60年代にかけては，「1次産品の低所得弾力性に基づき，1次産品交易条件は長期的に悪化する」というプレビッシュ=シンガー命題に代表されるような，発展途上国における輸出ペシミズムの議論が国際連合ラテンアメリカ委員会（ECLA）を中心として幅広い影響力を持っていた[4]。また，グンナー・ミュルダールは，世界人口の大部分を占める低所得国においては，1次産品の低所得弾力性に加えて社会的流動性や人的資本が欠如しており，貿易を行うことによって貧困状態が増幅しさらに貧しくなると主張した。その一方で，高所得国は貿易によってさらなる発展を遂げるため，国際的な所得の不均等がますます増大するという累積的因果関係の考えによって，新古典派貿易理論の要素価格均等化定理を批判したのである。この「輸出ペシミズム」の影響もあり，「固有の開発経済学」が提示する現実の開発戦略は，輸入を排除するための政府の保護貿易と輸入財を代替して国内で生産させるための産業育成政策・工業化政策を組み合わせた輸入代替工業化による積極的な経済政策の提案に収斂することとなった。

■新古典派による反革命

　ところが，1970年から80年代中頃までの期間において開発経済学は大きく衰退してしまった。「固有」の開発経済学が衰退した要因は，まず，市

---

[4]　後に理論・実証研究上の膨大な批判がなされてきたにもかかわらず，「プレビッシュ=シンガー命題」は一方において「従属論」と呼ばれる考え方の起源となり，大きな流れを形成した。プレビッシュ=シンガー命題のように本質的な世界市場の制約を重視する「輸出ペシミズム」に対して，世界市場が存在するにも関わらず保護主義によって市場が縮小されることによる輸出悲観主義は「新しい輸出ペシミズム」と呼ばれている。

▶表 15-3 製造業における実効保護率の平均値と経済成長率

(単位：%)

国（計測時点）	実効保護率	労働者一人当たり経済成長率（1960-98年平均）
シンガポール （1967）	0	5.27
韓国 （1978）	5	5.93
ブラジル （1980-81）	23	2.29
フィリピン （1980）	44	1.58
コロンビア （1979）	55	2.03
ナイジェリア （1980）	82	1.51
チリ （1967）	217	1.01

(出所) 筆者作成。
(データ出所) 実効保護率は World Bank, *World Development Report* 1987 (1987)，労働者1人当たり経済成長率は，Penn World Table Mark 6 (http://pwt.econ.upenn.edu/)。

場・需要の制約要因や価格調整メカニズムの「構造的」硬直性を整然としたモデルによって定式化することに失敗した点である。発展途上国における保険市場などの市場の未発達性という特性を考えれば価格の硬直性を仮定することは十分な現実妥当性を持つといえる。しかしながら，当時において経済学の主流派の人々には，価格変化に対する感応性に基づいた経済主体の合理的行動への考慮が欠如している，と受け止められた。

さらに，貿易政策をめぐる実証分析において，新古典派が優勢になったことも致命的であった。すなわち，第6章で学んだ，貿易の歪みを計測する指標である実効保護率などの概念を用いて計測された分析のほとんどが，歪みの少ない自由主義的な貿易政策をとった国家，とりわけ東アジアの新興工業国家群の方が他の発展途上国に比べて経済成長のパフォーマンスが良いことを示しており，初期の開発経済学者が主張していた積極的な輸入代替工業化政策が実証的に否定されたのである。確かに，表15-3のように，第6章・表6-2で見た実効保護率に経済成長率のデータを合わせてみると，実効保護率と経済発展パフォーマンスとの間には負の相関関係があり，保護主義的な貿易政策が多大なコストを持っていることが示唆される。

いずれにしても，開発経済学を衰退させたこれらの考え方は政策によって誘発された歪み（policy-induced distortion）を取り除き，価格を適正にする（getting prices right）ことが社会にとって望ましいという立場に立っているといえる。すなわち，市場の価格調整メカニズムによって社会にとってもっとも望ましい状態が実現するという考え方である。既に第3章で学んだ自由貿易の最適性もこのような考え方に立っており，これらの立場のことを新古典派経済学と呼んでいる。以上の経緯によって，1980年代に主流となった新古典派的な経済開発思想は，世界銀行やIMFの構造調整政策や公的融資に付けられる付帯条件であるコンディショナリティを通じて1980年代から90年代初頭の現実の開発政策に大きな影響を与えた。たとえば，世界銀行が「構造調整政策」として提示した政策は徹底した経済自由化政策であり，具体的には外国為替市場の自由化・政府企業の民営化・国内資本市場の自由化・対外貿易の自由化をその骨子とするものであった。また，これらの国際機関がいずれもアメリカのワシントンDCに本部をおいていることから，世界銀行・IMFが提示した一連の政策をワシントン・コンセンサスと呼ぶこともある。

■開発経済学の復権

「政策によって誘発された歪み」を取り除き，「価格を適正にする」ことが社会にとって望ましいという新古典派的な考え方は，市場が十分に機能するためのさまざまな前提条件が満たされている世界から導出されるものであり，とりわけ市場機能の欠落や不完全性が深刻な問題となる開発途上経済の分析へ直接に適用することには無理がある。

1990年代に入って活発となった，開発経済学に対する新古典派経済学の反革命への批判と固有の開発経済学の再評価の動きは，まさにこの点をめぐって行われてきた。その結果，現在においては以下に述べるような5つの理由から，開発経済学の地位は目覚しい回復を遂げ，新しい開発経済学と呼ばれる分野が形成されつつあるといえる。

第1の理由は，学術レベルにおいて，1950年代・60年代の開発経済学の諸議論が経済学の発展に寄与してきたことが明らかになってきたことである。クルーグマンや，*Journal of Development Economics*という，開発経済学の分野では最も権威のある学術雑誌の元編集長プラナブ・バルダン（P. Bardhan）は[5]，「組織・制度と情報の問題」・「不完全競争の市場構造と金銭的外部性」・「複数均衡とコーディネーション問題」・「収穫逓増」など現代の経済学における鍵となる概念の起源をたどってゆくと，1960年代までの開発経済学あるいは開発問題の経済分析にたどり着くものが多いことを指摘している[6]。

　第2には，発展途上国に特有の市場の未発達性に関する理論的・実証的分析が急速な進展を見せたことである。とりわけ，気候条件の異なる世界の様々な地域において，地主と小作人が作物を折半するという分益小作制が幅広く存在していること，回転型貯蓄信用講（ROSCAs）などの未組織金融制度が世界中で広範にみられること[7]やバングラデシュのグラミン銀行に代表される小規模金融の総称であるマイクロファイナンスの成功は，市場の未発達性のもとでの様々なインフォーマルな制度や組織を分析するための，開発経済学における不完全情報の経済学アプローチの発展を促した。このようなアプローチを用いることによって，途上国においてまま見られる「特異な」制度・契約形態を，市場の欠落や情報の問題点を軽減・補完するための

5）　Krugman, P. R. (1993), "Towards a Counter-Counterrevolution in Development Theory," *Proceedings of the World Bank Annual Conference on Development Economics*, 15-38; Bardhan, P. (1993), "Economics of Development and the Development of Economics," *Journal of Economic Perspectives* 7 (2), 129-142.
6）　興味深いことに，新古典派に対する反論としての開発経済学の復興は，新古典派国際貿易論から新しい貿易理論，あるいはマクロ経済学では新古典派成長理論や合理的期待マクロ経済学からそれぞれ内生的経済成長理論とニューケインジアン経済学への経済学全体での大きな変化に対応する形で起こっているように見られる。
7）　ROSCAs（Rotating Saving and Credit Associations）は，通常少数の友人・親戚間のグループで形成される共同貯蓄システムであり，世界中に見られるものである。かつての日本においては頼母講や無尽，韓国では契，フィリピンでは，Paluwagan，インドではChit Funds，と呼ばれている。ROSCAsにおいては，定められた毎期毎期に共同で出資が行われ，その資金のプールの中からランダムにあるいは入札を通じて毎回の資金分配が行われる。

> ## グラミン銀行
>
> バングラデシュのグラミン銀行は1976年,チッタゴン大学の経済学教授であったムハンマド・ユヌスによる貧困層への小規模な資金貸付から始まった。グラミン銀行では,資金貸付け自体は個人に対して行われるが,債務者は5人のグループを組み,担保のかわりに返済の連帯責任を負うことを要求されている。グラミン銀行には,貧困層向けの貸付であるにも関わらず返済率が極めて高いことや女性をターゲットとしているなど多くの注目すべき点がある。現在,グラミン銀行はミクロ資金提供のモデルとみなされており,世界中の40にもおよぶ国々でグラミン銀行型の融資プログラムが実施されている。ただし,グラミン銀行の業務は外部補助金に大きく依存しているなど,その維持可能性に対する疑問も出されている。たとえば, Morduch, Jonathan (1999), "The Role of Subsidies in Microfinance: Evidence from the Grameen Bank," *Journal of Development Economics* 60, 229-48 を参照のこと。ユヌス教授とグラミン銀行は2006年度ノーベル平和賞を受賞した。

制度的枠組みとみなして分析することが可能となり,開発経済学のみならずミクロ経済学の発展に大きな影響を与えた。

第3は,計量経済学の理論的進展を背景として,世界各国の経済状況を把握するためのさまざまなデータが収集・整理されるようになったことである。ミクロ分析においては,世界銀行を中心として整理されてきた多目的家計調査プロジェクトである Living Standard Measurement Studies (LSMS) に代表されるように,ミクロデータの整備とその個票データへのアクセスが目覚しく改善されたことが指摘できる[8]。このことは,貧困など発展途上国に固有のミクロ開発問題を精緻に分析するミクロ計量経済学的実証研究を飛躍的に発展させ,開発のミクロ計量経済学というべき分野の形成を促した。

一方,開発のマクロ経済的分析の分野においてはペンシルバニア大学を中心として整備されてきた Penn World Table (PWT) と呼ばれる,国際比較可能な購買力平価で換算されたマクロデータが幅広く用いられている[9]。このデータは,国際連合統計局によって始められた International Comparison

---

8) LSMSの一部データは, http://www.worldbank.org/lsms/ からダウンロードできる。
9) PWTデータは, http://pwt.econ.upenn.edu/ からダウンロードできる。

Programme (ICP) に端を発するものである。このデータは，ロバート・バロー (R. J. Barro) によって広められた，バロー・リグレッション[10]と呼ばれるクロスカントリー（国際比較）の回帰分析を初めとして，様々なマクロレベルでの経済発展の国際比較分析を促進した。ごく最近では歴史的背景や制度の異なりを明示的に組み込んだ国際比較の実証研究が行われており，発展途上経済を対象とした固有の分析が行われる方向にあると考えられる。

　第4に，程度の差はあるものの，政府の役割が積極的に評価されるようになったことである。たとえば，世界銀行の1991年度「世界開発報告」では約100か国の40年間にわたる開発の経験を分析研究した上で，途上国の経済開発の鍵は，国家の政策と市場機能を適正に組合せ生産性を高めるマーケット・フレンドリーアプローチ（市場機能補完型戦略）であるとした。世界銀行の研究報告書である東アジアの奇跡は，市場機能補完型戦略からさらに踏み込んで政府の役割を論じている[11]。そこでは，東アジアにおける高い経済成長を遂げた国家・経済 (High-Perfoming Asian Economies; HPAEs)[12] においては，経済成長を達成するために必要な蓄積・効率的な資源配分・生産性の向上という3つの機能が政策介入を通じて達成されたとする機能的アプローチが提唱されている。そして，東アジアの諸国においては，人的資本への投資，安定的な金融制度，選択的な産業振興や貿易政策などの政策介入が経済成長のための3機能を達成させることに寄与したと評価している。

　これらの政策研究が行われると同時に，東アジア諸国の経済発展に特有の市場・制度と政府の役割を理解するためのさまざまな経済モデルの開発が促進された。スタンフォード大学経済学部のグループ，青木昌彦・奥野（藤原）正寛らによる比較制度分析に基づいた一連の研究は，しばしば「特殊

---

10) たとえば，Barro, Robert J. (1991), "Economic Growth in a Cross Section of Countries," *Quarterly Journal of Economics* 106 (2), pp. 407-43を見よ。
11) 世界銀行（白鳥正喜訳）『東アジアの奇跡——経済成長と政府の役割』，東洋経済新報社，1994年。
12) HPAEsとは，日本，香港，韓国，シンガポール，台湾，インドネシア，マレーシア，タイの8か国・地域である。

とされる日本や東アジアの経済発展の経験が，首尾一貫した論理によって記述できるものであることを明確に示しており，新しい開発経済学研究の一つの方向付けを行ったともいえる[13]。

第5は，1980年代に発展途上国において導入された一連の市場自由化政策・マクロ安定化政策の社会的な負のインパクトが，国際機関・援助コミュニティの実務レベルにおいて認識されるようになったことである。その結果，1990年代に入ると低所得国の貧困削減問題に大きな関心が寄せられるようになり，貧困問題を分析する固有の学問としての開発経済学の役割を再認識させる力が働いた[14]。

1996年，世界銀行・IMF総会において，重債務貧困国（Heavily Indebted Poor Countries; HIPCs）の債務削減についてのHIPCイニシャティブが採択されたが，それは1999年に実務レベルにおいて拡大HIPCイニシャティブとして貧困削減と明示的にリンクされるところとなった。このような90年代後半の国際社会における「貧困削減」の潮流は，最終的には2000年9月の国連ミレニアムサミット等を通じて加盟国・元首の支持を得て設定されたミレニアム開発目標（Millennium Development Goals; MDGs）として数値目標化された。MDGsは，世界の貧困削減についての8つの目標・18のターゲットからなるものである。いずれにしても，これらの動きは，固有の分野としての開発経済学の調査・研究の理論的・実証的進展をさらに刺激するものとなった。近年では，無作為化されたプログラム評価（randomized program evaluation）やフィールド実験といった手法を通じて，マクロファイナンスや就学条件付生活保護金支給などの貧困削減プログラムの効果を厳密に計測するためのさまざまな研究が行われている。その一つの中心が，マサチューセッツ工科大学（MIT）に設置されている研究所，Jameel Poverty

---

[13] 青木昌彦・奥野正寛『経済システムの比較制度分析』東京大学出版会，1996年。
[14] たとえば，貧困ターゲティングの分析，とりわけインドマハーラシュトラ州やアジア通貨危機後の韓国などにおいて実施された雇用創出型公共事業（workfare）の貧困ターゲティングとしての優位性の理論分析や，貧困削減プログラムを実施する主体としてのコミュニティの役割についての再評価などが含まれる。

Action Lab である。

ミレニアム開発目標

　2000年9月の国連総会において加盟国・元首の支持を得て採択されたミレニアム開発目標（MDGs：Millennium Development Goals）は，2015年までに以下の諸目標を達成しようとするものである。

① 極度の貧困と飢餓の撲滅
　・1日1ドル未満で暮らす人口比率を半減する。
　・飢餓に苦しむ人口比率を半減する。
② 初等教育の完全普及
　・男女の差別なく同様に初等教育を完全に修了できるようにする。
③ ジェンダーの平等，女性のエンパワーメントの達成
　・あらゆる教育段階でジェンダー格差を排除。
④ 子供の死亡率削減
　・5歳以下の子供の死亡率を$\frac{2}{3}$削減する。
⑤ 妊産婦の健康の改善
　・妊産婦の死亡率を$\frac{3}{4}$削減する。
⑥ HIV/エイズ，マラリアなどの疾病の蔓延防止
　・2015年までにHIV/エイズ，マラリアやその他の疾病の蔓延を阻止し，減少に転じる。
⑦ 持続可能な環境作り
　・各国政策に持続可能な開発を組み入れ，環境資源の破壊を阻止する。
　・飲料水へのアクセスがない人口の割合を半減する。
　・最低1億人のスラム居住者の生活の顕著な改善を目指す。
⑧ グローバルな開発パートナーシップの構築
　・政府開発援助を増額する。
　・市場へのアクセスの拡大する。
　・債務管理を通じた国の持続可能性の強化。

（出所）　世界銀行東京事務所（http://www.worldbank.or.jp/03agenda/05mdg/mdg_top.html）

15-3 「収斂と発散」のマクロ分析

　以上のような新古典派による反革命と,それに対する反反革命とは,根本的には以下の2つ世界観の相克として捉えることができる。まず,第1の世界観は,開発理論の反革命における理論的主柱となった新古典派経済学であり,単一均衡・負のフィードバック機構によって特徴付けられ,経済は初期条件の如何に関わらず市場メカニズムを通じて社会にとってもっとも望ましい均衡状態に収束する,というものである。したがって,経済の技術的条件や環境条件が国によらず同一であったとすれば,すべての国の発展パターンは同一であり,かつ自由な国際貿易を通じた国際的な相互利益が存在するということになる。

　一方,第2の世界観はブライアン・アーサー(W. B. Arthur)がいうように正のフィードバック機構[15]を基本にしており,第5章で見た議論にもつながるが複数の均衡によって特徴付けられる世界観である。このような考え方においては,「正のフィードバック機構」を通じて増幅される初期条件,すなわち「歴史」が長期的な均衡の選択に対し決定的な重要性を持つことになる。このことをポール・デービッド(P. David)は歴史的経路依存性と呼んでいる。この世界観のもっとも重要な理論的結論は,合理的な経済主体の行動が,市場の価格調整メカニズムを通じて,第5章で見たような「中心・周辺パターン」を生むということである。すなわち,低所得国が更なる貧困化の道をたどる可能性があり得るのである。

---

[15] Arthur, W. B. (1990), "Positive Feedbacks in the Economy," *Scientific American* Feb., 92–9.

QWERTY 経済学

　QWERTY とは，現在の標準的なキーボードの左上の配列である。この配列は，タイプライターが手動式であった時代に，機械の絡まりを防止するという目的でわざわざ打ちにくくするようにデザインされたものである。タイプ打ちの速度という観点からいえば必ずしも効率的でない，QWERTY 型のキーボード配列が，手動式タイプライターがほとんど消滅してしまった，現代の標準的配列となったのはなぜなのであろうか？ そして，DSK（the Dvorak Simplified Keybord）など，タイプ打ちの速度から見れば QWERTY 型よりも 20-40% も速いともいわれる「より効率的な」キーボード配列が広まらなかったのはなぜなのであろうか？

　タイピストが既存の QWERTY 型キーボードで学ぶのは，製造され，入手可能なタイプライターが QWERTY 型であるからである。一方，メーカーが QWERTY 型タイプライターを製造するのはタイピストが QWERTY 型キーボードを入手しようとするからである。ここには双方向の因果関係が存在する。

　下図は 1443 年にデザインされた，24 時間で 1 周する時計である。午前と午後が明確に区別されている点では，12 時間ひと回りの時計よりも正確な情報を提供する，より効率的な時計であるといえる。しかし，1550 年以降，このような時計は現在の時計のデザインによって完全に駆逐されてしまった。

　QWERTY 型キーボードや 12 時間ひと回りの時計の例は，必ずしも効率的でないシステムがこのような「累積的因果関係」を通じて増幅・「固定化（ロック・イン）」されることを示す例である。これは，初期条件の如何に関わらず望ましい資源配分が達成されるという新古典派の考え方と根本的に異なる世界観を意味している。

[参考文献]　David, Paul (1985), "Clio and the Economics of QWERTY," *American Economic Review* 75 (2), pp. 332-37.

（注）「逆時計回り」のフィレンツェ大聖堂時計。24 時間でひと回りする。
（出所）Arthur, Brian W. (1990), "Positive Feedbacks in the Economy," *Scientific American*, Feb., 92-9, Fig. 2.

15　開発経済学へのいざない

■「収斂と発散」のマクロ分析

さて，以上の2つの世界観のうちどちらが正しいのであろうか？　このことに対して一つの回答を与えるのが，ウイリアム・ボーモル（W. J. Baumol）によって示された経済成長の三角形である。図15-12は，国際比較可能なデータを用いて，横軸には，第2次世界大戦後の初期所得水準（1960年の労働者1人当たりGDP）がとられており，縦軸には戦後における長期的な経済成長率（1960年から98年にかけての年平均経済成長率）がとられている。クロスカントリー・データの観測値は三角形に分布していることが見て取れる。1960年の時点において，もっとも高水準の労働者1人当たりGDPを達成していたのはアメリカ合衆国である。三角形の上部右下がりの辺に対応して分布している国家群は，初期の所得水準がアメリカ合衆国よりも低いものの長期経済成長率はアメリカ合衆国よりも高く，アメリカ合衆国やその他の先進国に収斂（convergence）する国家群であったといえる。いいかえれば，何らかの「負のフィードバック機構」を通じてより低い初期発展段階にある国が先進国にキャッチアップし，これらの国々が同様の所得水準へ収束してゆくことを示している。一方，三角形の下部右上がりの辺に位置する国々は，初期の所得水準がアメリカ合衆国よりも低く，さらに長期経済成長率もアメリカ合衆国よりも低かった国家群であり，先進諸国から発散（divergence）するグループであったといえる。これら国家群と先進国との初期時点での経済格差は「正のフィードバック機構」によって，時間を通じて拡大し，中心・周辺パターンが形成されることになる。

結局のところ，これら2つの国家グループが並存している状況は，戦後における世界各国の経済成長実績の分布において，2つの世界観それぞれに当てはまる2つの異なるメカニズムが現実に並存してきたことを示しているといえる。

■経済成長論

さて，以上の三角形で示される経済成長のプロセスはどのように捉えられ

15-3 「収斂と発散」のマクロ分析

図15-12 経済成長の三角形

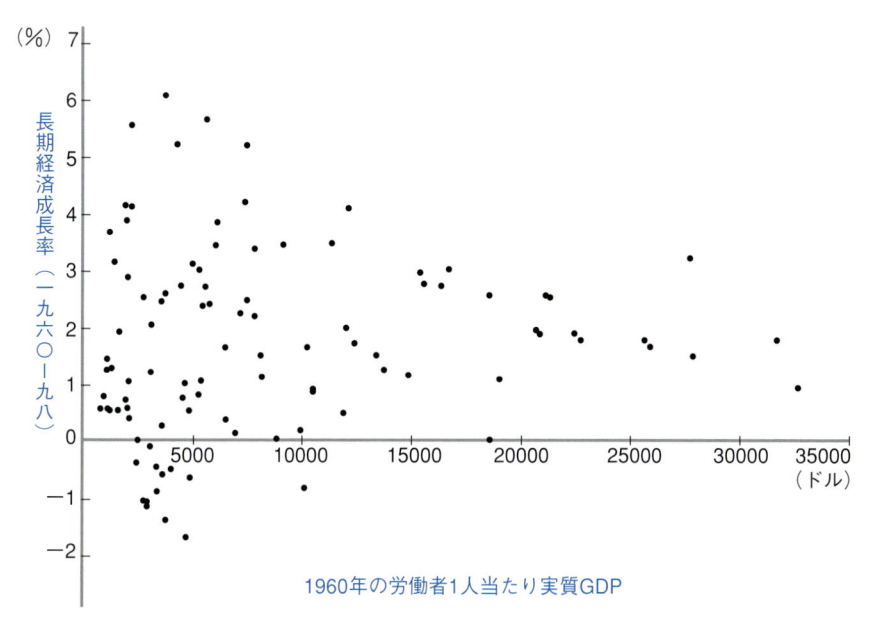

縦軸：長期経済成長率（一九六〇〜一九八）（%）
横軸：1960年の労働者1人当たり実質GDP（ドル）

（出所）筆者作成。
（データ出所）Penn World Table Mark 6.（http://pwt.econ.upenn.edu/）

るのであろうか？ 我々は，第2章・第3章において，既に「生産関数」という概念を学んだ。これらの議論に基づけば，資本投入量（K）・労働投入量（L）・技術の投入（A）と産出量 GDP を関係付ける技術的関係は，図15-13 として表すことができる。

図15-13 の関係は，ロバート・ソロー（R. M. Solow）らによって展開された集計的生産関数と呼ばれるものである。ここで，ある一定の仮定をおくと，図15-13 はさらに，図15-14 に書きかえることができる。

図15-14 は，1人当たり GDP（$\frac{\text{GDP}}{L}$）の増加が，1人当たり資本ストック（$\frac{K}{L}$）の増加と技術（A）の進歩によってもたらされることを示している。しかしながら，第3章で見たように，新古典派的な生産関数を前提とすると，技術の進歩が一定の場合，1人当たり資本ストックと1人当たり GDP の関

図15-13 生産関数 1

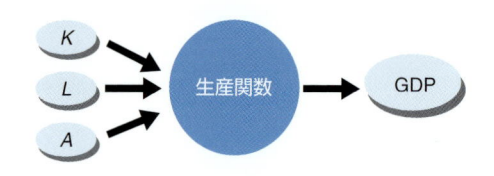

図15-14 生産関数 2

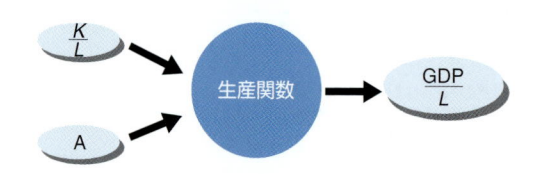

係には資本の「限界生産力逓減の法則」が働き，図15-15のようになる。したがって，1人当たり資本ストックの上昇が経済成長にもたらす貢献は，究極的にはゼロとなる（点C）。このような状況を定常状態と呼んでいる。このため，定常状態における，1人当たりGDPの「長期的な」成長率は，Aの増加率，すなわち技術進歩率となる。

$$\text{長期的な1人当たりGDP成長率＝技術進歩率} \tag{15-1}$$

この点を厳密に論証したのがソローであり，このような経済成長モデルのことをソロー・モデルと呼んでいる。(15-1) 式から分かるように，貯蓄率を増やすような経済政策は「定常状態」における長期的な経済成長率を変化させないため，ソロー・モデルには成長効果が存在しない。

一方，図15-15の点Aからも分かるように1人当たり資本ストックが低い状況においては，1人当たり資本ストックの上昇は，縦軸方向の1人当たりGDPの上昇に十分寄与する。図15-14と合わせて考えると，このことは，短期的には，

$$\text{1人当たりGDP成長率＞技術進歩率} \tag{15-2}$$

であり，さらに，図15-15の点Bのように，1人当たり資本ストックが高くなるほど左辺と右辺の差が，小さくなることを示している。(15-2) 式が

15-3 「収斂と発散」のマクロ分析

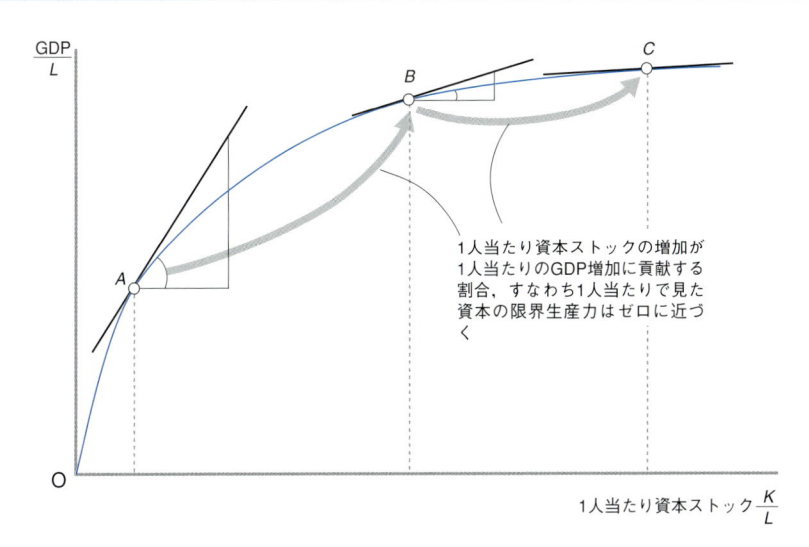

図 15-15　技術 A が一定の場合の1人当たり資本ストックの貢献

1人当たり資本ストックの増加が1人当たりのGDP増加に貢献する割合、すなわち1人当たりで見た資本の限界生産力はゼロに近づく

成立する状況を定常状態（点 C）への**移行過程**と呼んでいる。

　グレゴリー・マンキュー（G. Mankiw）＝デビッド・ローマー（D. Romer）＝デビッド・ワイル（D. Weil）は，国際比較可能なデータを用いることにより，以上のソロー・モデルの結論を忠実に検証している[16]。とくに，(15-2) 式で示される，ソロー・モデルの「移行過程」でのインプリケーションから得られる，

1人当たり GDP 成長率＝技術進歩率
　　　$-\beta$（定常状態の1人当たり GDP－初期の1人当たり GDP）　　(15-3)

という推計式の現実妥当性について統計的な検証を行っている。図 15-13 のような生産関数が前提となっているとすれば，点 A のように現在の1人当たり GDP が定常状態点 C から離れていればいるほど，(15-2) 式が当てはまり，定常状態に到達すれば (15-1) 式が当てはまることになる。このような理論が正しいとすれば，β は負の値を取らなければならない。マンキュー

---

[16] Mankiw, G., Romer, D. and D. Weil (1991), "A Contribution to the Empirics of Economic Growth," *Quarterly Journal of Economics* 107 (2), 2, 407-37.

15　開発経済学へのいざない

図 15-16　貯蓄率，人口増加率，人的資本（教育水準）の影響を制御した場合の「条件付き収斂」

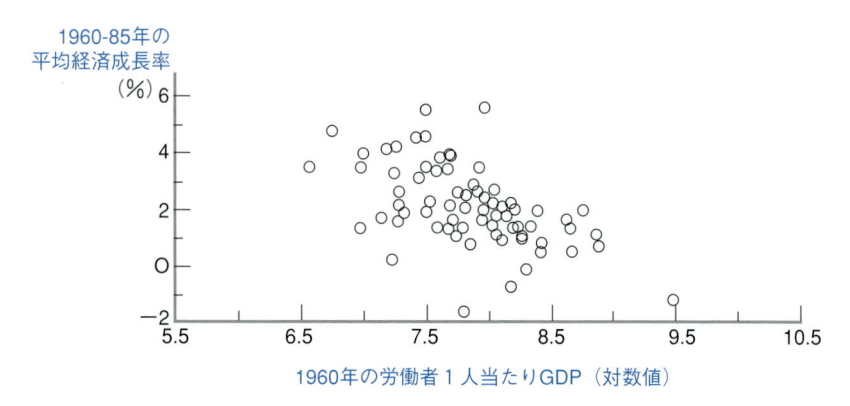

1960-85年の平均経済成長率（%）／1960年の労働者1人当たりGDP（対数値）

（出所）　Mankiw, G, Romer, D. and D. Weil（1991）"A Contribution to the Empirics of Economic Growth," *Quarterly Journal of Economics* 107（2）, 2, 407-37, Figure 1.

　=ローマー=ワイルらは，以上の議論をまとめた（15-3）式を経済成長率についての条件付収斂（conditional convergence）のモデルと呼び，世界各国のデータを分析することにより，β が統計的に有意な負（$-\beta$ は正）の値をとることを確認した。条件付収斂は条件付 β 収斂（β-convergence）と呼ばれることもある。

　とくに彼らは，各国の教育水準が，右辺に含まれている「定常状態の1人当たりGDP」を説明する有力な変数であることを確認しており，経済発展における教育の重要性を裏付ける結果を得ている。このような結論は，バローによる回帰分析（バロー・リグレッション）においても確認されている。逆にいえば，教育の変数などを制御すると，図 15-12 の経済成長の三角形は右下がりに書きかえられるのである。図 15-16 は，マンキュー=ローマー=ワイルによって得られた「条件付き収斂」の研究結果を示している。この図 15-16 によれば，定常状態の異なりに影響する諸変数を制御した場合，所得水準が上昇するほど経済成長率が下がることになる。このような傾向は，（15-2）式や図 15-15 で示される，ソロー・モデルの移行過程での理論的結果を実証的に支持するものである。

■ゴールトンの誤謬

しかしながら，世界の国々の所得格差が縮小してゆくことが厳密な意味での「収斂」であることを考えると，国際的な所得の収斂とは，世界の所得分布の標準偏差である σ（シグマ）が小さくなる状況として理解することができる。これをバローと X. サライマーティン（X. Sala-i-Martin）は，σ 収斂（σ-convergence）と呼んでいる[17]。ここで，σ 収斂と，(15-3) 式あるいは図 15-16 で見られるような収斂，すなわち「条件付収斂」とはどのような関係にあるのであろうか？ このような問題について，ダニー・クオー（D. Quah）は 「β 収斂」の分析がゴールトンの誤謬（Galton's fallacy）と呼ばれる古典的な統計学上の問題を含んでいることを指摘し，大きな論争となった[18]。

「ゴールトンの誤謬」は，19 世紀末に英国における身長の分布を研究し，統計学にはじめて回帰や相関の概念を持ち込んだ統計学者，フランシス・ゴールトン（F. Galton）の名にちなんで付けられたものである。彼は，身長の高い父親の息子はより低い身長を持ち，身長の低い父親の息子はより高い身長を持つという傾向を発見し，「平均値に対する回帰」の問題があることを発見した。これがゴールトンの誤謬である。ここで，「ゴールトンの誤謬」を直観的に見てみるために，野球リーグの順位の分布を考える。リーグを構成する野球チームの数が変わらないとすれば，設定により順位の分布は一定である。したがって，「σ 収斂」は存在しない。一方，最下位のチームは順位が下落することがあり得ず平均して上昇する傾向があり，最上位のチームは順位が上昇することがあり得ず平均して下落する傾向がある。このため，(15-3) 式になぞらえて言えば，右辺の「初期の順位」と左辺の「順位の変化」の間には $\beta<0$ を満たす，「β 収斂」が見られることになる。

---

17) Barro, R. and Sala-i-Martin, X. (1992), "Convergence," *Journal of Political Economy* 100, 233-51. より厳密には，1 人当たり所得の対数値の標準偏差が縮小することを σ 収斂と呼んでいる。

18) Quah, Danny (1993), "Galton's Fallacy and Tests of the Covergence Hypothesis," *Scandinavian Journal of Economics* 95 (4), 427-43.

15 開発経済学へのいざない

図15-17 ツイン・ピークス

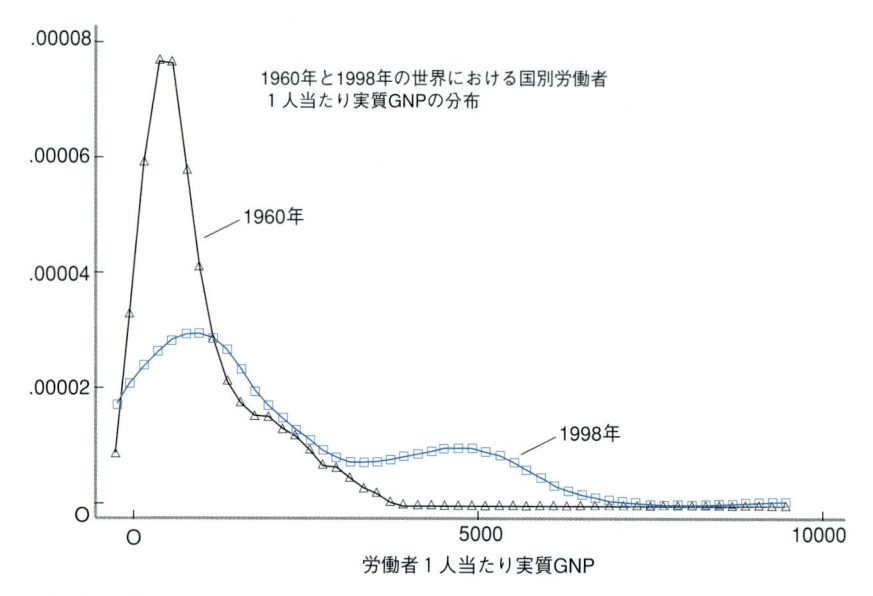

1960年と1998年の世界における国別労働者1人当たり実質GNPの分布

労働者1人当たり実質GNP

（出所）　筆者作成。
（データ出所）　Penn World Table Mark 6.（http://pwt.econ.upenn.edu/）
（注）　これらの関数は，ノンパラメトリックなカーネル密度関数と呼ばれるものである。

このことは，σ収斂がまったく存在しない場合においても，β係数は負になり得ることを示している。いいかえれば，β収斂は，所得格差の縮小を示すσ収斂を必ずしも意味しないことになり，βの推計値は収斂についての情報を何も持たないことになってしまう。

このようなβ係数推計上の根本的問題は，ボーモルの三角形を回帰分析によって分析するアプローチよりは，世界所得分布の時系列変化を直接観察するという手法の優位性を示唆している。そこで，世界所得分布を示してみたのが図15-17である。図15-17によると，世界の所得分布は1960年には対数正規分布に近い形状をしていることが示されているが，1998年には「低所得グループ」と「高所得グループ」という，明らかに2つのグループを持つ分布へと変化した。これは，ツイン・ピークス（twin peaks）と呼ば

れる傾向である。

■内生的経済成長論

　(15-1)式で表されているように，ソロー・モデルのもっとも大きな問題点は，定常状態の長期的な経済成長率が，結局のところ，モデルの内部では議論されていない，技術進歩率となってしまうということである。このことは，経済成長率の決定要因を明らかにするモデルとしてソロー・モデルが極めて不完全であることを意味している。このような問題点を克服するために，技術進歩率の決定要因を探る一連の研究は，内生的経済成長理論（endogenous growth theory）ないし新しい経済成長理論（new growth theory）と呼ばれ，1980年代後半から90年代にかけて目覚しい進展を見せた。とりわけ，「技術進歩率を内生化する研究」としての内生的経済成長理論の研究が進んだが，そのような議論には，2つのタイプがある[19]。

　まず，第1のタイプは，ポール・ローマー（P. M. Romer）やロバート・ルーカス（R. E. Lucas）らによって議論されたものであるが，（人的）資本にマーシャル的（技術的）外部性が存在し，そのために（人的）資本はその限界生産性が逓減しないコア資本となり，それが長期経済成長の源泉になるとするものである。このようなモデルの場合，外部性が存在するため，（人的）資本投資の私的限界生産性が，社会的限界生産性よりも低くなり，市場均衡では過小な（人的）資本投資が行われる。したがって，（人的）資本に対する補助政策が正当化され得ることになる。

　他方，ポール・ローマーらによって開発された第2のタイプのモデルは，経済成長の源泉である技術進歩が，利潤最大化を図る企業の研究開発（R&D）活動から生み出されると考える理論であり，より明示的に技術進歩の決定要因を記述している。

---

19) 内生的経済成長論に関する入門文献としては，チャールズ・I・ジョーンズ（香西泰監訳）『経済成長理論入門』日本経済新聞社，1999年，や柴田章久（1993）「内生的経済成長理論」『季刊理論経済学』44 (5), 385-401, が優れている。

■開発経済学への貢献

次に，経済発展戦略を明らかにしようとする開発経済学が，経済成長論からどのような新しい政策的示唆を得ることができたのかということについて2つの指摘をしておきたい。第1には，長期的な経済成長における人的資本の重要性が再認識されたということである。とくに，人的資本投資は経済成長の一種の先行投資と考えられるべきであるから，経済発展の初期においてさえも，開発戦略のなかにおける教育戦略の優先順位は非常に高く設定されなければならないといえるであろう。

第2に，人的資本と技術進歩との関連を考えた場合，発展途上国にとって重要なのは，R&D投資を推進するという人的資本の役割ではなく，経済成長の源泉となる，技術を輸入する際の受容能力としての役割であろう。したがって，このような国際的技術波及の必要条件として，対外的な経済の開放戦略を考える必要がある。貿易の拡大による商業的な接触は，知識を国内へ波及させるであろう。さらに，海外から国内への知識の波及は国内における既存技術の改良へとつながる可能性もある。いずれにしても，輸出指向工業化戦略の便益は，このようにして技術水準を高めるという文脈で理解されるべきものであるかもしれない。

■経済成長と貧困削減の関係

最後に，経済成長が，図15-7や表15-2で見たような世界における貧困の削減にどのように貢献してきたのかについて見てみることにしよう。このような視点は，ミレニアム開発目標の第一目標,すなわち「極度の貧困と飢餓の撲滅」を達成するためのツールとしての経済成長の評価を行うことでもある。

この問題について，明確な答えを示す有名な研究結果が，世界銀行のエコノミスト，デーヴィット・ダラー（D. Doller）とアート・クラーイ（A. Kraay）によって描かれた図15-18である。この図15-18において，縦軸には，最貧困層の所得の年平均成長率を取り，横軸には，国全体の年平均経済成長率が取られている。そして，図の印は，それぞれ一つの国の観測値を表

15-3 「収斂と発散」のマクロ分析

図15-18 経済全体の1人当たり所得成長率と最貧層の所得成長率の関係

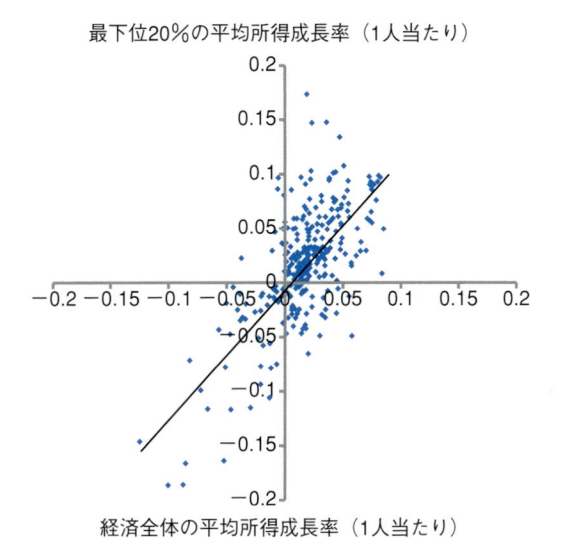

縦軸：最下位20％の平均所得成長率（1人当たり）
横軸：経済全体の平均所得成長率（1人当たり）

（出所） Dollar, D. and A. Kraay (2002) "Growth is Good for the Poor," *Journal of Economic Growth* 7, 195-225.

している。このクロスカントリーの図から，縦と横の変数に「強い正の相関関係」があることがわかる。とくに重要であるのは，国全体の経済成長率が負であるにもかかわらず貧困層の所得が成長した国（第2象限）というのがほとんどないということである。つまり，このことは，経済全体が成長せずに貧困削減を達成した国がほとんど存在しないことを示している。言いかえれば，経済成長は貧困削減の必要条件であることが示唆されている。一方，国全体の経済が成長するにも関わらず貧困層の所得が低下している（第4象限）という国はかなりの数に上っている。したがって，国全体の経済が成長していることは，貧困を削減するための必要条件であるが，十分条件ではないということがいえるであろう。

15 開発経済学へのいざない

● キーワード

開発経済学　　経済発展　　産業構造の変化　　ペティ=クラークの法則
ルイス・モデル　　無制限労働供給の理論　　転換点
ラニス=フェイ・モデル　　都市インフォーマルセクター
2部門経済発展モデル　　貧困削減　　貧困人口比率　　貧困線　　ジニ係数
ローレンツ曲線　　逆U字仮説　　潜在的な能力（ケイパビリティ）
権原（エンタイトルメント）　　人間開発指数（HDI）　　均斉成長
不均斉成長　　貧困の悪循環　　ビッグ・プッシュ　　金銭的外部性
前方連関効果　　後方連関効果　　プレビッシュ・シンガー命題
輸出ペシミズム　　輸入代替工業化　　価格を適正にする　　新古典派経済学
構造調整政策　　コンディショナリティ　　ワシントン・コンセンサス
複数均衡とコーディネーション問題　　収穫逓増　　分益小作制
回転型貯蓄信用講（ROSCAs）　　グラミン銀行　　マイクロファイナンス
LSMS　　開発のミクロ経済学　　バロー・リグレッション
東アジアの奇跡　　比較制度分析　　重債務貧困国（HIPCs）
拡大HIPCsイニシャティブ　　ミレニアム開発目標（MDGs）　　単一均衡
負のフィードバック　　正のフィードバック　　歴史的経路依存性
経済成長の三角形　　収斂　　発散　　条件的収斂　　β収斂
定常状態　　ソロー・モデル　　σ収斂　　ゴールトンの誤謬
ツイン・ピークス　　内生的成長理論

● 練習問題

1. 経済発展の指標としてしばしば1人当たりGDPが用いられる。
   (1) 1人当たりGDPを経済発展の指標として用いることの問題点を列挙しなさい。
   (2) これらの問題点を簡単に説明しなさい。
2. 開発経済学の歴史を経済学全体の流れのなかで見てみよう。
   (1) 1950・60年代に幅広い議論が行われた開発経済学が1970・80年代に衰退した理由を2つ挙げ，簡単に説明しなさい。
   (2) 1990年代に入って，再び1950・60年代の開発経済学の諸議論についての注目が集まってきた理由を5つ挙げ，説明しなさい。

3．新古典派的な経済成長理論（ソローモデル）に従い，経済成長の三角形を説明してみなさい。その上で，内生的経済成長理論に従うと，経済成長の三角形を説明する重要な要素は何になるのかを簡単に述べなさい。
4．貧困削減を達成するための経済成長の役割について述べなさい。

第 16 章

債務危機と通貨危機

　第7章・第11章で学んだように,ある国が債務を蓄積すること自体は悪いことではなく,むしろ好ましいことであるといえる。しかしながら,発展途上国においては,しばしば債務が維持可能でなくなってしまい,債務危機と呼ばれる経済の混乱が引き起こされてきた。さらに,90年代に入り,事実上の固定相場制が崩れ,為替レートが大幅に下落するという「通貨危機」と呼ばれる国際金融上の問題が頻繁に発生するようになった。ここでは,開発経済学における2つの重大なマクロ的問題,「債務危機」と「通貨危機」について学ぶことにしよう。

16 債務危機と通貨危機

16-1 債務危機・通貨危機

　第7章・第11章で学んだように，ある国が債務を蓄積すること自体は悪いことではなく，むしろ好ましいことであるともいえる。しかし，対外債務が問題として認識されるいくつかのケースがある。それは，以下において詳しく述べるように，(1) 流動性の問題，(2) 返済能力の問題，(3) 返済意志の問題，が表面化してしまう場合である。ある国が経常収支赤字を生んでいるとすると，そのような赤字は外国資本流入，典型的には資金の借り入れによって賄われなければならない。もし資本流入が持続可能でなくなってしまうと，対外債務支払いに支障をきたすこととなる。これが「対外債務危機」である。以下では，「対外債務危機」の3つの問題について，「通貨危機」との関連を含め，詳しく見てみることにしよう。

■流動性の問題と通貨危機

　流動性の問題とは，対外債務の返済能力はあるものの，外国の債権者に対して返済を履行する流動性（ドルなどの国際通貨に代表される流動的な資産）が一時的に不足しており，返済が行えない状態である。この場合に，債務返済の履行がなされず，債務危機が生ずることになる。また，1997年にアジア諸国において生じたように，固定相場制のもとにおける流動性の問題は，しばしば通貨危機の形で生じ，固定相場制の破棄・為替レートの急激な切り下げをもたらす。

　国際収支危機，あるいは通貨危機とは固定相場制を採用する国家が，自国通貨の切り下げ予想に伴う取引や投機によって外貨準備の急速な減少に直面し，固定相場制を放棄せざるをえない状況のことを指す。具体的には，国際収支危機・通貨危機とは以下の状況として定義される。

$$\text{実際の外貨準備残高} < \text{受容される外貨準備下限}^{\text{次頁}[1]} \qquad (16\text{-}1)$$

この場合，外貨準備を回復するために為替レートの切り下げが行われる[2]。ここで，第8章で見た国際収支表の概念から，

$$\text{経常収支} + \text{資本収支} + \text{外貨準備減} = 0 \quad (16\text{-}2)$$

である。対外資産を上回る対外債務を持ち，経常収支が赤字であり，さらに新規借り入れを行っているタイプの発展途上国を考えよう。単純化すると，この債務国の経常収支は，貿易収支（赤字），既存の純対外債務に対する利払いと，おそらく正の値をとる移転収支であり，資本収支は外国からの新規借り入れなどの資本流入である。この場合，(16-2) 式は以下のように書き換えられる。

$$\text{資本流入} + \text{外貨準備減} = \text{既存債務の利払い} + \text{貿易収支赤字} - \text{移転収支} \quad (16\text{-}3)$$

(16-3) 式は，この債務国が，右辺の「既存債務利払いと貿易収支の赤字（から移転収支を引いた）合計額」を左辺の「新規借り入れもしくは外貨準備の取り崩し」で賄わざるを得ないことを示している。すなわち，この債務国が直面する基本的問題が，貿易収支赤字のため，既存債務の利払いを一部は海外からの移転所得で賄えるものの，基本的には輸出でファイナンスすることができないことにあることが分かる。さらに (16-3) 式を書きかえると，

$$\text{外貨準備減} = \text{既存債務の利払い} + \text{貿易収支赤字} - \text{移転収支} - \text{資本流入} \quad (16\text{-}4)$$

となる。(16-4) 式から分かるように，流動性危機としての通貨危機の発生は，(a) 資本流入が低下し，(b) 既存債務の利払い負担が大きく，(c) 貿易収支の赤字が深刻であり，(d) 海外からの移転所得が小さい場合に，外貨準備が急速に減少するために引き起こされることになる。一方，新規の資本流入が無制限に持続し得る状況のもとでは，常に外貨準備を下限以上に維持

---

1) 受容される外貨準備の下限は，たとえば「3ヶ月分の輸入額」などである。
2) 中央銀行が固定レートの水準を切り下げ，新たな為替レートで無制限に取引すると公表した場合，資産市場の均衡を達成するために中央銀行は貨幣供給量を増やすような外国為替市場への介入が必要となる。したがって，外貨準備が増大することになる。

することが可能なので，流動性危機としての通貨危機は起こらない。

■アジア通貨危機のケース

　以上のような通貨危機のメカニズムが1997年にアジア諸国で生ずることとなった。これが，いわゆるアジア通貨危機である。1980年代後半から1996年にかけて，資本自由化の進展や良好な経済パフォーマンスを背景として，事実上のドルペッグ制のもとで，為替リスクが有意に低下していた東アジア諸国に，極めて多額の民間資本が流入した（表16-1）。このような状況は，オーバーボローイングとも呼ばれている。資本流入が経常収支の赤字額を上回っていたため，これらの国では，外貨準備が増加した（表16-1）。

　しかしながら，1997年後半になって，これらの諸国においては，多額の資本流入が止まり，大量の資本が流出し始めた（表16-1）。1997年のこれら諸国における資本の純流出額は約11億ドルにのぼり，同時に外貨準備残高が325億ドルもの急激な減少をみた。こうして，外貨準備は枯渇し，それまで比較的安定的に推移していたこれら諸国の通貨の対米ドル為替レートが急落したのである。通貨危機のため，タイ，インドネシア，韓国は，1997年の夏から秋にかけ，国際通貨基金（IMF）からの支援を求めた。97年の公的資本収支は299億ドルにもなっており，緊急の公的資本流入が事態を収拾させるための，ある程度の役割を果たしたと見られる（表16-1）。また，マレーシアは，翌年秋，一時的な資本流出規制を課すことを余儀なくされた。いずれにしても，これら諸国では深刻な経済後退が経験され，1998年の実質GDPは，タイで10.2％，インドネシアで13.2％，韓国で6.7％，マレーシアで7.6％減少した。

　(16-4)式を用いることにより，アジア通貨危機前後の国際資本移動と危機の発生を関連付けることができる。まず，1980年代後半から1997年にかけて，これら東アジアの諸国には極めて多額の資本が流入していた。(16-4)式に基づくと，このような資本流入により，外貨準備の減少がマイナスになっていた，すなわち外貨準備残高が増加していたはずである。しかしな

▶表 16-1　アジア5か国（韓国・タイ・マレーシア・インドネシア・フィリピン）における集計された国際収支

(単位：10億ドル)

	1994	1995	1996	1997	1998	1999
経常収支	−24.6	−41.0	−54.6	−26.3	58.5	43.2
民間資本収支	40.5	79.0	103.2	−1.1	−28.3	−4.8
公的資本収支	7.0	2.5	−2.6	29.9	27.8	3.5
外貨準備増減	5.4	14.0	19.3	−32.5	41.1	27.0

（出所）　大野健一『途上国のグローバリゼーション』東洋経済新報社，2000年，図5-2。

がら，1997年に多額の資本が一気に国外流出し，新規借入額は負の値となった。このことにより，(16-4)式に従って，中央銀行の実際の外貨準備が急速に減少し，通貨危機が生じたのである。このような資本移動の逆転が生じた理由としては，マクロ経済の基礎的要因（ファンダメンタルズ）に構造的問題があるとする考え方や自己実現的な一種のパニックによるものなどの考え方がある。これらの見方については16-4節において詳しく学ぶ。

　債務国の「流動性」が問題となる場合には，返済スケジュール変更（リスケジューリングないし「リスケ」と呼ばれる）・新規つなぎ融資が行われることで問題が解決することになる。たとえば，ジェフリー・サックス（J. Sachs）やジョゼフ・スティグリッツは，東アジアの通貨危機は，これら諸国における短期債務返済能力の問題ではなく，流動性の危機であったとしている。このような見解が正しいとすれば，十分な流動性が確保されれば通貨危機は収拾へ向かうはずである。確かに，1997年から98年にかけて通貨危機・金融危機に陥った韓国の場合には，当初1997年12月3日にアブソープション・アプローチに基づく国内支出の削減という伝統的なIMF支援プログラムが合意に達したが，為替レートはさらなる下落を続けた。最終的には，1997年12月24日に韓国向け民間銀行貸出の借換えを含む，IMFとG7による追加合意が行われることで為替レートの下落に歯止めがかかった。このことは，韓国の通貨危機が，流動性の危機であり，銀行貸出の継続によっ

16　債務危機と通貨危機

て流動性が確保されたために危機が収拾へ向った可能性が高い。実際，アジア通貨危機においては，伝統的な IMF プログラムが組まれても，通貨下落が止まらないケースが多かった。むしろ，IMF プログラムの実施が危機を増幅させたとする見方も根強い[3]。

■返済能力の問題

　一方，より深刻な債務危機の問題とは，「返済能力の問題」である。返済能力の問題は，そもそも，債務国が債務の元本・利子返済を行うだけの正味資産を持たず，返済能力が欠如しているという問題である。つまり，民間企業の債務であれば，倒産手続きを行わなければ事態が解決しない状態のことである。(16-3) 式は，ある国家が時間を通じて常に満たす一種の予算制約式を示している。しかしながら，(16-3) 式は既存債務の利払いと貿易収支の赤字を永久に新規借入によってファイナンスしてゆくという「ネズミ講的」あるいは「バブル的」な資金調達の経路を排除するものではない。これらの経路は明らかにこの国家に対外債務返済能力がないことを示している。これが，「債務返済能力」の問題である。

　詳細は省くが，債務返済能力の有無をデータから検証する方法がある。80年代の中南米諸国・90年代に通貨危機に陥ったアジア諸国のデータを用いて債務返済能力の検証を行った研究の結果が，表 16-2 にまとめられている。これらの研究は，80 年代に債務危機に陥った中南米諸国には対外債務返済能力が欠如していると見られる一方，通貨危機に陥ったアジア諸国には返済能力があり，流動性の危機であった可能性が高い。

　さらに，表 16-2 の結果は，図 16-1 に例示されているように，中南米諸国・フィリピンの銀行貸付債権が流通市場（一種の中古市場）において割引価格で取引されていたことと整合的であるといえる。なぜなら，流通市場が効率的であるならば，銀行貸付債権の流通市場価格は，返済期待額，すなわ

---

[3] Stiglitz, Joseph (2000), "What I Learned at the World Economic Crisis: the Insider," *The New Republic* (4/17).

▶表16-2 対外債務返済能力があるか？

	Sawada（1994）	宮尾（2003）	宮尾（2003）
サンプル期間	1955-1990 （年次データ）	76：1-96：3 （四半期）	76：1-2000：2 （四半期）
アルゼンチン	NO		
ブラジル	NO		
チ リ	NO		
コロンビア	NO		
エクアドル	NO		
メキシコ	NO		
ペルー	NO		
ベネズエラ	NO		
フィリピン	NO		
インドネシア	YES	YES	YES
韓 国	YES	YES	YES
マレーシア	YES		
タ イ	YES	NO	YES

（出所）Sawada, Y.(1994),"Are the Heavily Indebted Countries Solvent？ Tests of Intertemporal Borrowing Constraints," *Journal of Development Economics* 45, 325-337；宮尾龍蔵「アジア危機の発生要因——対外借入制約に基づく検証」高木信二（編）『通貨危機と資本逃避：アジア通貨危機の再検討』東洋経済新報社，2003年，第2章。

ち返済能力を反映しているはずであるからである。

さらに，後に詳しく述べるように1990年代には，アフリカや中南米における低所得国の対外債務問題が深刻化した。これらの国は経常収支が恒常的に赤字となっており，対外債務返済能力欠如の問題を解決するために，いかに債務を削減してゆくかが重要な政策課題となっている。債務削減の必要性を判断するため，IMFは債務維持可能性分析（DSA）という手法を用いている。DSAによれば，対外債務の現在価値が輸出の150％を超える場合に債務が維持可能でないと判断される。表16-3によれば，2001年の時点でそのような維持不可能な対外債務を抱えている国は，47か国にも上っており，そのほとんどが低所得の発展途上国であることが分かる。

16 債務危機と通貨危機

図16-1 銀行貸付債権の流通市場価格

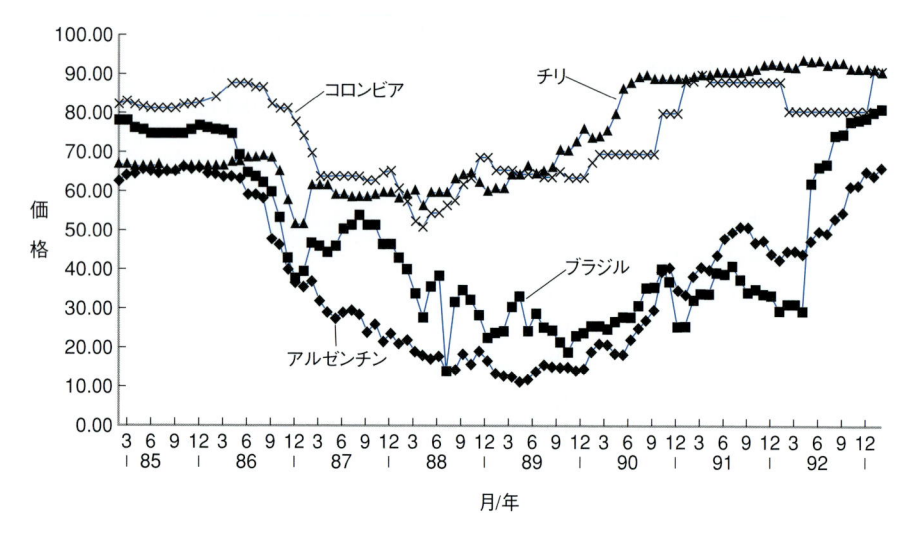

(注) 縦軸は，額面100ドル当たりの価格。
(出所) Sawada, Y. (2001), "Secondary Market Efficiency for LDC Bank Loans and International Private Lending, 1985-1993," *Journal of International Money and Finance* 20, 549-62.

■返済意志の問題

　最後に，対外債務における返済意志の問題とは，債務国が十分な流動性・返済能力を持っているにも関わらず，債務返済を行わないという問題である。このことは戦略的な債務不履行の問題，あるいは履行強制の問題とも呼ばれている。このような問題は，元利返済よりも返済拒否を選択する方が債務国にとって有利であるとき，すなわち債務国が元利返済から得る純便益が返済拒否から得られる純便益を下回るときに生じる。

　この問題は，そもそも，主権国家に対する国際的な貸付（ソブリン貸付と呼ばれる）には，返済履行を強制する法的な枠組みが存在しないこと，そして債務国の債務履行拒否に際し債権者が確保できる債務国の資産はごくわずかであり，担保が事実上存在しない，という性質から生じ得るものである。このような国際的な債務問題の処理に当たっては，債務国政府と債権者（先

16-1 債務危機・通貨危機

▶表 16-3 対外債務の維持可能性

財・サービスの輸出に対する債務の現在価値の比率　　　　（％，2001年の値）

国名	比率	国名	比率
リベリア	1320.82	ブータン	164.58
マダガスカル	1316.69	ガーナ	162.75
ブルンジ	1122.13	ウガンダ	162.04
コンゴ民主共和国	1029.13	チリ	159.99
シエラレオネ	888.37	マリ	154.38
ギニアビサウ	747.11	ミャンマー	150.47
スーダン	590.98	ナイジェリア	149.75
サントメ・プリンシペ	573.39	セネガル	149.56
中央アフリカ共和国	481.53	ラトビア	146.84
ルワンダ	411.12	ケニア	145.89
アルゼンチン	406.92	ウズベキスタン	138.31
レバノン	403.65	アンゴラ	138.29
ザンビア	365.06	カンボジア	137.76
モーリタニア	359.19	カザフスタン	135.26
ニカラグア	335.57	ベナン	133.61
ブラジル	329.97	フィリピン	132.63
マラウィ	296.29	ドミニカ	132.28
エチオピア	295.46	ギアナ	131.42
ペルー	282.64	ロシア	122.81
ニジェール	282.13	ベネズエラ	122.29
コモロス	275.64	タジキスタン	120.28
ラオス	268.12	ジャマイカ	118.78
シリア	266.22	エジプト	115.30
ユーゴスラビア	259.78	モルドバ	115.08
ウルグアイ	240.59	ボリビア	114.07
コート・ジボワール	232.64	ヨルダン	110.57
ブルキナ・ファソ	223.75	ポーランド	107.80
キルギスタン	223.21	グルジア	107.14
パキスタン	221.69	バングラデシュ	106.06
チャド	213.08	ブルガリア	105.89
コロンビア	210.59	アルジェリア	105.16
トルコ	208.45	ホンジュラス	104.07
トーゴ	205.72	セント・クリストファー・ネイビス	103.40
ギニア	202.83	パプア・ニューギニア	103.30
エクアドル	200.46	チュニジア	102.74
インドネシア	199.29	モンゴル	102.57
ベリーズ	196.84	ガボン	101.86
コンゴ共和国	190.92	ボスニア・ヘルツェゴビナ	101.34
カメルーン	180.74	クロアチア	100.82
ジンバブエ	175.29	グァテマラ	100.65
ハイチ	164.77	アルメニア	100.22

（注）　債務の現在価値とは，短期の対外債務残高に公的・公的保証付き・民間非保証長期債務の返済額の割引現在価値総和を加えて計算したものである。
（出所）　World Bank, *World Development Indicators*.

進国銀行・民間の債権者・政府・国際機関）との間，さらには債権者自身の間に戦略的な取引が生じる。その結果，債務国と債権者の間での交渉・再交渉が継続し，1回限りの処理が行われる国内企業の倒産処理と対照的となる。そして，そこでは，再交渉・公的介入・一時的な債務返済停止などを伴うために，債務返済のプロセスは複雑になり，大きなコストがかかる。

では，債務国が債務返済を行うインセンティブがそもそもどこにあるのかを考えることにしよう。債務国が返済意志を持つ理由は，債務不履行（ディフォルト）によって生ずる危機のコスト（ディフォルトコスト）が大きいことである。すなわち，以下の条件である。

$$\text{債務残高} < \text{ディフォルトコストの割引現在価値} \tag{16-5}$$

(16-5) 式が成り立っていると，債務国には，「努力」し返済を行う誘因がある。一方，以下 (16-6) 式が成立するときには，返済履行するよりも債務不履行を行う誘因がある[4]。

$$\text{債務残高} > \text{ディフォルトコストの割引現在価値} \tag{16-6}$$

返済のインセンティブをもたらすディフォルトコストの中身としては，貿易信用供与の停止や貿易制裁などを通じた直接的な懲罰，ディフォルトが生じた場合のマクロ経済停滞のコスト，あるいは将来の世界の資本市場へのアクセスを失うなど「将来の名声」に関わるコストなどがある。

実際のデータを検証してみると，国家の過去のディフォルトとその後の対外資金借入可能性との間には，あまり強い相関関係は存在しない。一方，アンドリュー・ローズ（A. Rose）は，1948年から97年の50年にわたる，217もの国際貿易関係のデータを分析し，ディフォルトによる国際貿易の利益の低下というコストの存在が，返済インセンティブをもたらしていることを示している[次頁5]。さらに，90年代後半の金融危機が大幅な実質所得の下落を伴っていたことを考えると，ディフォルトによる，マクロ経済停滞のコストについては，実証的にも支持されるといえる。

---

4) 全額返済を合理的に行わないということは，返済履行する努力を行わないということであるから，「モラルハザード」と呼ばれる問題が債務国側に生じていることになる。

16-2　1980年代以降の債務危機

　ここでは，1980年以降の世界において発生した実際の累積債務問題として，1980年代の中南米債務危機，そして1990年代における最貧国の債務問題について概観してみよう。

■1980年代の中南米債務危機
　1980年代の，いわゆる中南米諸国における対外債務問題は，1970年代からオイルマネー，すなわち先進国への石油輸出から産油国が得たドル資金が，先進国の銀行へ流れたことが背景にある（図16-2）。OPEC諸国の経常収支黒字は，1980年には1,150億ドルにも達したと推計されている。このようなオイルマネーを中心とした先進国資金の超過供給という環境のもとで，先進の民間銀行から中南米政府あるいは政府系機関への貸付（ソブリン貸付）・政府保証付き貸付が増えていた。借り手が政府であったことや借り手の側に政府の保証がつけられていたことが，貸し手にとっての事前的な「戦略的な債務不履行の確率」を有意に下げていた。これらの要因によって，資金が過剰に中南米諸国に還流する環境があったといえる（図16-2）。

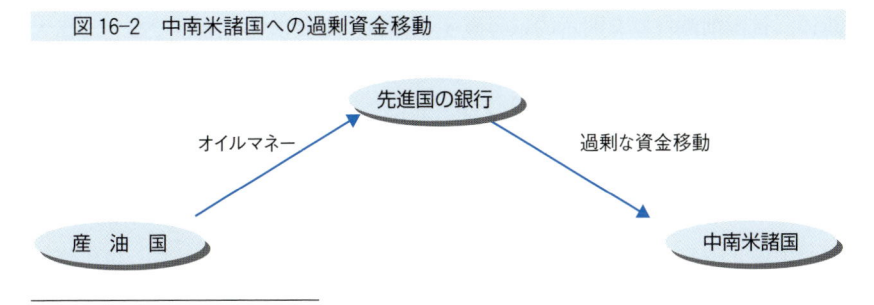

図16-2　中南米諸国への過剰資金移動

産油国 →（オイルマネー）→ 先進国の銀行 →（過剰な資金移動）→ 中南米諸国

---

5)　Rose, Andrew（2002）, "One Reason Countries Pay their Debts: Renegotiation and International Trade," *NBER Working Paper* No. 8853.

このような状況のもとで，1980年初頭における債務国の経済環境の悪化，すなわち (1) 非産油国交易条件の悪化，(2) ドル建て金利の上昇という2つの負の要因が重なり，1982年8月にメキシコは債務元利返済停止宣言を行った。これが，いわゆる中南米債務危機の発生である。

返済不能に陥った債務国は，IMFの経済安定化政策・世界銀行の構造調整政策の受け入れを条件として民間から債務返済スケジュールの変更（リスケ）・新規融資を受けることとなった。このようなアプローチは，1985年に当時の米国財務長官ジェームズ・ベーカー（J. Baker）が提唱したベーカー・プランに基づいている。

しかしながら，このようなアプローチは有効ではなく，最終的には，1989年3月に発表された，当時の米国財務長官ニコラス・ブレディ（N. Brady）によるブレディ・プランを通じて，対外債務の削減が行われることになった。ブレディ・プランを通じた債務削減による債務問題解決の流れは，最貧国に対する債務問題に対しても適用されることとなった。

■1990年代の最貧国の債務問題

既に述べたように，1996年，世界銀行・IMF総会において，重債務貧困国の債務削減についてのHIPCイニシャティブが採択された。さらに，1999年において世界銀行やIMFが採択した様々な新しい枠組みは，債務削減の対象となるHIPC指定・IDA（国際開発協会）が行う低所得国向け融資の判断に，貧困削減目標を明示的に考慮する枠組みを要求するものであり，拡大HIPCイニシャティブと呼ばれている。

この拡大HIPCイニシャティブはいわば，「対外債務支払い義務」と「貧困削減義務」とを交換する枠組みと理解することができるが，拡大HIPCイニシャティブの対象となっている債務国における対外債務の問題は，2つの点で中南米債務危機・アジア通貨危機と異なっている。すなわち，(1) 債務国が中所得発展途上国ではなく，最貧国に分類されている国家であるということ，(2) 債権者が先進国の民間金融部門ではなく政府あるいは国際機関で

あること，である。これらの債務については，**パリクラブ**と呼ばれる債権国の非公式グループが債務問題解決のための特別なフォーラムとなっている[6]。

16-3　対外債務問題の解決に向けて

債務問題に対する望ましい救済策は，その問題の所在に依存している。もし，ある国家の債務問題が返済能力欠如の問題であったとすれば，支出（アブソープション）を切り下げ，返済能力を向上させるための緊縮的な金融・財政政策の採用という伝統的な IMF プログラムが正当化される。一方，もし債務問題が流動性の欠如に起因しているとすれば，緊急の新規融資や既存債務の元利支払いスケジュールの繰り延べ（リスケ）によって問題が解決するといえる。さらに，**返済意志が問題である場合には，直接・間接の制裁などによって債務不履行のコストを高めるような政策**が取られるべきである。

しながら，そもそも流動性の問題が生じるのは，将来の返済能力に関する不確実性があるためであるとする考え方もある。なぜなら，将来の返済能力に対する不確実性がなければ，リスケや追加融資が債権者によって「自発的」に行われるはずであるからである。

また，問題債務国に対するある債権者の新規融資は，他の既存債権者に対する間接的な補助となるため，自発的には過小な融資しか行われないという**フリーライダーの問題**が生じてしまうことも問題である。1980 年代の中南米債務危機において追加融資が，当初**協調融資**という形をとったのは，このようなフリーライダー問題に対処するためであったと考えられる。

いずれにせよ，1997 年の韓国のような一時的なパニックの状況を除いて，リスケや新規追加融資が「自発的に」行われない状況は，既存対外債務残高が将来の期待返済額を上回っている，すなわち「支払能力欠如」の状況を示

---

[6] 一方，中南米諸国の膨大な対商業銀行債務を繰り延べする枠組みは当初存在しなかった。

唆している。このような状況においては，債務削減が現実的な政策として有力なものとなる。

■ **市場に基づいた債務削減策**

1980年代に新たに登場した債務救済へのアプローチとして注目されたのは，市場に基づいた債務削減策であった。このアプローチは，債務国自身がイニシャティブを取り，債務の買戻し（Buy-back）・債務・株式スワップ（Debt-equity swap）・債務の債券化（Exit bonds）などの仕組みを用い，債務削減を図ってゆくというアプローチのことである。このようなアプローチは，既存の債務残高が過剰となっており，債務国の投資インセンティブや経済成長をかえって損なっているという過剰債務仮説を根拠にしている。債務が過剰であるので，債務の削減は債務国の返済能力・返済インセンティブを改善するというインセンティブ効果を持つ。この場合，債務の削減は債務国のみならず債権者にとっても便益となる可能性がある。

この，債務削減におけるインセンティブ効果の存在は，ジェフリー・サックスやポール・クルーグマンによって定式化された債務ラッファーカーブの議論によって説明することができる。図16-3が，横軸に債務残高，縦軸に債務の期待返済額を取って描いた「債務ラッファーカーブ」である。まず，債務残高が上昇すると，債務元利返済負担が上昇する。このことは，輸出増を通じて債務国が得た外貨余剰のうち，より多くの部分が債務返済に当てられることを意味し，この債務国がそもそも努力して外貨余剰を蓄積するインセンティブを減らしてしまうことになる。また，債務返済負担の増加は民間企業に対する課税強化として働く可能性がある。この場合，民間企業の投資意欲が減退してしまうであろう。これらの要因はいずれも，最終的に債務返済額を低下させることになる。図16-3において，D^1を上回る既存債務が存在すると，期待返済額は債務残高を下回ってしまい，債務返済能力の問題，あるいは「過剰債務」の問題が存在することになる。さらに極端な場合として，図16-3において債務残高がD^2よりも大きい場合には，債務の増加が

16-3 対外債務問題の解決に向けて

図 16-3 債務ラッファーカーブの概念図

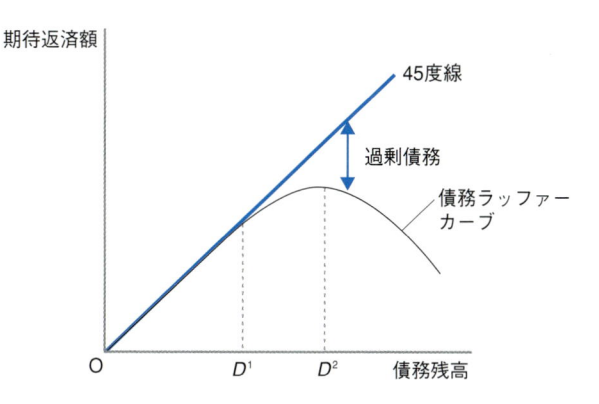

縦軸：期待返済額、横軸：債務残高。45度線と債務ラッファーカーブが描かれ、両者の差が「過剰債務」。横軸上に D^1、D^2 が示されている。

かえって期待返済額を低下させることになる。このようなケースを**債務ラッファーカーブの反転側**と呼んでいる。

ここで重要な点は，**ある債務国の債務残高が膨大となっており，「債務ラッファーカーブの反転側」にあるほどの大きな債務のディスインセンティブ効果が存在する場合には，債務削減は期待返済額を逆に上昇させるため，債務国のみならず債権者にとっても便益となりうる**，ということである。実際の債務流通市場データを用いた分析結果によれば，1980年代のペルーなどの重債務国が「反転側」にあった可能性がある（図16-4）。以上の「債務ラッファーカーブ」のモデルは，「いかなる状況下においても対外債務は削減すべきではない」という考え方に対する有力な反論となる。

また，**ラッファーカーブ上の点と原点をつないだ直線の傾きは流通市場価格であるから，債務削減が行われ既存債務残高が減少すると，必ず流通市場価格が上昇することが分かる**。このこともまた，債務削減がもたらす正の効果であるといえる。

市場に基づいた債務削減策は，1980年代に活発に行われた。たとえば，「債務の買戻し」はボリビアやブラジルにおいて，「債務・株式スワップ」は，アルゼンチン・ブラジル・メキシコにおいて行われ，「債券化」は，メキシ

図16-4 債務ラッファーカーブの実際

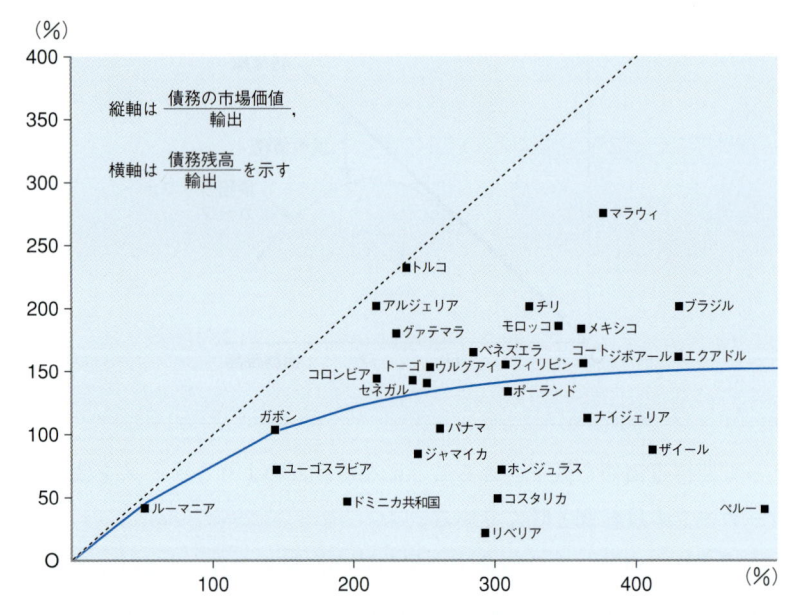

縦軸は $\frac{債務の市場価値}{輸出}$，横軸は $\frac{債務残高}{輸出}$ を示す

（出所）Claessens, S., I. Diwan, K. A. Froot, and P. Krugman (1990) "Market-Based Debt Reduction for Developing Countries" *Policy and Research Series* 16, the World Bank, Fig. 4.

コやアルゼンチンにおいて行われた。しかしながら，これらの枠組みは結局のところ，債務国ではなく主として債権者を利するものとなったという点からさまざまな批判がなされた。

さらに，ある既存債権についての市場を通じた価値の削減は，インセンティブ効果を通じて，削減されなかった債権の価値を上昇させ，他の既存債権者に対する間接的な補助となるため，自発的には過小な取引しか行われないという「フリーライダーの問題」が内在するアプローチであるといえる。そのような問題を回避するためには，他のメカニズムが必要となる。確かに，純粋に市場取引を通じた債務の削減は，大規模には行われなかったということができるかもしれない。最終的には「ブレディ・プラン」という形で，市場を通じた債務削減の要素を残しながら，公的資金援助を伴う協調的な交渉

に取って代わられることとなったという点も否定できない。市場を通じたアプローチのみでは，結局のところ対外債務問題処理に関わる非効率性をうまく解決できないのかもしれない。

16-4　通貨危機の諸モデル

次に，「**通貨危機**」を捉えるための理論的な枠組みについて詳しく見てみることにしよう。まず，固定相場制を採用している国の通貨に対する「**投機的攻撃**」とは，国内的要因（インフレ率の上昇・対外収支の悪化・実体経済の構造的問題）などによって，固定為替レートが変更されるならば切り下げでしかありえないという市場期待のもとで，多額の投機的資金が一気に流出することである。投機対象となる通貨は売られ，通貨当局が固定レートを死守しなければ，通貨は急落する。これが，**通貨危機**である。

まず，「**ヘッジファンド**」と呼ばれる，富裕層を対象としたプロの投資資金運用会社を含む投資家にとっては，次のような行動を取るインセンティブがある。たとえば，タイの通貨バーツへの投機を考えよう。まず，バーツの為替相場が安定しており，タイの金利がアメリカの金利よりも高いなら，ドルを借りてバーツに両替し，バーツ建て資産に投資するという戦略を取る。これは，タイへの資本流入を意味している。一方，バーツ下落の期待が高まると，バーツ建てで資金を借り，それをドルに両替するという戦略をとる。これはタイからの資本流出を意味し，ドル売り・バーツ買いを行うことで固定相場制を守ろうとするタイの中央銀行の外貨準備は急速に低下することになる。このような状況では，いずれかのタイミングで固定相場制が破棄されることになる。すると，投機家は，バーツが下落した時点で手持ちのドルをバーツに換え，バーツ建て債務を返済し，さらに利潤を確保することができる。このような投機の手法は，多くの通貨危機において共通するものである

といえる。

　表16-1で見たように，1980年代後半から1997年にかけて，資本自由化の進展を背景として，東アジア諸国には極めて多額の海外からの資本が流入した。たとえば，タイにおいては，1993年に設立されたオフショア市場を通じて多額の短期資本が流入した。東アジア諸国への資本流入の理由としては，先進国における低金利と景気後退，東アジア諸国における良好な経済パフォーマンスと拡大した投資機会，事実上のドルペッグ制のもとで為替リスクが有意に低下したこと，資本流入に伴う外貨準備増加を相殺するための不胎化政策による国内金利の上昇などが挙げられている。1988年から1995年までの累計で見ると，資本流入の対GDP比は，タイ，マレーシアで50%程度，韓国，インドネシアで10%程度に達し，資本流入が経常収支の赤字額を上回っていたため，表16-1で見たように，これらの国では外貨準備が増加した。

　東アジアでは，1997年，市場の期待が変化し，それまでの多額の資本流入は止まり，大量の資本が流出し始めた。こうして，通貨当局の外貨準備は枯渇し，それまで比較的安定的に推移していた対米ドル為替レートは急落したのである（表16-5）。通貨危機のため，タイ，インドネシア，韓国，マレーシアに深刻な経済後退がもたらされることとなった。

　これらの危機の直接の原因は，近年の資本自由化によって「流入」した多額の民間資本が，期待の急変とともに「流出」したことである。さらにその特徴は，マクロ経済のパフォーマンスはおおむね良好であり，国内経済の不振やマクロ政策の失敗が直接の引き金とはなっていないことにある。

　理論面において，アジア通貨危機は通貨危機モデルの構築を活発化させた。これらの通貨危機における争点は，そもそも通貨危機とは，ファンダメンタルズ（基礎的要因）によって起こる不可避的なものなのか，それとも，市場の期待や群集行動によって不必要に起こされる自己実現的な一種のパニックによるものなのかということである。

16-4 通貨危機の諸モデル

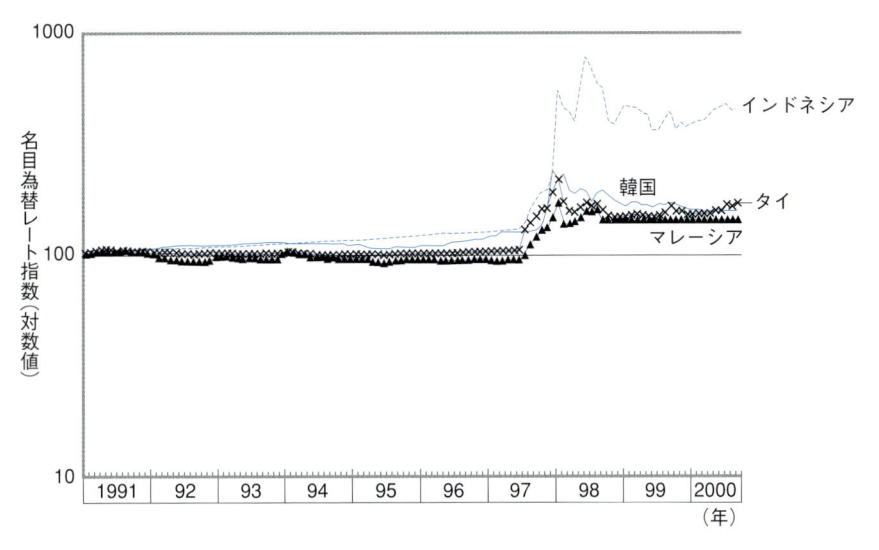

図16-5 対ドル名目為替レートの動き

（注）各月末の月次データ；1991年1月を100とする指数。
（元データ出所）International Monetary Fund, *International Financial Statistics*.

■第1世代モデル──ファンダメンタルズの悪化による通貨危機の発生

まず，通貨危機を不可避的なものであるとする見方は，その原因を政策と経済主体の行動との不整合性に求める。たとえば，固定相場のもと，政府が財政赤字を中央銀行による新規発行国債の引き受けによってファイナンスする場合を考えよう。この場合，第10章・第14章で学んだ通貨当局のバランスシートを思い出せば，まず，固定相場制は，ハイパワード・マネーを一定に保たなければならないという，負債項目上の制約を通貨当局に課することになる。つまり，固定相場を維持する限り中央銀行はハイパワード・マネーを能動的に変化させることができない。ここで通貨当局が財政赤字を国債発行で賄うとすると，通貨当局のバランスシートを資産面で見れば分かるように，必然的に外貨準備が同額だけ削減されなければならないことになる。したがって，あるタイミングで必ず外貨準備が枯渇し，財政赤字の拡大を通じて，資産項目の国債残高が増え，それに従ってハイパワード・マネーが増加

299

タイにおける通貨危機の経緯

「アジアの奇跡」と呼ばれるように、1980年代は、東アジア・東南アジア各国が飛躍的な経済発展を遂げた時期であり、タイ経済はその典型であると見られていた。為替相場制度からいえば、タイは実質上のドルペッグ制を採用していた。ここで、第13章で見たような世界的な資金移動の流れに従って、タイにおいては、1993年に設立されたオフショア市場であるBIBF（Bangkok International Banking Facility）を通して多額の短期資本が流入した。その一因は、国際的な投資家が、バーツの安定的な対ドル相場下において、収益を得るためであった。しかしながら、大量に流入した資金は、脆弱な銀行経営と不十分な銀行監督のため、実際には不動産部門を中心とした実物経済とは必ずしもリンクしていないプロジェクトに集中的に投資されることとなった。一方、1996年になると、輸出減少・成長鈍化などにより株価・地価が下がり始める。そのような状況のもと、海外投資家は、1997年に入り、タイ国内資産の質が悪化したと判断し、バーツ売りという形で投機的攻撃をかけるところとなった。このようなバーツ売りの圧力に対してタイ通貨当局は当初介入したが、1997年7月2日にバーツを事実上のフロート制に移行させざるを得ない状況となってしまった。タイ通貨危機は、フィリピン・マレーシア・インドネシアなどの東南アジア諸国や、さらには韓国にも「伝染」することとなった。そして、韓国の通貨危機はロシア・ウクライナ・ブラジル・アルゼンチン・メキシコなどにも波及したのである。

せざるを得ないという状況が訪れる。以上のような経路に従い、もし政府が固定相場を放棄し、変動相場に移行せざるを得ないことが明らかになったならば、投機家は既に述べたような戦略で通貨を攻撃するであろう。これが「通貨危機」である。すなわち、政策が経済主体の合理的行動と不整合的である限り、通貨危機は必ず起きる。ポール・クルーグマンによって開発されたこの理論モデルの目的は、通貨危機のタイミングを特定化することである[7]。このようなモデルは、現在では「第1世代モデル（the first-generation model）」ないし「ファンダメンタルズモデル（fundamentals model）」と呼ばれる。

第1世代モデルは次のように説明することができる。図16-5は、もしあ

---

[7] Krugman, Paul, "A Model of Balance-of-Payments Crises," *Journal of Money Credit and Banking*, 11 (August 1979), 311-25.

16-4 通貨危機の諸モデル

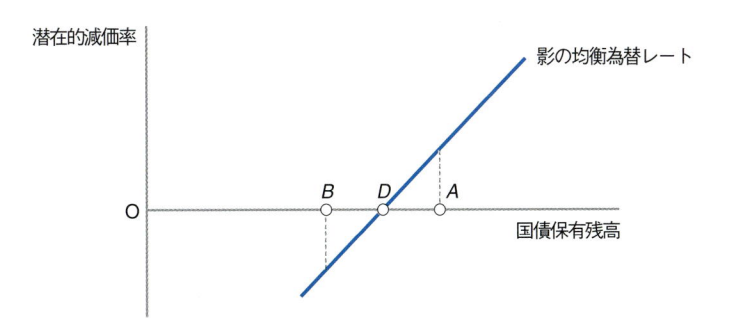

図 16-6　第 1 世代モデルにおける通貨危機のタイミング

る国が変動相場制を採用していたとすれば達成されるであろう「影の均衡為替レート」と実際に採用されている「固定レート」との乖離幅（潜在的減価率）と通貨当局の国債保有残高との関係を図示したものである。既に述べたようなメカニズムに従って，国債残高の増加それ自体はハイパワード・マネーを増加させ，為替レートを減価させるものとなる。そのため，「影の均衡為替レート」は，図 16-6 において右上がりの直線として描かれている。以上のメカニズムを通じて固定相場制がある時点で崩れてしまう状況は，図 16-6 における国債発行残高 D によって表されている。もし，現在の国債発行残高の水準が B 点にあったとしよう。そうすると，投機攻撃によって固定相場制が崩れたとしても，為替レートは切り上がる。この場合，国内通貨建ての借り入れをしていた投機家は多大な損失をこうむるので，為替投機は起こらない。一方，国債発行残高の水準が A 点にある場合には，投機攻撃によって固定相場制が崩れ為替レートは急激に切り下がる。この場合，投機家は多大な利益を得ることができるが，利益を得るために A 点まで待つ必要はない。したがって，実際に通貨危機が起こるのは D の水準である。

■第2世代モデル——自己実現的期待による通貨危機の発生

以上説明された第1世代モデルでは，通貨危機は財政赤字によって生み出されたものと考えられる。そして，投機家は，固定相場制の崩壊を予想し，合理的な投機を行う。この第1世代モデルは，特定の通貨危機に対する極めて有益な説明力を持つ。たとえば，1998年のロシア通貨危機は，脆弱な政府が，拡大する財政赤字を貨幣化によって賄わざるをえないために生じたものだと考えられる。

しかしながら，このモデルには2つの問題点がある。第1に，失業率や財政赤字・公債残高などの経済における基礎的要因（ファンダメンタルズ）が基本的に変化していないにも関わらず，1992-93年には，欧州で通貨危機が発生したことを説明できないことである。さらに，1997年初頭において財政収支が比較的望ましい水準にあり，インフレ率も低く押さえられていたにも関わらず，東アジア諸国で通貨危機が発生したことを説明できない。したがって，固定相場制と政府の拡張的政策との不整合性が通貨危機をもたらすという第1世代モデルの考え方は，欧州や東アジア諸国のケースには当てはまらない。

外国為替市場に注目すると，ファンダメンタルズが良好であっても投機攻撃が一斉に行われれば，外貨準備が枯渇し，固定為替レート制が防衛できない可能性があることをモーリス・オブズフェルド（M. Obstfeld）が指摘した。為替のトレーダーはそれを期待し，投機攻撃をかけ，実際にファンダメンタルズが悪化していないにも関わらず通貨危機が発生する。さらに，外国為替市場のみならずマクロ経済の均衡を考えると，政府の反応関数も問題となる。投機家は，投機攻撃が起きた場合に，政府がどのように反応するかを合理的に予想し，固定相場制を放棄すると予想される場合には，投機攻撃をかけるであろう。民間の経済主体の通貨危機についてのこうした期待が，期待に従ったこれら主体の行動変化を通じて自己実現し，実際に通貨危機が発生するという考え方を第2世代モデルと呼んでいる。

第2世代モデルでは，ファンダメンタルズに関わらず，結果が民間の経済

主体の期待に依存するというメカニズムが強調される。経済主体の期待が通貨危機であり，通貨が売られれば，実際に危機が生ずる。一方，経済主体が固定相場の維持を期待として持っていれば，通貨は売られることなく，固定相場制が維持されることになる。すなわち，民間の経済主体が予想する為替制度（固定相場制の維持あるいは破棄）が「自己実現的」となるのである。

以上の第2世代モデルで興味深いのは，ファンダメンタルズが比較的良好であり，さらにある程度の外貨準備を通貨当局が有している場合でも，多額の投機が同時に行われると通貨危機が生じ得る点である。しかしながら，ファンダメンタルズが十分に良好な状態に維持されれば，通貨危機が全くのパニックのみによって起こることはない。すなわち，通貨危機が起こるためには，少なくともファンダメンタルズの値は，それほど良好ではない範囲になければならないのであるから，第2世代モデルにおいても，ファンダメンタルズの長期的な動きを無視することはできない。むしろ，すべての投機家にファンダメンタルズ悪化のシグナルが共有された場合，投機攻撃の起こる確率が有意に上昇するのである。

なお，アジア危機において，国際資本移動の急変と国内金融システムの脆弱性が果たした役割に照らし，最近アジア危機を「銀行危機」と「通貨危機」が同時に起きる「双子の危機」と捉える動きがある。銀行部門のリスク管理強化や監督のための規制（プルーデンシャル規制）が不十分なまま国内金融部門が自由化されると，国内金融システム全体がリスクに対して脆弱となってしまう。このような状況で，国際資本移動の自由化を通じて海外からの資金が大量に流入すると双子の危機が起こる可能性がある。国内の金融的側面を組み込んだ通貨危機のモデルは，第3世代モデルと呼ばれることもある。たとえば，クルーグマンのいう第3世代モデルは，外貨建ての借り入れによって投資をファイナンスする企業のバランスシート悪化と為替レート切り下げとが表裏一体である点に注目するものである。

16-5 危機の予防と有効な対処に向けて

　以上述べてきたように，90年代に頻発した通貨危機は，経済危機を記述するための多様なマクロモデルの構築，金融危機と通貨危機の「双子の危機」についての理論的・実証的研究を活発化させた。最後に，危機の予防と対処についての最近の動きに触れておくことにしよう。

　第14章で見たように，2001年末にアルゼンチンにおいて「カレンシーボード制」が崩壊したが，さらに深刻であったのは，12月23日にロドリゲス・セー（R. Saa）暫定大統領が，1400億ドルにも上るアルゼンチンの対外債務の返済一時停止（モラトリアム）を宣言したことであった。この「アルゼンチン危機」を皮切りに，ソブリン（主権国）債務問題に対処し，その再編を行う際の法的あるいは交渉上の枠組みに関する理論的研究が急速に進んでいる。現在，IMFのアン・クルーガー上級副専務理事によるソブリン債務再編メカニズム（SDRM）提案や，その代替案をめぐる議論が続いている[8]。

　途上国の国家が事実上の借り手となるソブリン債務が，国内債務と異なる点として，ソブリン貸付には返済履行を強制する法的な枠組みが存在せず，さらに融資に伴う担保が事実上存在しないという問題がある。したがって国家倒産処理の問題には，いくつかの焦点がある。まず，第1の焦点として，ソブリン債務を再編するためには，債務危機に伴って生じる，債権者による資産差し押さえ競争の問題にいかに対処するかという問題がある。ここで，国内の法制度では，再建型倒産処理の手続き開始決定・再建計画認可・財産保全・債務者の適切な業務運営確保のための一定の対応を裁判所が行う。一

---

[8] このトピックに関する経済学的側面については，小野有人「国際金融危機における「民間セクター関与」―国際金融システム安定化のジレンマ―」『富士総研論集』2002年Ⅱ号，2-40，法律的な側面については，荒巻健二「SDRM―IMFによる国家倒産制度提案とその評価―」『開発金融研究所報』2003年3月第15号，国際協力銀行，38-81を参照。

16-5 危機の予防と有効な対処に向けて

方,裁判所の存在しない国家の債務再編において,裁判所の役割を代替させる制度をどのように構築するのかということが問題となっている。

第2の焦点として,既に述べたように,自己実現的な一種の「取り付け」として流動性危機としての債務危機が生じうるという点が問題となる。国内の取り付けに対しては,最後の貸し手である中央銀行の緊急融資や様々な政府の介入によって迅速な対応が可能となるが,国際的な「取り付け」を収拾させる公的な枠組みは存在しない。1994年に発生したメキシコの通貨危機以降,IMFによる緊急融資が大型化した。しかしながら,そのようなIMFの救済者としての役割を拡大することは,かえって過剰な資本移動をまねくかもしれない。これをIMF融資のモラルハザードと呼んでいる。以上のことは,誰が国際的な最後の貸し手となるのかという,国際金融制度の設計における本質的な問題となっている。

このような問題に対処するため,現在のところ大きく分けて2つのアプローチが提案されている。第1に,IMFのアン・クルーガー上級副専務理事が提案した「ソブリン債務再編メカニズム(SDRM)提案」とは,国家倒産を処理するための国際的な紛争処理機関を構築し,そのような機関が国家の倒産処理における一種の裁判所的な役割を果たすというものである。これは,国家倒産制度を一元的に構築するという点で,「法律的アプローチ」とも呼ばれている。第2のアプローチとして,アメリカ合衆国財務省のジョン・テーラー(J. B. Taylor)次官は,債務不履行に際して債権者の協調行動を確保するための「協調行動条項(CACs)」を個々の債券に盛り込むことを提案している。これは,「契約的アプローチ」と呼ばれることもある。2003年11月現在,CACsについてはその導入が急速に進んでいるが,SDRMについては,その実施を行うことが困難であるため,作業が中断されている。いずれにせよ,これら2つの考え方の是非を論ずる上でとくに問題とされているのは,事実上の国家倒産処理において,実際の投資を行ってきた主体である「民間部門の関与(PSI)」,言いかえれば応分の負担のあり方をいかに構築していくかという問題である。そして現在,SDRMとCACsを補充する

ものとしての「行動規範（Code of Conduct）」構築の作業が，20か国財務大臣・中央銀行総裁会議（G20）を中心に行われている。

●キーワード

流動性の問題　　返済能力の問題　　返済意思の問題　　国際収支危機
通貨危機　　アジア通貨危機　　国際通貨基金（IMF）　　返済スケジュール変更（リスケ）　　銀行貸付債権の流通市場価格
債務維持可能性分析（DSA）　　戦略的な債務不履行　　ソブリン貸付
債務不履行（ディフォルト）　　中南米債務危機　　ベーカー・プラン
ブレディ・プラン　　IDA（国際開発協会）　　パリクラブ
フリーライダーの問題　　市場に基づいた債務削減策　　過剰債務仮説
債務ラッファーカーブ　　投機的攻撃　　第1世代モデル
ファンダメンタルズモデル　　第2世代モデル　　期待の自己実現
双子の危機　　プルーデンシャル規制　　第3世代モデル
ソブリン債務再編メカニズム（SDRM）　　資産差し押さえ競争
再建型倒産処理　　IMF融資のモラルハザード　　最後の貸し手
法律的アプローチ　　協調行動条項（CACs）　　契約的アプローチ
民間部門の関与（PSI）

●練習問題

1. 対外債務を累積することは，それ自体悪いことではなく，むしろ国全体の厚生水準を向上させるという意味で望ましいことである。
   (1) そのような対外債務の累積が問題になるのはどのような場合か，3つのケースについて簡単に述べなさい。
   (2) 対外債務問題の望ましい解決法について，簡単に説明しなさい。
2. 1997年に，いくつかのアジア諸国が「通貨危機」に直面した。
   (1) 通貨危機とは何か，説明しなさい。
   (2) 一般論として，通貨危機は，どのような要因によって起こり得るか，述べなさい。

(3) これらアジア諸国では，どのような要因で通貨危機が生じたと考えられるのか，説明しなさい。

(4) 韓国における通貨危機は，なぜ流動性の問題として捉えることができるのか，説明しなさい。

3. 1980年代・90年代に起こった債務危機・通貨危機は，国際金融機関であるIMFの役割について，様々な論議を引き起こすこととなった。IMFが果たすべき役割について既存の議論を調べ，その上で考察してみなさい。

第Ⅲ部　開発経済学編のまとめ

　第Ⅲ部の内容をまとめると、以下のようになる。まず、第15章では、経済発展を捉える方法と問題点、経済発展のメカニズムを議論する際の学問的な考え方の変遷、現実のデータから観測される経済発展のパターン、すなわち「経済成長の三角形」を経済成長論がどのように説明できるのかということについて概観した。次に、第16章では、発展途上国の経済発展において近年、大きな問題となってきた、対外債務危機と通貨危機の問題について学んだ。これらの、第Ⅲ部における主な議論をまとめると、次のようになる。

▶経済発展についての概観（第15章）

基本的な問いかけ	答え	問題点・備考
経済発展をどう捉えればよいのか？	1. 1人当たりGDPの成長	インフォーマルセクターなどの生産を過小評価する。 国際比較にはPPPを用いることが望ましい 窮乏化成長の可能性がある
	2. 産業構造の変化	ペティ＝クラークの法則 余剰労働力、ルイス・モデル、転換点
	3. 貧困削減・所得の平等化	経済成長は、貧困削減の必要条件だが、十分条件ではない クズネッツの逆U字仮説
経済発展のメカニズムは何か？	1. 単一均衡・負のフィードバック 2. 複数均衡・正のフィードバック	新古典派、厚生経済学の第一定理 QWERTY、歴史的経路依存性
現実に観察される、経済成長の三角形はどのように説明できるのか？	1. ソローモデルにおいて、人的資本水準などに従い、定常状態が異なること 2. 内生的経済成長論において、人的資本などがコア資本となること	条件付収斂（β収斂）、σ収斂、ゴールトンの誤謬 発展途上国については、国内の知識や技術の水準を高めるための対外的な開放政策が重要

▶債務危機(第16章)

対外債務が問題となる場合	解説	望ましい政策
流動性の問題	対外債務の返済能力はあるものの,返済を履行するための流動性が一時的に不足している問題	緊急の新規融資や,既存債務の元利支払いのリスケ
返済能力の問題	債務国が,債務の元本・利子返済を行うだけの正味資産を持たず,返済能力が欠如している問題	返済能力を高めるための抜本的な経済政策
返済意志の問題	債務国が,十分な流動性・返済能力を持っているにも関わらず,債務の返済を行わないという問題	直接・間接の制裁などによって債務不履行のコストを高めること

▶通貨危機(第16章)

通貨危機のモデル	危機が起きる理由	問題点など
第1世代モデル(ファンダメンタルズモデル)	拡張的財政政策と固定相場制の不整合性	92-93年の欧州通貨危機,97-98年のアジア通貨危機をうまく説明できない
第2世代モデル(自己実現的期待のモデル)	民間経済主体が持つ,通貨危機に対する期待が,それら主体の行動変化を通じて自己実現する	ファンダメンタルズは,必ずしも無視できない
第3世代モデル(双子の危機のモデル)	国内の金融部門が脆弱なまま国際資本移動が自由化されたこと	クルーグマンによるモデルは,為替レート下落による企業のバランスシート悪化に着目

文献案内

 ここでは,本書が扱ったテーマをより深く掘り下げるために,日本語で読める教科書を中心として,A. 初級レベル・B. 中級レベル・C. 上級レベルに分け,代表的なものを挙げてある。実際にそれぞれを眺めてみた上で,自分に合ったものを選んでいただきたい。

A. 初級レベル

 本書と同じくらいのレベルを対象として書かれた最近の入門書としては,以下のようなものがある。まず,国際貿易論・国際金融論を両方含むものとしては,以下がある。1は,様々なテーマを満遍なく扱っており,2は,アジアの視点が軸になっている。3は,最先端の研究成果を含め,重要なイシューについて極めて分かりやすく解説している。

1. 伊藤元重『ゼミナール国際経済入門』(改訂3版) 日本経済新聞社,2005年
2. 小浜裕久・深作喜一郎・藤田夏樹『アジアに学ぶ 国際経済学』有斐閣,2001年
3. 竹森俊平『世界経済の謎:経済学の面白さを学ぶ』東洋経済新報社,1999年

 国際貿易論と国際金融論については,4と5がある。いずれも簡潔にまとまっている。

4. 浦田秀次郎『国際経済学入門』(第2版) 日本経済新聞社,2009年
5. 小川英治『国際金融入門』日本経済新聞社,2002年

文献案内

開発経済学については，6は，最先端の研究を行いながら，世界銀行で現実の開発政策に携わったエコノミストによる本である，7は，インドの貧困問題について経済理論モデルを軸に分析している。8は，アジア経済研究所の若手研究者が中心となり，開発経済学の諸トピックを網羅しながら，平易な文体でわかりやすく解説した入門書である。

6. W. イースタリー（小浜裕久・織田啓介・冨田陽子訳）『エコノミスト，南の貧困と戦う』東洋経済新報社，2003年
7. M. エスワラン・A. コトワル著（永谷敬三訳）『なぜ貧困はなくならないのか──開発経済学入門』日本評論社，2000年
8. 山形辰史（編）『やさしい開発経済学』アジア経済研究所，1998年

国際経済を含む，より幅広い「国際関係論」についての入門書としては，以下が良い。

9. 岩田一政，山影進，小寺彰，山本吉宣（編）『国際関係研究入門（増補版）』東京大学出版会，2003年

B. 中級レベル

本書に比べてより高いレベルの読者を対象として書かれ，国際貿易論・国際金融論を解説した中級の教科書には，以下のようなものがある。10，11はアメリカ合衆国において定評のある教科書。12はかなり高度な内容についても扱っている。

10. P. R. クルーグマン・M. オブズフェルド（石井，浦田，竹中，千田，松井訳）『国際経済Ⅰ 国際貿易』『国際経済Ⅱ 国際マクロ経済学』（第3版）新世社，1996年（最新版は，Krugman, P. R. & M. Obstfeld, *International Economics: Theory and Policy*, 6th ed., Addison Wesley, 2003）
11. R. E. ケイブズ・J. A. フランケル・R. W. ジョーンズ（田中勇人・伊藤隆敏訳）『国際経済学入門Ⅰ 国際貿易編』『国際経済学入門Ⅱ 国際マクロ経済学編』，日本経済新聞社，2003年

12. 岩田一政『国際経済学（第2版）』，新世社，2000年
13. 石井安憲・清野一治・秋葉弘哉・須田美矢子・和気洋子・セルゲイ=ブラギンスキー『入門・国際経済学』有斐閣，1999年
14. 中西訓嗣，井川一宏，広瀬憲三（編）『国際経済理論』有斐閣，2003年

中級レベルの国際貿易論についての代表的な教科書としては以下がある。15は出版されてから約20年が経過しているが，現在でも幅広く読まれている。16は，かなり高度な内容を含め，コンパクトにまとめている。

15. 伊藤元重・大山道広『国際貿易』岩波書店，1985年
16. 小田正雄『現代国際経済学』有斐閣，1997年
17. 木村福成『国際経済学入門』日本評論社，2000年
18. 竹森俊平『国際経済学』東洋経済新報社，1995年
19. 若杉隆平『国際経済学』（第3版）岩波書店，2009年

とくに，新しい貿易理論については，20と21，空間経済学（新しい経済地理学）については22を参照。

20. 冨浦英一『戦略的通商政策の経済学』日本経済新聞社，1995年
21. 柳川範之『戦略的貿易政策——ゲーム理論の政策への応用』有斐閣，1998年
22. P. クルーグマン（北村行伸・高橋亘・妹尾美起訳）『脱「国境」の経済学』東洋経済新報社，1994年

また，日本語で読める国際金融論の代表的な教科書は，23，24，25である。国際マクロ経済学については，26がある。

23. 白井早由里『入門 現代の国際金融』東洋経済新報社，2002年
24. 高木信二『入門国際金融（第4版）』日本評論社，2011年
25. 浜田宏一『国際金融』岩波書店，1996年
26. J. サックス・P. ラーレーン著（石井菜穂子・伊藤隆敏訳）『マクロエ

文献案内

コノミクス 上巻』『マクロエコノミクス 下巻』日本評論社，1996年

開発経済学については，以下のように，様々な教科書がある．長さはまちまちだが，それぞれ幅広いトピックを扱っている．とくに，29と31は，世界的に広く読まれている教科書である．

27. 黒崎卓・山形辰史『開発経済学——貧困削減へのアプローチ』日本評論社，2003年
28. 高木保興『開発経済学の新展開』有斐閣，2002年
29. 速水佑次郎『新版 開発経済学：諸国民の貧困と富』創文社，2000年（英語版あり）
30. 原洋之介『開発経済論（第2版）』岩波書店，2002年
31. G.M.マイヤー（松永宣明・大坪滋訳）『国際開発経済学入門』勁草書房，1999年
32. 渡辺利夫『開発経済学（第2版）』日本評論社，1996年

C. 上級レベル

学部上級から大学院初年度レベルの高度な教科書としては，分野別に以下のようなものがある．いずれについても，数式を用いたモデルの解説が中心となっている．国際貿易の分野では16に加え，新しい貿易理論に関する33がある．34は，アメリカ合衆国の大学院博士課程で用いられている標準的教科書である．

33. E. ヘルプマン・P. クルーグマン（大山道広訳）『現代の貿易政策——国際不完全競争の理論』東洋経済新報社，1992年
34. Jagdish N. Bhagwati, Arvind Panagariya, & T. N. Srinivasan, *Lectures on International Trade*, 2nd ed., MIT Press, 1998

国際金融については，日本語では35，アメリカの代表的な教科書については36がある．

35. 河合正弘『国際金融論』東京大学出版会, 1994年
36. M. Obstfeld & K. Rogoff, *Foundations of International Macroeconomics*, MIT Press, 1996

開発経済学では, ミクロ的側面についての37, 38 (とくに貧困問題については39), マクロ的側面についての40と41がある。経済成長論については, 42が広く読まれている。

37. 黒崎卓『開発のミクロ経済学:理論と応用』岩波書店, 2001年
38. P. バーダン・C. ウドリー (福井清一・不破信彦・松下敬一郎訳)『開発のミクロ経済学』東洋経済新報社, 2001年
39. 絵所秀紀・山崎幸治 (編)「開発と貧困――貧困の経済分析に向けて」アジア経済研究所研究双書 No. 487, 1998年
40. P. R. Agenor & P. J. Montiel, *Development Macroeconomics*, 2nd ed., Princeton University Press, 1999
41. P. R. Agenor, *The Economics of Adjustment and Growth*, 2nd ed., Harvard University Press, 2004
42. R. J. Barro & X. Sala-i-Martin, *Economic Growth*, 2nd ed., MIT Press, 2004

練習問題略解

● 第1章
1. 2003年10月において，筆者の自宅近くのスーパー・マーケットでは，椎茸については，中国産は6個入りが98円，福岡産が4個入り198円，にんにくについては，中国産が4個入り198円，青森産が1個100円で売られていた。いずれも中国産と国内産のサイズや形は同様であった。このように，国内産と海外産の野菜や食品には確かに価格差が存在する。しかしながら，味や品質の面でこれらは必ずしも同じ質のものであるといえない可能性がある。したがって，価格差の一部は質の差として反映されているのかもしれない。
2. たとえば，バナナ・レモンはそれぞれ1963年・1964年に保護貿易の一形態である輸入割当制度（第6章参照）が廃止された。これによって，バナナ・レモンの価格は大幅に低下した。
3. 略

● 第2章
1. 重要な点は，日本においても中国においても生産に投入され得る労働力に限りがあるということである。確かに，日本の労働者は半導体生産でもフリース生産でも生産性が高く，絶対優位を持つ。しかし，フリース生産を行うための労働力を同時には半導体生産に用いることはできないことが，制約となる。このような例で示されるように，それぞれの国での（労働）資源は限られている。国際貿易は，各国が「比較優位」すなわち，相対的な優位のある財の生産に特化することを通じて世界全体としてのより高率な労働力の配分を可能とするため，両国に利益をもたらすのである。
2. まず，確かに「中国の輸出は低賃金に基づいている」といえる。なぜなら，中国の賃金は日本の賃金の1/2なので，比較優位のあるフリースを安く生産することができるため，日本に輸出することになるからである。とはいうものの，このような自由な貿易取引によってすでに見たように，日本にとっては中国からの輸入が行われなかった場合と比較すると明らかに大きな貿易の利益が存在する。さらには，日本のみならず中国においても消費可能性フロンティアは拡大するので，両者にとって国際貿易は利益をもたらすことになる。したがって，関税を賦課し，閉鎖経済に戻ろうとすることは貿易の利益を損なうことになるため，関税はかけるべきではないということになる。

● 第3章
1. 現実の国際的な財の移動は，輸送費や関税などを伴っている。さらには，行政サービス，住宅，レストランや散髪のサービスなど，国際的に取引されない財である「非貿易財（第10章参照）」の経済全体における比重は無視できない。したがって，国際貿易を通じることによっては，国家間の財価格の格差が完全には均等化されない。このように，現実の世界においては，国際間における財価格が均等化していないため，要素価格の均等化が達成されない可能性がある。
2. 略
3. もし，日本において，その輸出財である半導体の限界支出性向が中国よりも高いとすると，日本から中国への経済援助は，世界市場において半導体に対する需要を相対的に低めるため，日本の輸出財の相対価格，すなわち交易条件を悪化させることになる。一方，逆に日本にお

練習問題略解

いて，半導体の限界支出性向が中国よりも低ければ，日本から中国への所得トランスファーは世界全体における半導体需要を高めるため，日本の交易条件をかえって改善させることになる．極端な場合には，日本による中国へのODA供与が日本の厚生水準を高め，中国の厚生水準を低めてしまう可能性がある．このようなケースを「トランスファーの逆説」と呼んでいる．
4．自由貿易は望ましいといえるが，関税戦争の危険が内在しているため，自由貿易を確保するためには能動的な行動や制度が必要とされる．

● 第4章
1．総費用を生産量で割ることにより平均費用を計算してみると，

$$平均費用 = \frac{固定費用}{生産量} \times 限界費用$$

となる．したがって，生産量の拡大によって平均費用が低下することになる．つまり，生産拡大によって生産がより効率的になることを示しているため，「規模の経済性」が生じていることになる．この理由は，固定費用が存在するためである．
2．規模の経済性があると，各国がある限られた財の生産に特化した方が世界全体としての生産の効率性が高まる．したがって，生産の特化の後に国際貿易を行うことには利益が存在する．このようなモデルは，産業内貿易の存在をうまく説明するが，特化のパターンは基本的には歴史的な偶然で決まる．
3．内部的規模の経済，すなわち単位当たりの生産費用が，個々の企業の規模に依存する場合には，生産規模の大きな企業ほど生産性が高くなるため，単一あるいは少数の企業による「一人勝ち」状況が生まれる．したがって，市場構造は独占あるいは寡占状況となり，不完全競争状態となる．
4．自由貿易は，閉鎖経済状態に比べると国の厚生水準を高める可能性があるが，必ずしも国にとってはベストではない状況に陥る可能性がある．そのような場合には，戦略的に貿易政策を用いる誘因が政府に存在する．ただし，このような政治経済的問題から生ずるロスが大きい場合には，自由貿易を維持することは正当化されるかもしれない．

● 第5章
1．$F=4$，$t=3$の場合，新規企業の費用マトリックスは，以下のようになる．したがって，既存企業の立地に関わらず，新規企業は両地域に立地する．したがって，長期的な立地パターンは東西への立地の分散パターンを示す．

		新規企業		
		西	両方	東
既存企業	西	13	8	25
	両方	19	8	19
	東	25	8	13

2．$F=0$，$t=1$の場合，新規企業の費用マトリックスは，以下のようになる．したがって，既存企業の立地によらず，新規企業は，両地域に立地する．したがって，長期的には東西への立地の分散パターンを示す．

練習問題略解

		新規企業		
		西	両方	東
既存企業	西	3	0	7
	両方	5	0	5
	東	7	0	3

3．略

● 第6章
1．略
2．第15章の表15-3を見よ。実効保護率が低い国ほど，経済成長率が高いという傾向が見られる。
3．クルーグマンのシミュレーション結果から見られるように，世界経済が3極の関税同盟にブロック化し，それぞれが域外に対して関税をかけると，世界全体の厚生水準が最低になってしまうという，「関税戦争」と同様の状況が世界全体として生じる可能性がある。近年の自由貿易協定の動きは，WTOを中心とした世界全体の自由貿易の推進に資するという限りにおいては望ましいものである。しかし，一方では，経済合理性の結果，「関税戦争」へとつながる，過度の排他的な地域主義をもたらし得る可能性も排除できない。このような危険を排除する方策についての議論が不可欠であるといえる。
4．自由貿易が能動的に推進・維持される限りにおいて，自由貿易は望ましいものであるといえる。

● 第7章
1．外国においては，国際資本移動によって資本の収益率が下がるため，外国の資本家は損害を受ける一方，労働者は，資本の輸入による生産拡大によって利益を得る。
2．所得分配の問題は存在するが，世界全体における資本の効率的な利用という観点からすれば，国際資本移動を自由化することは望ましいことであるといえる。ただし，第16章で議論するように，短期的な資本移動については，その移動が急激に変化する可能性がある。そのような資本移動リスクの存在は，本章のモデルでは議論されていない追加的な損失を経済全体にもたらす可能性がある。
3．国際労働移動の自由化を通じて，自国では賃金が上昇し，外国では賃金が下落する。したがって，自国では労働者が利益を得る一方，資本家が損害を受ける。一方，外国においては，労働者は損害を受け，資本家が利益を得る。
4．国際資本移動のケースと同様，所得分配の問題があるものの，世界全体における労働の効率的な利用という観点からすれば，国際労働移動を自由化することは望ましいことであるといえる。ただし，社会に与える2つの問題に留意する必要がある。まず，労働の供与国においては，優秀な労働者が海外に流出してしまうという「頭脳流出」の問題がある。ただし，同時に海外労働移動の可能性が国内での人的資本蓄積を推進するという「頭脳創出効果」の存在も指摘されている。一方，受入国側では，大量の外国人労働力の流入によって社会のあり方が大きく変化するという可能性がある。その際に，社会的な摩擦など様々な問題が生ずる可能性がある。

● 第8章
1．略

319

練習問題略解

2．それぞれ以下のように記入される。

	貸　記	借　記	収　支
貿易収支	(d) 4000万円	(b) −10万円	
サービス収支			
所得収支		(c) −30万円	
経常移転収支		(d) −4000万円	
経常収支	4000万円	−4040万円	−40万円
投資収支	(a) 2億円 (b) 10万円 (c) 30万円 (e) 5億円 (f) 5億円	(a) −2億円 (e) −5億円 (f) −5億円	
その他資本収支			
資本収支	9億40万円	−9億円	40万円
総合収支	9億4040万円	−9億4040万円	0円

● 第9章

1．表9-1を参考に，調べてみなさい。
2．同じ行使価格で同じ通知期日のコール・オプション（破線）とプット・オプション（実線）を同時に購入することにより，下図のような「ストラドル」と呼ばれる利得を得ることができる。この戦略を取ると，通知期日の為替レートが行使価格に近い場合には損失となる一方，実際の為替レートがどちらかに大きく動いていれば，大きな収益をもたらす。

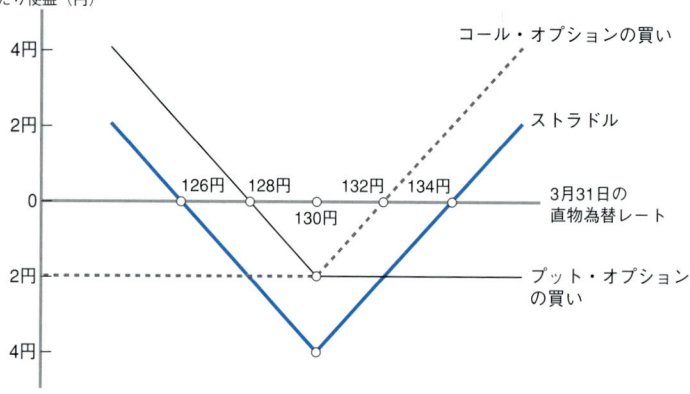

3．輸出業者は，先渡契約を結ぶことや，プット・オプションを購入することで為替リスクを回避することができる。詳しくは，晝間文彦『基礎コース　金融論』新世社　第6章を参照のこと。

● 第10章

1．アメリカにおけるビッグマック価格を名目為替レートで円に換算すると，1個240円となる。しかし，日本ではビッグマックが1個250円で売られているので，一物一価の法則は成立し

ていない。この理由としては，まず輸送費用の存在が考えられる。さらに，ビッグマック生産には，非貿易財が投入されていることも重要である。たとえば，ビッグマックは店舗において販売されるため，その価格には賃料が入っていることや，日米間では国際的に単純労働力は移動せず，両国では賃金水準が異なる。したがって，異なる労働力のコストが含まれていることなどが挙げられる。

2．(1) UIAと貨幣市場の均衡条件を同時に考慮した場合，政府がマネーサプライを増加させる金融緩和を行うと，物価と所得が一定のもとで，均衡利子率は低下する。したがって，為替レート期待が一定のもとで，現在の円の直物為替レートは直ちに減価することになる。
(2) マネタリーアプローチにおける為替レートの決定式から分かるように，変動相場制のもとでは，自国のマネーサプライの増加は為替レートの減価をもたらす。これは，マネーサプライの増加が自国の物価を高めるため，購買力平価に従って為替レートが減価するのである。しかしながら，この時期における日本の実際の物価は低下していた。したがって，このような理論的な物価の動きは，現実の物価の変化と整合的ではない。

● 第11章

1．(1) Jカーブ効果が観察される。
(2) マーシャル＝ラーナー条件が，短期的には満たされていないはずである。
(3) この場合，(11-2) 式を書きかえると，
$\varDelta$ 経常収支 $= -\varDelta E \times$ 輸入額*
となる。この場合，円の切り上げ，すなわち $\varDelta E < 0$ は，経常収支黒字を増大させることになる。この効果のことを「マギー効果」と呼んでいる。

2．マーシャル＝ラーナー条件が成立しているとすると，人民元の切り上げは中国の経常収支を悪化させるはずである。しかしながら，短期的には，マーシャル＝ラーナー条件が成立していない，あるいはマギー効果が顕在化することにより，人民元切り上げが中国の経常収支を改善する可能性がある。

3．このレポートでは，日本の大幅な経常収支黒字が日本国民の生活水準を低めており，さらに世界経済の調和ある発展の阻害要因となっていると述べている。異時点間アプローチによれば，経常収支黒字を削減することは，日本国民の生活水準を逆に低めてしまう可能性がある。そしてその裏側で，日本以外の国々の経常収支赤字を削減することになるが，このこともまた他国の人々の生活水準を逆に低める可能性がある。

● 第12章

1．略
2．日・米・西独は，拡張的財政政策を積極的に採用することにより，自国の生産水準を上昇させるとともに，他国に対しても所得水準を上昇させるような正の波及効果を生み出すことが期待されていたといえる。
3．サミットの歴史や，政策協議の現実的な姿については，ロバート・パットナム，ニコラス・ベイン（山田進一訳）『サミット――先進国首脳会議』TBSブリタニカ，1986年に詳しく述べられている。

● 第13章

1．(1)については，貿易の利益を顕在化させるために，国際資本移動の進展は望ましいといえる。
(2)についても，経済成長の源泉となる国内の投資を拡大するためには，直接投資を受け入れ

練習問題略解

ることは非常に重要である。さらに，直接投資には，海外からの技術やノウハウを波及させるという外部効果もあるため，この意味で国際資本移動が拡大することは望ましい。(3)については，ユーロ市場やオフショア市場での金融取引が拡大するということは，政府の規制を受けない巨大な資金移動に伴い，様々なリスクが増大するということでもある。言いかえれば，第16章で見るような国際的な通貨危機や債務危機のリスクが上昇する可能性がある。この点で，国際資本移動が進展することそれ自体が望ましいとはいえない可能性がある。

2. 略

3. 農村社会などの伝統社会における「互酬制」，すなわち家計構成員及び親類，共同体の内部における隣人や友人などの間での「助け合い」は，リスクシェアリングの一形態である。リスクが家計ごとに個別的であるとすると，ある家計Aが負のリスクに直面した場合，他の家計Bに助けてもらえることができる。それは，一方で家計Bが負のリスクに直面した場合，家計Aが助けてくれるという前提に基づくと考えられる。これは文化人類学でいう「均衡的互酬性」の概念に対応している。双方向の贈与が行われることにより，長期的に安定的な共同体の相互信頼関係が維持される可能性がある。具体的な「互酬制」の例としては，農作業における労働交換，「講」などに見られるような相互扶助組織，共同体内での共有地（入会地）の利用などが挙げられる。

●第14章

1. Calvo, G. A. and Reinhart, C. M. (2002), "Fear of Floating," *Quarterly Journal of Economics*, 379-408. の表Iを参考に，ボリビア・カナダ・インドを選んでみる。
   (1) ボリビア・カナダ・インドは，いずれも変動相場制度を採用している。
   (2) しかしながら，実際のデータを用いると，これらの国の為替レートがひと月の間に2.5%以上動く確率は5%にも満たないと考えられる。したがって，これらの国は事実上，固定相場制度を採用しているといえる。
   (3) 最適通貨圏の理論に基づけば，カナダがアメリカに対して固定相場制度を採用することは，正当化されうると考えられる。

2. (1)–(3)は省略。(4)について，注目すべき点は，日本の通貨当局による為替介入のデータが，2001年7月に公表され，定期的に更新されていることである。このデータによると，日本の通貨当局は，ドル安時にドルを購入し，ドル高時にそれを売却するという介入を行ってきた。詳しくは，伊藤隆敏 (2003)「日本の為替介入の分析」『経済研究』第54巻第2号，97-113を参照のこと。

●第15章

1. まず第1の問題点は，主として市場で取引されている経済活動のみが含まれており，家内サービスやインフォーマルセクターにおける生産などが含まれていないため，生産の社会的価値を過小評価するという問題である。第2の問題点は，1人当たりGDPを経済発展の尺度として国際比較を用いる場合に，名目為替レートを用いて米ドルに換算すると途上国の1人当たりGDPが過小評価されることである。第3の問題点は，「窮乏化成長」という，1人当たりの所得水準の成長と厚生水準の向上が一致しないケースがあることである。第4の問題点は，GDPと1人当たりGDPは，それぞれ「集計的」・「平均的」概念であるため，生産面で見た場合には産業構造の動的変化，所得面で見た場合には貧富の格差・貧困の深刻度などを捉えることができないという問題点がある。最後の問題点として，そもそもGDPやGNPの統計は，経済の量的側面を集約する変数であり，質的な変化を情報として取り入れていないために，不適切である可能性がある。

2. (1) まず，市場・需要の制約要因や価格調整メカニズムの「構造的」硬直性を数理モデルによって定式化することに失敗した点である．第二の理由は，貿易政策をめぐる実証分析において，初期の開発経済学者が主張していた積極的な輸入代替工業化政策が否定されたことである．
   (2) 第1の理由は，学術レベルにおいて，1950年代・60年代の開発経済学の諸議論が経済学の発展に寄与してきたことが明らかになってきたことである．第2には，発展途上国に特有の市場の未発達性に関する理論的・実証的分析が急速な進展を見せたことである．第3は，計量経済学の理論的進展を背景として，世界各国の経済状況を把握するためのさまざまなデータが収集・整理され，開発経済学の実証研究が急速に発展したことである．第4に，政府の役割が積極的に評価されるようになり，固有の開発理論が要請されることとなった点である．最後の理由は，1990年代に入ると低所得国の貧困削減問題に大きな関心が寄せられるようになり，貧困問題を分析する固有の学問としての開発経済学の役割を再認識させる力が働いたことである．
3. ソロー・モデルに基づけば，経済成長の三角形は，国によって経済が到達すべき定常状態が異なることで説明ができる．そして，定常状態の異なりは，人的資本や貯蓄率の異なりによって説明されるのである．一方，内生的経済成長理論においては，経済成長の三角形を説明する最も重要な要因は，広い意味での技術進歩率の異なりである．そして，技術進歩率の違いは，人的資本蓄積の速度の違いや，外部性の程度を決める社会的な流動性，対外的な経済開放の程度，さらには経済政策のあり方によって説明されるのである．
4. 図15-18に基づいて議論すれば，国全体の経済が成長していることは，貧困を削減するための必要条件であるということができるが，一方，経済成長は貧困削減の十分条件では必ずしもないといえる．

● 第16章

1. 対外債務が問題になる場合は，流動性の問題，返済能力の問題，返済意志の問題が表面化してしまう場合である．債務問題の解決策については，もしそれが流動性の欠如に起因しているとすれば，緊急の新規融資や既存債務元利支払いスケジュールの繰り延べ（リスケ）を行う必要がある．一方，債務問題が返済能力欠如の問題であったとすれば，支出を切り下げ，返済能力を向上させるための緊縮的な金融・財政政策の採用など，伝統的IMFプログラムのような政策が正当化される．最後に，返済意志が問題である場合には，直接・間接の制裁によってディフォルトコストを高めるような政策が取られるべきである．
2. 略
3. 一種の「取り付け」として，通貨危機や債務危機が生じるという点が焦点である．国内の「銀行取り付け」に対しては，中央銀行が「最後の貸し手」となり，政府とともに迅速な対応を行うことによって「取り付け」に対して有効な対策を講じることが可能である．一方，国際的な「取り付け」を収拾させる公的な枠組みは存在しない．そこで，IMFの機能を強化し，世界の中央銀行として改組し，「最後の貸し手機能」をIMFに持たせるべきであるとする考え方がある．しかしながら，IMFは貨幣鋳造権を持たない，加盟国からの出資によって成立している一種の信用組合にしか過ぎないため，世界の中央銀行に改組することはそもそも現実的ではないとする意見もある．

索　引

あ　行

相対取引　146
青木昌彦　263
アーサー　266
アジア通貨危機　111, 284
アジャスタブル・ペッグ制　223
アセットアプローチ　156
新しい開発経済学　260
新しい経済成長理論　275
新しい貿易理論　56, 64, 261
アブソープション　130, 293
　　――・アプローチ　182, 285
　　国内――　182
アメリカンタイプ・オプション　148
アルゼンチン危機　304
アンダーソン　10

移行過程　271
異時点間の予算制約式　187
異時点間モデル　114, 126
1財・2国モデル　87
一物一価の法則　168
一般均衡　106
　　――モデル　16
インセンティブ効果　294
インセンティブの歪み　96
インターバンク市場　143
インフォーマル部門　242
インフラストラクチャー　73, 82
インポシブル・トリニティ　227

エンゲル　70
遠心力　72, 73
エンタイトルメント　252

オイルショック　111
オイルマネー　208, 291
欧州通貨制度　223
欧州連合　104
大川一司　246
奥野正寛　263
オーストリー　188
オーバーボローイング　284
オファー曲線　45, 46, 94
オフショア市場　213, 298
オプション取引　146
オブズフェルド　302
オープンポジション　144

か　行

外貨準備　164
　　――残高　134
外国為替資金特別会計　231
外国為替市場　142
外国為替平衡操作　230
外国人労働者　111
回転型貯蓄信用講　261
開発経済学　240, 253
　　――における不完全情報の経済学アプローチ　261
　　固有の――　255
開発のミクロ計量経済学　262
回避（ヘッジ）　151
外部性　73, 98, 120
外部的規模の経済　57
開放経済　127
価格受容者　93
価格保存手段　160, 161
価格を適正にする　260

索 引

学習効果　98
拡大 HIPC イニシャティブ　264, 292
拡大効果　34, 37
拡張経路　41
拡張的な金融政策　166, 200, 201
拡張的な財政政策　200
影の均衡為替レート　301
風向きに逆らう介入　220
貸記　133
過剰債務仮説　294
寡占　56
カバー付きの金利裁定　157
カバーなしの利子裁定　158
株式　208
貨幣　160
　——市場の均衡　166
　——需要関数　162
　——乗数　165
可変技術係数　39
借記　133
カレンシーボード制　223, 229, 304
為替相場制度　194
　望ましい——　230
為替レート　126, 142
　——切り下げ競争　230
　——のオーバーシューティング・モデル
　　178
韓国　285
関税および貿易に関する一般協定　86
関税戦争　95
関税等価評価　100
関税同盟　104, 105
関税と割当の同値　90
関税率　75, 76
完全競争　34
完全な変動相場制　220
管理フロート制　220

機会費用　13, 21, 162
企業間の戦略的取引　57
技術　20
　——的外部性　73
基礎的要因　302

期待　298, 302
　——の自己成就　78
　——の役割　74
期待為替レート　158
期待収益率　158
既得権益　104
機能的アプローチ　263
規範論　194
規模に関する収穫逓増　54
規模の経済性　54, 58, 59, 97
逆 U 字仮説　251, 254
求心力　72, 73
窮乏化成長　48, 243
供給曲線　88
協調行動条項　305
協調融資　293
共同市場　104
銀行貸付債権の流通市場価格　287
銀行貸借　208
均衡の世界価格　46
禁止的関税率　93
緊縮的な金融政策　200
緊縮的な財政政策　201
均斉成長　254, 255
金銭的外部性　256, 261
近代経済成長　254
金本位制　226
金融政策　166
　——の自由度　167
金融論　127
近隣窮乏化政策　94, 99, 106, 204

空間経済学　70
クオー　273
クズネッツ　251, 254
クラーイ　276
グラミン銀行　261, 262
グリーン・フロート制度　220
クルーガー　92, 97, 305
クルーグマン　54, 65, 90, 261, 294, 300, 303
グローバリゼーション　70
クローリング・ペッグ制　223
経済成長の三角形　268

325

索　引

経済統合　80
経済同盟　104
経済発展　240, 241
計算単位　160
経常収支　126, 132, 134, 137
ケイパビリティ　252
契約的アプローチ　305
ケインジアン　194
ゲーム　78
限界収入　65
限界生産力　118
限界生産力逓減の法則　39, 270
限界費用　65
研究開発　275
権原　252
現在の財　114

コア資本　275
交易条件　45, 93, 94
　　　――悪化によるコスト　91
交換手段　160
厚生ロスの三角形　97
構造調整政策　260
購買力平価　168, 242
後方連関効果　257
国際開発協会　292
国際金融機関　195
国際金融論　127
国際資本移動　111, 113, 117, 208
国際収支危機　282
国際収支統計　133
国際収支の均衡　199
国際収支表　133, 186, 283
国際通貨基金　183, 284
国際的なリスクシェアリング　215
国際貿易の利益　7
国際マクロ経済学　194
国際要素移動　110
国際労働市場　121
国際労働力移動　111
国内資源コスト　92
国内資源費用　102
国内市場の分散化　96

国内総生産　128
国民経済計算　128, 240
　　　――体系　133
国民総生産　128
国家倒産処理　304
固定技術係数　37
固定相場制度　142, 200, 220, 223
コーディネーション問題　261
固定費用　74, 78
神門善久　14
コール・オプション　148, 153
ゴールトン　273
　　　――の誤謬　273
混雑効果　73
コンディショナリティ　260

さ　行

債券　208
再建型倒産処理　304
最後の貸し手　229, 305
財政・金融政策の役割　194
最適関税　93
最適通貨圏　225
　　　――の理論　225
最貧国の債務問題　291
債務維持可能性分析　287
債務・株式スワップ　294
債務削減　294
債務の買戻し　294
債務の債券化　294
債務不履行　290
　　　戦略的な――　288, 291
債務返済能力　286
債務ラッファーカーブ　294
先物取引　147
先物予約　152
　　　――取引　147
先渡契約（先物予約契約）　156
先渡（フォワード）取引　146
先渡レート　152
サックス　285, 294
サライマーティン　273

索 引

産業間貿易　15, 62
産業空洞化　71
産業構造の変化　243
産業政策　98
産業内貿易　15, 54, 62
産業の独占化　96
三面等価の原則　130

死荷重　93
直先スプレッド　147
直物取引　146
直物（スポット）レート　146
σ収斂　273
自国市場バイアス　215
自己実現　298, 302, 303
資産項目　163
資産差し押さえ競争　304
市場機能補完型戦略　263
市場集中度　99
市場に基づいた債務削減策　294
失業　195
実効（有効）保護率　100, 259
実質為替レート　175, 182
実証論　194
実物的景気循環論　195
私的収益　98
シトフスキー　92
ジニ係数　250
支払能力欠如　293
資本　30
　　——自由化　298
　　——収支　134, 187
　　——集約的　32
　　——主義の不完全性　98
　　——蓄積　48
　　——の収益率　118
社会的共通資本　73
社会的収益　98
収穫逓増　261
　　——性　82
集計的生産関数　269
重債務貧困国　264
囚人のジレンマ　95, 204

集積の利益　72, 76
自由貿易協定　104
自由貿易地域　104
自由放任主義　64, 95
収斂　268
　　条件付き——　272
需要曲線　88
準備通貨本位制　226
小国　93, 196
消費可能性フロンティア　102
消費者余剰　88
情報コスト　144
情報の経済学　254
将来の財　114
所得　182
　　——消費曲線　41
　　——分配　40, 42
ジョーンズ　242
ジョンソン　49
自立的取引　113
新古典派　194
　　——経済学　260
　　——経済学の反革命　260
　　——的生産可能性フロンティア　37
　　——的生産関数　39, 114
人的資本　120

スコット　92
スティグリッツ　254, 285
ストラドル　149
ストルパー＝サミュエルソンの定理　31, 37
スペンサー　99
スリニバサン　49
スワップ取引　146, 147

静学　16
　　——的期待　196, 199
政策協調　205
政策のトリレンマ　227
政策論　194
生産可能性フロンティア
　　22, 33, 45, 62, 102
生産関数　20, 269

327

索　引

生産者余剰　88, 89, 119, 246
生産物市場　196
　　――の均衡　196, 197
生産要素価格　43
生産要素市場の歪み　98
生産要素の賦存量　30
成長効果　270
制度の国際的調整　92
正の波及効果　205
正のフィードバック機構　266, 268
政府機関　195
世界銀行の構造調整政策　292
世界貿易機関　96
絶対優位　21, 71
セン　252, 254
潜在的な能力　252
前方連関効果　257
戦略的貿易政策　64, 98, 99

双方向ダンピング　65, 66
ソブリン貸付　288, 291
ソブリン債務再編メカニズム提案　304, 305
ソロー　269
　　――・モデル　270

た　行

第1世代モデル　300
第2世代モデル　302
第3世代モデル　303
対外債務危機　208
対外債務の削減　292
対外直接投資　80
対顧客市場　143
大国　93, 94, 99
兌換紙幣制度　163
ターゲットゾーン　221
ダーティ・フロート制度　220
ダラー　276
単位生産費用　35
単一均衡　266
ダンピング　66

弾力性アプローチ　182
中央銀行　195
　　――のバランスシート　163
中間的制度　220
中心・周辺パターン　76, 80, 82, 266
中南米債務危機　291, 292
超過利潤　35, 99
調整ゲーム　78
調整的取引　113
直接投資　208
直接レート　142
貯蓄・投資バランス　138
賃金格差　121

ツイン・ピークス　274
通貨オプション　148
通貨危機　282, 297
通貨切り下げ競争　204
通貨同盟　223
通貨派生（デリバティブ）取引　146
通貨・預金比率　164

定常状態　270
ディフォルト　290
ディーラー　144
テサー　216
デービット　266
転換点　246

動学　18
投機的攻撃　297
投資・消費の異時点間配分のモデル　186
投資の国際的分散　215
投資リスク　214
独占価格　65
独占的競争　57, 90
独占のコスト　97
独占利潤　99
都市インフォーマルセクター　248
トダロ　248
特化　13, 25, 58
特化の利益　56

索　引

取り付け　305
　　銀行——　229
取引コスト　144
ドル化　223
トレードオフ　13

な　行

内生的経済成長理論　261, 275
内部的規模の経済　57
ナッシュ均衡　95
　　複数——　78
南米南部共同市場　104

二極的為替制度観　227, 229
2国ケインジアン・モデル　203
2部門経済発展モデル　248
ニューケインジアン経済学　261
人間開発指数　252

ヌルクセ　254〜256

値洗い　147, 148
ネズミ講　286

は　行

媒介通貨　145
ハイパワードマネー　160, 163, 165, 231
バグワティ　48, 92, 97
ハーシュマン　254, 257
バタフライ・スプレッド　149
発散　268
バブル　138, 286
速水佑次郎　14
バラッサ　27, 92
　　——＝サミュエルソン効果　174〜176,
　　242
パリクラブ　293
バルダン　261
パレート最適　46, 48, 195
バロー　263, 272, 273
　　——・リグレッション　263, 272

ハンバーガー為替レート　171

比較制度分析　263
比較優位　13, 21
東アジアの奇跡　263
非関税障壁　100
非生産的利潤追求活動　97
ビッグ・プッシュ　255
1人当たりGDP　79, 240, 241
1人当たりGNP　240
一人勝ち　71
非貿易財　171, 173
ヒューバー　8
表示　161
費用・便益分析　100, 101
貧困削減　248
貧困人口比率　248
貧困線　248
貧困の悪循環　255
貧困の深刻度　248
貧富の格差　248

ファンダメンタルズ　298
　　——モデル　300
フィアット・マネー　163
フェイ　246
フェルドシュタイン　120
　　——＝ホリオカのパラドックス　120, 215
フォーマル部門　242
フォワードディスカウント　147
フォワードプレミアム　147
不完全競争　56
不均斉成長　254, 257
不均等発展　71
複式計上方式　133, 186
複数均衡　261, 266
負債項目　163
不胎化介入　232
双子の危機　303, 304
物価指数　128
　　卸売——　171
　　消費者——　171
物価水準　168

329

索 引

物価の調整速度　178
プット・オプション　148
負のフィードバック機構　266, 268
部分均衡　106
　——分析　87
　——モデル　16
プライス・テイカー　93
プラザ合意　138, 185
ブラック=ショールズ式　149
ブランダー　65, 99
フリーライダー　205
　——の問題　293, 296
プルーデンシャル規制　303
ブレディ　292
　——・プラン　292, 296
プレビッシュ=シンガー命題　49, 258
プレミアム　149
フレンチ　215
ブローカー　143
分益小作制　261
分配　30

平均費用　73
閉鎖経済　24, 60
米州自由貿易地域構想　106
ベーカー　292
　——・プラン　292
ヘクシャー=オリーン定理　31, 42
ヘクシャー=オリーン（**HO**）の貿易理論　31
ヘクシャー=オリーン（**HO**）・モデル　30
ヘッジファンド　297
ペティ=クラークの法則　243
ヘルプマン　54, 90
返済意志の問題　282
返済スケジュール変更　285
返済能力　293
　——の問題　282, 286
変動相場制度　142, 201, 220
ペン・ワールド・テーブルプロジェクト　169

貿易赤字　114
貿易黒字　114
貿易財　171, 173
貿易障壁　80
貿易政策の効果　87
貿易創出効果　106
貿易転換効果　106
貿易の三角形　45
貿易の利益　26, 60, 113
豊作貧乏　48
法定不換紙幣制度　163
法定預金準備率　164
法律的アプローチ　305
北米自由貿易協定　104
北米自由貿易地域構想　106
ボタルバ　215
ポートフォリオ投資　208
ホモセティック（相似拡大）型効用関数　41
ボーモル　268
ボラティリティー　151
ホリオカ　120

ま　行

マイクロファイナンス　261
マクドゥーガル=ケンプ・モデル　117, 120
マクロ経済学　127
マーケット・フレンドリーアプローチ　263
マーケットメーカー　143
マーシャル　71
　——=ラーナー条件　184, 185
マーシャル的外部性　73
マネーサプライ　163
マネタリーアプローチ　176, 177
マネタリーベース　163
マンキュー　271
マンデル=フレミング・モデル　194〜196, 204, 229

南亮進　246
ミュルダール　254, 258
ミレニアム開発目標　264

索　引

民間部門の関与　305

無差別曲線　41, 46
無制限労働供給　254
　──の理論　246

名目保護率　10
メツラーの逆説　93

目標為替相場圏　221

や　行

誘因中立的貿易政策　92
歪み　259
　──によるコスト　91
　政策によって誘発された──　260
雪だるま効果　145
輸出志向型工業化政策　92
輸出ペシミズム　258
輸出補助金　91
輸送費用　70, 73, 74, 76, 78, 79, 173
輸入関税　86, 87
輸入自主規制　90
輸入代替工業化　258
　──政策　92
輸入割当　89
ユヌス, ムハンマド　262
ユーロ格付市場　212
ユーロ債市場　212
ユーロ市場　211
ユーロ通貨市場　212
ユーロドル市場　212
ユーロマネー　212

要素価格均等化定理　31, 37
幼稚産業保護論　98
欲望の相互一致　160
余剰労働力　245, 248
予想変動率　151
ヨーロピアンタイプ・オプション　148

ら　行

ラーナーの対称性定理　92
ラニス　246
　──=フェイ・モデル　246

リアル・ビジネスサイクル　195
リカード　20
　──・モデル　20
履行強制　288
利潤最大化　39
利潤追求（レントシーキング）活動　90
リスクプレミアム　159, 233
リスケ　285, 293
立地選択　76
リトル　92
リプチンスキーの定理　31, 34, 48
流動性　160, 282, 288, 293
　──の問題　282

ルイス　245, 248, 254
　──・モデル　245
累積的因果関係　72, 254, 258
ルーカス　119, 275

レオンチェフ　44
　──の逆説　44
歴史的偶然　62
歴史的経路依存性　266
歴史の役割　74
レバレッジ効果　146
レント追求　96

労働　30
　──過剰経済　246
　──集約的　32
　──生産性　20
　──不足経済　246
ローカルコンテント規制　92
ロジャース　70
ローズ　290
ローゼンシュタイン・ロダン　254〜256
ローマー, D.　271

331

索 引

ローマー, P.　18, 275
ローレンツ曲線　250

わ 行

ワイル　271
ワシントン・コンセンサス　260
割当レント　90, 91

英 字

BP 曲線　199
CACs　305
CIA　157
CPI　171
DRC　92, 102
DUP　97
EMS　223
EU　104
FDI　80
FTAA　106
GATT　86, 95
GDP　128
GNP　128
HDI　252
HIPC　292
ICP　263
IDA　292
IMF　183
　——の経済安定化政策　292
IS 曲線　197
J カーブ効果　185
LLR　229
LM 曲線　198
LSMS　262
$M1$　160
$M2$　160
$M3$　160
MERCOSUR　104
NAFTA　104
PPP　168
PSI　305
PWT　169, 262
RBC　175
ROSCAs　261
SDRM　304, 305
SNA　240
UIA　158
VER　90
WPI　171
WTO　96

著者紹介

澤田康幸（さわだ　やすゆき）

1967年	兵庫県西宮市生まれ
1990年	慶応義塾大学経済学部卒業
1992年	大阪大学大学院経済学研究科博士前期課程修了
1994年	東京大学大学院総合文化研究科国際関係論専攻修士課程修了
1996年	スタンフォード大学 Food Research Institute 国際開発修士号取得
1999年	スタンフォード大学経済学部博士課程修了・Ph.D. 取得
1999年	東京大学大学院総合文化研究科国際社会科学専攻・教養学部助教授
2002年	東京大学大学院経済学研究科・経済学部助教授
現　在	東京大学大学院経済学研究科・経済学部教授
	国際協力機構（JICA）研究所客員研究員，経済産業研究所（RIETI）ファカルティフェロー，第2回円城寺次郎記念賞，第5回小島清賞，2011年石川賞受賞

主要著書・論文

Rural Poverty and Income Dynamics in Asia and Africa, Routledge, 2009.（大塚啓二郎・Jonna P. Estudillo と共編）

『市場と経済発展―途上国における貧困消滅に向けて―』東洋経済新報社，2006年（園部哲史と共編，第23回大平正芳記念賞受賞）

"Precautionary Saving under Liquidity Constraints: Evidence from Rural Pakistan（with Jeong-Joon Lee），" *Journal of Development Economics*, 2010.

"Obstacles to School Progression in Rural Pakistan : An Analysis of Gender and Sibling Rivalry Using Field Survey Data（with Michael Lokshin），" *Journal of Development Economics*, 2009.

"How Do People Cope With Natural Disasters? Evidence from the Great Hanshin-Awaji Earthquake（with Satoshi Shimizutani），" *Journal of Money, Credit, and Banking*, 2008.

"Credit Crunch and Household Welfare: The Case of the Korean Financial Crisis（with Sung Jin Kang），" *Japanese Economic Review*, 2008.

"Are the Heavily Indebted Countries Solvent？　Tests of Intertemporal Borrowing Constraints," *Journal of Development Economics* 45, 1994.

"Secondary Market Efficiency of LDC Bank Loans and International Private Lending, 1985 −1993," *Journal of International Money and Finance* 20, 2001.

"Do Community Managed Schools Work？ : An Evaluation of El Salvador's EDUCO Program（with Emmanuel Jimenez），" *World Bank Economic Review* 13, 1999.

「途上国農村における家計の消費安定化―パキスタンの事例を中心に―」『経済研究』第50巻・第2号，1999年（黒崎卓氏と共著）

■ 基礎コース[経済学]―7 ■

基礎コース　国際経済学

2003年12月10日 ⓒ　　初　版　発　行
2016年10月10日　　　　初版第9刷発行

著　者　澤田康幸　　　発行者　森平敏孝
　　　　　　　　　　　印刷者　加藤純男
　　　　　　　　　　　製本者　米良孝司

【発行】　　株式会社　新世社
〒151-0051　東京都渋谷区千駄ケ谷1丁目3番25号
☎(03)5474-8818(代)　　サイエンスビル

【発売】　　株式会社　サイエンス社
〒151-0051　東京都渋谷区千駄ケ谷1丁目3番25号
営業☎(03)5474-8500(代)　　振替　00170-7-2387
FAX☎(03)5474-8900

印刷　加藤文明社　　製本　ブックアート

≪検印省略≫

本書の内容を無断で複写複製することは，著作者および出版者の権利を侵害することがありますので，その場合にはあらかじめ小社あて許諾をお求め下さい。

ISBN4-88384-061-1
PRINTED IN JAPAN

サイエンス社・新世社のホームページのご案内
http://www.saiensu.co.jp
ご意見・ご要望は
shin@saiensu.co.jp　まで